LA

MARQUISE D'HUXELLES

ET SES AMIS.

LA
MARQUISE D'HUXELLES

ET SES AMIS,

Mme DE SÉVIGNÉ, — Mme DE BERNIÈRES,
Mme DE LOUVOIS,
LE MARQUIS DE COULANGES, — M. DE CALLIÈRES,
M. DE GAIGNÈRES, — FOUQUET,

PAR

ÉDOUARD DE BARTHÉLEMY.

PARIS,
LIBRAIRIE DE FIRMIN-DIDOT ET Cie,
IMPRIMEURS DE L'INSTITUT, RUE JACOB, 56.
1881.

Tous droits réservés.

A MADAME LA PRINCESSE

DE MONTHOLON-SÉMONVILLE,

NÉE DE MORETON-CHABRILLAN.

Ma cousine,

C'est à Quevillon, ou pour mieux dire à la Rivière-Bourdet, pour conserver au château le nom rendu célèbre par Voltaire, que j'ai trouvé les premiers éléments de ce livre. Vous n'avez pas oublié que pendant un des agréables séjours que j'ai pu y faire, vous m'avez procuré le plus enviable des plaisirs offerts à un curieux, celui de fouiller librement dans les riches archives que vous y avez si soigneusement classées. Il est donc de toute justice de vous dédier ce travail, qui fait revivre une des femmes les plus distinguées et les plus originales du dix-septième siècle, puisque c'est à vous que je dois de l'avoir connue.

Permettez-moi de vous remercier encore, ma cousine, des bonnes heures que vous m'avez ainsi procurées dans un temps où l'on est si heureux de pouvoir se reposer dans le passé des tristesses du présent. Veuillez aussi agréer la nouvelle expression de mes plus respectueux hommages.

C^{TE} E. DE BARTHÉLEMY.

Courmelois, 10 janvier 1881.

AVANT-PROPOS.

On aime passionnément à notre époque les correspondances du temps passé, parce qu'on y retrouve bien mieux que dans les mémoires l'impression vraie du moment, l'appréciation sincère des événements ou des caractères. On pose toujours en rédigeant des souvenirs de sa vie, tandis qu'on suit franchement ses sensations en écrivant une lettre qui n'est pas destinée à la publicité. Il s'est heureusement trouvé nombre de gens qui ont conservé soigneusement leurs correspondances, et nous pouvons grâce à elles pénétrer facilement dans bien des intérieurs et faire même connaître des personnages qui, sans cet heureux hasard, auraient passé absolument inaperçus. Au dix-septième et au dix-huitième siècle on connaissait mal l'orthographe, mais on savait écrire une lettre mieux qu'aujourd'hui : on les faisait longues et bien détaillées, parce que le temps n'était pas fiévreusement absorbé comme de nos jours, et aussi parce que l'absence de gazettes permettait de raconter par le menu les incidents de la cour et de la ville. A cet égard hommes et femmes étaient également empressés à faire courir leurs plumes sur le papier, et nous espérons bientôt en fournir une nouvelle preuve en publiant une suite de correspondances des plus curieuses et émanant de personnages des plus considérables de la fin du règne de Louis XIV. Pour aujourd'hui nous nous bornerons à présenter à nos lecteurs l'une des épistolières les plus actives certainement du dix-septième siècle et en même temps l'une des moins connues : nous voulons parler de la marquise d'Huxelles, mère du maréchal de ce nom. Autour d'elle graviteront d'autres femmes également distinguées par la naissance et par l'esprit ; parmi celles-ci on en rencontrera avec surprise une qui a été jugée jusqu'à présent avec une excessive sévérité pour la nullité de son intelligence : l'on verra, tout au contraire, que la marquise de Louvois tenait très dignement sa place au milieu de ses intelligentes contemporaines. Il nous a paru intéressant de faire revivre ces grandes dames dont un heureux hasard nous a fait retrouver les lettres dans un château où elles étaient parfaitement inconnues. Ç'a été pour nous le point de départ, et, stimulé par la satisfaction de découvrir de nouvelles épistolières, nous nous sommes mis à la recherche de ce qui se rattachait à la marquise d'Huxelles [1] et à ses amis particuliers. Nos lecteurs apprécieront si nous avons tout à fait perdu notre temps.

[1] Nous avons adopté cette orthographe, bien que Mme de Sévigné ait toujours écrit *Uxelles*. Quelques éditeurs ont de nos jours maintenu cette forme, notamment M. Regnier dans sa grande collection des classiques français. Nous avons cru, tout au contraire, devoir prendre pour modèle la manière dont la marquise écrivait elle-même son nom dans ses signatures.

LA MARQUISE D'HUXELLES

ET SES AMIS.

CHAPITRE PREMIER.

La famille de Bailleul. — Sa généalogie. — Elle descend d'un rebouteur selon Tallemant. — Opinion du père Anselme. — La rue Bailleux. — Naissance de Marie de Bailleul. — Son premier mariage. — Mort de M. de Nangis. — Elle se remarie presque aussitôt. — M. d'Huxelles. — Sa famille. — Mme de Saint-Germain-Beaupré. — Le pays de Braquerie. — M. de Clérambault. — Le chevalier de Rivière. — Bussy amoureux de Mme d'Huxelles. — Fête qu'il donne. — Ses lettres. — Il avoue son échec. — Caractère de Mme d'Huxelles d'après le père Senault. — Mort de M. d'Huxelles. — Lettres de condoléance de la mère Marthe de Jésus. (1626-1658.)

Marie le Bailleul, ou de Bailleul, était fille de Nicolas, qualifié par les auteurs des *Grands officiers de la couronne,* chevalier, baron de Château-Gontier, seigneur de Vatetot, Soissy, Etiolles, qui fut successivement conseiller au parlement de Paris (1608), maître des requêtes, ambassadeur en Savoie, président au grand conseil, lieutenant civil de Paris, prévôt des marchands, chancelier de la reine Anne d'Autriche, ministre d'État et enfin surintendant des finances (juin 1643), — et de sa seconde femme Elisabeth-Marie Mallier, fille de M. du Houssaye, intendant des finances, et de Marie Mélissant, qu'il avait épousée le 4 février

1621. Tous les généalogistes sont d'accord pour reconnaître l'ancienneté de la famille de Bailleul en Normandie. Le père Anselme commence la généalogie à Pierre de Bailleul, qualifié écuyer dans les divers aveux qu'il rendit depuis 1507 : la Chesnaye des Bois remonte beaucoup plus haut en englobant en une seule toutes les familles, nombreuses en Normandie, portant le nom de Bailleul, et il rappelle même que l'historien Blanchard mentionne parmi les ascendants probables du surintendant des finances de Louis XIII, Jean de Bailleul, roi d'Écosse au onzième siècle. Tallemant est beaucoup plus modeste dans son appréciation, ou plus mordant, au gré des lecteurs. « Le président *le* Bailleul, dit-il, quoiqu'il se dise d'une bonne maison de Normandie qui s'appelle *de* Bailleul, n'en est point ; car il seroit tout de mesme descendu du *Bailliol*, roi d'Écosse, si le nom y faisoit quelque chose. Son père estoit normand [1], fort expert à remettre les os disloqués et rompus, et panser les descentes du boyau : il espousa une bourgeoise. Il est vray qu'il n'avoit point de boutique, car il n'estoit pas chirurgien, et qu'il se mit je ne sçay quelle vision de noblesse dans la teste : on dit qu'il avoit toujours l'espée au costé. Le feu président avoit le mesme talent que son père et de leur nom on appelle tous les remetteurs des *Bailleuls* [2]. » Michel de Bailleul n'était

---

[1] Le père Anselme cependant indique bien le père du président, comme sixième fils de Nicolas de Bailleul, seigneur de Vatetot, mort en 1565, ayant épousé Marie Hervieu des Ifs, et comme ayant hérité de la seigneurie de Vatetot-sur-Mer avec celles du Plessis-Briart et de Courcouronne, dont il fit son hommage au roi le 10 février 1599. De son mariage avec Marie Habert, dame du Tremblay, il eut trois enfants : le président; Charles, seigneur du Plessis-Briart, grand louvetier de France en 1643, sur la démission du duc de Saint-Simon ; et Marie, femme de Jean de Chemmont, seigneur de Boisgrenier, conseiller d'État. On avouera que tout ceci dément la malice de Tallemant, et l'on nous permettra de pencher pour une opinion appuyée sur un auteur aussi sérieux que le père Anselme.

[2] Sauval, ami particulier de des Réaux, nous raconte que le peuple appelait la rue dans laquelle demeurait le président, la rue *Bailleux*, « et ce nom, ajoute-t-il, est celuy dont on qualifie ces sortes de gens qui se meslent de remettre les os démis et rompus. »

pas un homme sans valeur, quoique Tallemant le traite d'assez pauvre homme. Il sut fournir une brillante carrière à travers les emplois les plus divers et plaire également à Louis XIII, à Richelieu et à Anne d'Autriche. Ses connaissances financières étaient cependant médiocres, d'après cette historiette des Réaux : « On disoit qu'un de ses enfants, voyant qu'il disoit en marchandant un cheval : « Je n'en veux point donner soixante écus, mais je vous en donneray deux cents livres, » luy avoit dit : « Vous verrez qu'on vous fera surintendant des finances, tant vous comptez bien ! »

Si le président de Bailleul avait peu d'aptitudes pour les connaissances financières, il n'en montra pas beaucoup non plus pour l'éducation de ses filles. Il s'était marié une première fois avec Louise de Fortia, dont la mère était une Leclerc de Lorseville, mais il n'en avait eu qu'une fille, unie à Claude Mallier du Houssaye, frère de la seconde femme de M. le Bailleul : elle ne fit point parler d'elle et mourut jeune à Venise, où son mari était ambassadeur, le 4 juillet 1640. Mais les trois filles du second lit ne l'imitèrent pas. L'aînée, Élisabeth, épousa, le 15 septembre 1643, Charles Girard du Tillet, président en la chambre des comptes de Paris ; elle avait, paraît-il, « fort bonne mine, » ce qui séduisit probablement M. du Tillet, l'un des plus riches jeunes magistrats alors à marier, car sa dot à elle était mince. Elle se mit alors à faire des dépenses folles, ce que son mari ne sut pas réprimer, et, pour l'en récompenser, elle se compromit tellement avec le comte de Lillebonne que M. du Tillet la renvoya chez son père avec huit mille livres de pension.

La seconde fut la marquise d'Huxelles, « dont on avoit déjà terriblement parlé alors, » dit Tallemant. La troisième eut le malheur d'épouser Gabriel Foucault, seigneur de Saint-Germain-Beaupré, gouverneur de la Marche. Il avait une détestable réputation, peu de courage, des mœurs ignobles ; mais sa fortune, sa situation, décidèrent M. de Bailleul à lui donner sa fille Agnès avec sa jolie figure et cent mille livres seulement[1]. Au bout de peu de temps, la pauvre jeune femme dut faire connaître à son père les habitudes infâmes de son mari, qui fut forcé, pour éviter un esclandre, de la renvoyer chez ses parents avec une pension de huit mille livres également. Quelques mois après, les deux époux se remirent ensemble, et il paraît que madame de Saint-Germain-Beaupré se vengea[2] : elle eut alors deux fils, qui depuis servirent avec distinction.

Marie de Bailleul naquit en 1626 et épousa, le 28 février 1644, François de Brichanteau, marquis de Nangis. C'était un beau mariage : M. de Nangis, fils du marquis de Beauvais-Nangis, qui a laissé de si curieux mémoires, et de mademoiselle de Rochefort, était, à vingt-six ans, maréchal de camp après de brillants services militaires, et conseiller d'État. Mais cette union dura à peine quelques semaines : « Le soir du 15 juillet, dit Monglat, au siège de Gravelines, le marquis de Nangis, faisant travailler au pont du fossé, reçut une mousquetade dans la tête, dont il tomba mort, fort regretté de tout le monde, parce qu'il étoit fort aimé et donnoit de grandes espérances qu'il parviendroit un jour à de plus hauts emplois. » Sa veuve seule paraît s'être consolée promptement, car dès le 5 octobre 1645 elle se remariait avec Louis-Châlon du Blé, marquis d'Huxelles, comte de Bussy et de Tenan, seigneur de Cormatin, lieutenant général des armées, gouverneur après son père de la ville de Châlon-sur-Saône, où il était né en 1615 et qui fut sa marraine. Lui-

---

[1] Le mariage eut lieu le 28 mars 1644.
[2] « Après l'esclandre de Mme du Tillet, on alla porter des compliments de condoléances à M le Bailleul, d'autant plus qu'en même temps on parloit fort de Mme d'Huxelles. Mme Pilou fut du nombre des visiteuses : « Ah ! Madame, lui dit la présidente, mes pauvres filles sont bien malheureuses ! Le monde est bien acharné sur elles. Mais on dira ce qu'on voudra, mes filles sont bien demoiselles. Celles qui ne sont point demoiselles peuvent bien tomber en ces fautes-là, mais non pas elles. — Ah ! ah ! Madame, répliqua Mme Pilou, me voilà donc bien encarrognée, moy qui suis fille et femme de procureurs. Vraiment, vous me donnez là un beau casse-museau. » (Tallemant.)

même s'était marié l'année précédente avec Gabrielle de la Grange et l'avait perdue au bout de quelques semaines : les deux époux n'avaient donc rien à se reprocher[1].

L'alliance n'était pas moins brillante qu'avec M. de Nangis : la maison du Blé remontait en Bourgogne au commencement du treizième siècle et avait donné dès cette époque un évêque au diocèse de Châlon. Sa dernière héritière, Catherine, épousa, vers la fin du quinzième siècle, Claude de Laye, seigneur de Rotilia en Bresse, et leur petit-fils, — trisaïeul de Louis-Châlon, — fut substitué aux noms, titres et armes de la famille du Blé par le frère unique de sa grand'mère. La mère de Louis-Châlon était une Phélypeaux, l'aïeule une Beauffremont : de pareilles alliances pouvaient compenser la bourgeoisie des le Bailleul.

Nous n'avons pas de renseignements sur l'intérieur du nouveau ménage, au moins à ses débuts. Tallemant ne cite Mme d'Huxelles que pour dire qu'elle faisait parler d'elle en même temps que sa sœur aînée, mais il existe un document qui bientôt fera tomber tous les doutes, si tant est que nos lecteurs pouvaient avoir une confiance trop robuste en la vertu de la jeune marquise. Voici, en effet, ce que nous lisons dans un pamphlet bien connu, attribué à tort à Bussy-Rabutin, et que l'éditeur de des Réaux, le savant M. Paulin Paris, a nettement démontré être du prince de Conti, en date de 1654, année que le prince passa à la cour avant de retourner en Guyenne : nous voulons parler de la *Carte du pays de Braquerie*. Bussy nous explique ce nom bizarre dans un passage de ses mémoires. Il venait de faire la campagne de Catalogne, en 1654, sous les ordres du prince de Conti, marié cette même année à la nièce de Mazarin. Conti, retenu en Languedoc, écrit le

---

[1] Mme d'Huxelles rechercha d'abord le mari de la belle Mlle du Vigean, qu'aima le duc d'Enghien. » (Feuillet de Conches, *Causeries d'un curieux*, II, 539.)

29 décembre à Bussy, qui avait pu revenir à Paris : « Mandez-moy toutes sortes de nouvelles, et lorsque vous aurez fait revue de Braquerie, écrivez-moy la force de ce corps-là, car je ne doute pas qu'il n'augmente tous les jours. » Bussy en transcrivant cette lettre, ajoute : « Par le mot de Braquerie, le prince entendoit parler des dames qui étoient galantes et il en parloit comme d'un pays dont *il avoit fait lui-même la carte.* » La déclaration est claire et positive : c'est donc le prince de Conti qui va nous décrire les diverses « places » du pays de Braquerie. La marquise d'Huxelles y occupe le sixième rang, après Mmes de Guerchy, de Sourdis, de Saint-Loup, de la Suze, et de Pons : le passage est court, mais malheureusement très précis :

« *Uxelles.* — Quoyque le chasteau n'en soit pas fort élevé, la ville néanmoins est fort belle. Si la symétrie y avoit esté observée, la nature en est si riche que ç'auroit esté le plus beau séjour du monde. Elle a eu plusieurs gouverneurs. Le dernier est un homme de naissance, pauvre, mais de grande réputation, et qui en a beaucoup acquis dans une autre place sur la même rivière. Cette ville aime son gouverneur jusqu'à engager tous les jours ses droits pour le faire subsister. »

Une note du manuscrit nous apprend que cet heureux gouverneur était M. de Clérambault, écuyer de Madame [1].

Mme d'Huxelles était incontestablement jolie, nous venons de voir comment on la jugeait au pays de Braquerie : Loret, dans sa gazette du 2 juillet 1651, en énumérant les femmes de la cour cite « la belle d'Uxel. » Mademoiselle constate aussi ses grâces et son esprit. Elle était de

---

[1] René Gilliet de Clérambault, baron de Puygermain en Poitou.
Mme de Saint-Germain, sœur de Mme d'Huxelles, a dans ce même pamphlet un chapitre non moins vif consacré à sa personne.

plus douée d'une grande intelligence et d'une ferme volonté, comme nous l'apprend Saint-Simon. Elle eut donc facilement de grands succès mondains, mais elle fut assez habile pour éviter tout scandale et même pour que la médisance n'ait trouvé aucun nom à mettre positivement en avant, à l'exception de ceux de MM. de Clérambault et de Rivière. Elle avait su adroitement profiter de la situation de famille que lui avait procurée son mariage, et, son esprit aidant, elle s'était rapidement fait accepter comme une véritable puissance dans les salons parisiens.

Nous avons dit ce qu'était la famille du marquis d'Huxelles et ses alliances. Ses chefs avaient obtenu le gouvernement de Châlon et l'une des lieutenances générales de la Bourgogne : le père du marquis avait été tué au siège de Privas, et par sa mère, qui était une Phélypeaux, ce dernier se trouva cousin germain du secrétaire d'État Châteauneuf, du maréchal d'Humières, et issu de germain de Pontchartrain, qui devait être chancelier. Sa sœur avait épousé « fort étrangement, » dit Saint-Simon, Beringhem, qui, de valet de chambre du roi, était devenu premier écuyer et avait passé sa charge à son fils, « marié bien plus étrangement encore » à une fille du duc d'Aumont et de la sœur de Louvois. « L'intrigue ancienne de tout cela mèneroit trop loin, remarque Saint-Simon. Il suffit de noter la proximité des alliances et d'ajouter que l'amitié de la vieille Beringhem pour son neveu[1] et l'honneur que son mari tirait d'elle firent élever ce neveu avec leurs enfants comme frères, que l'amitié a subsisté entre eux à ce même degré. » M. d'Huxelles savait ce qu'il faisait en concluant le mariage de sa sœur ; ayant perdu ses parents de bonne heure, il se trouva « le seul

---

[1] Il s'agit ici du fils de Mme d'Huxelles, qui devait devenir maréchal de France.
Le marquis de Créquy, fils du maréchal, épousa la sœur de Mme de Béringhem, fille du duc d'Aumont.

maître de sa sœur, » et il crut « faire un bon marché : il ne s'y trompa point, » ajoute Saint-Simon. Plein d'ambition, M. d'Huxelles avait constaté la faveur dont jouissait Beringhem auprès de la reine régente, « qui le regardoit comme son martyre, » et il voulut en profiter en lui donnant sa sœur, grand honneur assurément pour le premier écuyer de la reine, qui était de la plus modeste origine. Le calcul était adroit et d'Huxelles ne fit pas fausse route, mais il faut reconnaître que lui-même n'était pas sans valeur et que ses services étaient sérieux. Dès l'âge de dix-huit ans, il avait fait ses premières armes, et, pourvu peu après d'un régiment, il ne cessa de servir avec distinction : il prit part à vingt-deux campagnes et avait glorieusement conquis le grade de lieutenant général avant son mariage [1].

Il ne restait plus à M. d'Huxelles qu'à se marier pour compléter sa situation : il épousa d'abord, comme nous l'avons vu, une riche héritière qui était en même temps petite-fille du maréchal de la Grange de Montigny et d'une Crevant d'Humières : veuf presque aussitôt, il choisit une femme qui lui parut par sa beauté et par son intelligence devoir lui procurer le complément de situation qu'il recherchait : le reste lui importait peu, ce semble. Marie de Bailleul, qui aimait passionnément le monde et le grand monde surtout, comprit de son côté que par ce mariage elle pouvait se créer la position qu'elle enviait et retrouver les alliances que la mort de son premier époux lui avait enlevées. Il ne paraît pas cependant qu'elle ait pris très au sérieux les liens du mariage. « Femme galante, dit Saint-Simon, impérieuse, de beaucoup d'esprit et de lecture, fort du grand monde, dominant sur ses amis, se comptant pour tout, et les autres, ses plus proches même,

---

[1] Le P. Anselme dit que M. d'Huxelles avait obtenu le brevet de maréchal de France avec celui de chevalier des ordres, quand il fut blessé mortellement au siège de Gravelines, commandant une attaque dans la nuit du 8 au 9 août 1658 ; il mourut dans le camp quatre jours après.

pour fort peu. » Le portrait est complet, mais on avouera que les deux époux étaient bien faits l'un pour l'autre, et M. d'Huxelles pouvait guerroyer à son aise, assuré que ses intérêts ne seraient pas en souffrance en son absence : nous parlons de ses intérêts de carrière, car il paraît qu'il n'était pas jaloux.

Clérambault ne fut pas le seul qui ait fait le siège de la place si bien cotée dans le pays de Braquerie. Les chansons du recueil de Maurepas nous renseignent à cet égard. Un couplet daté de 1670 porte :

> Huxelles l'empressée,
> Pour plaire d'esprit et de corps,
> Fait dans cette assemblée
> Jouer tous ses ressorts.

Un autre de 1675 est trop libre pour trouver place ici. Un dernier nous donne un détail plus précis sur la marquise d'Huxelles, qui aimait alors le chevalier de Rivière :

> Lorsque pour vous cacher
> L'amour de son chevalier,
> Iris dit qu'elle est trop drue
> Pour un cavalier si malsain,
> Je ne l'en crois pas moins catin,
> Mais je l'en crois plus mal f.....

Le chevalier de Rivière avait été premier gentilhomme de la chambre du prince de Condé et capitaine de ses gardes. C'était un original qui paraît avoir été très recherché à la cour. Originaire de la Guyenne, il avait bien servi et était particulièrement apprécié de Turenne. Cosnac nous apprend qu'ayant peu de fortune, M. de Rivière songea en 1657 à se retirer dans son modeste domaine et obtint du prélat la collation d'un bénéfice qu'il avait à sa nomination dans ces parages. Mais Mazarin s'y opposa. Peut-être fut-ce la cause qui le fit demeurer à Paris. Plusieurs années après, Bussy-Rabutin en parle comme de ses amis : « Le chevalier de Rivière, » lui écrit le comte de Choiseul, le 19 juillet 1670,

« me dit toujours qu'il veut joindre une lettre à la mienne. Mais ce vieux galant est si occupé des demoiselles qu'on ne peut en avoir raison. » A quoi Bussy répond philosophiquement : « Quand notre ami le chevalier de Rivière m'écrira, il me fera grand plaisir : quand il ne le fera pas, je l'excuserai parce qu'il me souvient des distractions que l'on a à Paris, et combien les bagatelles de ce pays-là occupent même les plus honnêtes gens. » L'esprit du chevalier était célèbre dans les salons et aussi son talent à bien tourner les petits vers. Un grand nombre ont été insérés dans le *Nouveau recueil de plusieurs et diverses pièces galantes de ce temps*, publié en 1663. On connaît de lui aussi ses *Billets semés dans Paris en* 1649. Tallemant, qui le cite souvent, a donné quelques couplets de lui : il en parle comme d'un esprit fort et raconte que, quelqu'un lui ayant demandé ce que les honnêtes gens devaient penser de l'autre monde, il répondit : « A la vérité, les bruits qui en courent ne laissent pas d'embarrasser. »

Mme d'Huxelles a conservé dans ses papiers deux couplets du chevalier : l'un, pour mettre sous le portrait du prince de Condé qu'il avait fait placer dans la maison de son bénéfice :

> En repos et tranquillité,
> Philosophe autant qu'on peut l'estre,
> Amoureux de ma liberté,
> Je regrette encore ce maistre.

L'autre est plus compromettant et prouve qu'il suivait la marquise en Bourgogne : c'est une chanson faite à Migny près Châlon, le 17 janvier 1657 : « Jamais, ajoute l'auteur, on n'a écrit avec tant de froid aux mains, ny tant de bruits aux oreilles, car tout le monde est ivre icy : »

> Si son œil darde
> Un trait tout de bon,
> Adieu la bavarde
> Madame la raison.

S'agit-il de l'œil de la belle marquise?

N'omettons pas encore que Bussy-Rabutin eut aussi un penchant très accentué pour Mme d'Huxelles : il parle d'elle deux ou trois fois seulement dans sa volumineuse correspondance ; le 17 août 1654, il écrivait à Mme de Sévigné cependant ce passage assez significatif : « Vous ne me mandez rien de la marquise d'Huxelles : cependant elle est de vos bonnes amies et assez des miennes. Est-ce qu'elle n'est plus à Paris ou que vous ne m'en voulez pas parler de peur d'être obligée de me mander ce qu'elle fait? Écrivez-le-moi, je vous prie, car enfin je l'estime fort et je serai bien aise de faire quelque chose pour elle : si elle peut une bonne fois sortir de condition, je lui en offrirai. » Mme d'Huxelles était, en effet, très liée avec Mme de Sévigné et cette liaison, nous le verrons tout à l'heure, dura toute la vie des deux marquises. Mme de Sévigné cependant parle rarement de son amie au temps de sa jeunesse, et il semble, quoique dans un passage de ses lettres elle dise positivement être en relations intimes avec elle dès cette époque, qu'elle n'ignorait pas les bruits répandus au sujet de cette dernière. Elle savait, d'ailleurs, le faible de son cousin et voulait feindre d'ignorer la passion qu'il ressentait. Elle invita Mme d'Huxelles à une fête vraiment splendide que celui-ci lui offrit en 1659 et qu'il s'est plu à raconter. Le récit vaut la peine de trouver ici sa place : il est écrit par Bussy lui-même.

« Premièrement figurez-vous, dans le jardin du Temple, un bois que deux allées croisent à l'endroit où elles se rencontrent ; il y avoit un assez grand rond d'arbres, aux branches desquels on avoit attaché cent chandeliers de cristal ; dans un des côtés de ce rond, on avoit dressé un théâtre magnifique, dont la décoration méritoit bien d'être éclairée comme elle étoit ; et l'éclat de mille bougies que les feuilles des arbres empêchoient de s'échapper rendoit la lumière si vive en cet endroit que le soleil ne l'eût pas éclairé davantage ; aussi par cette même raison les environs étoient si obscurs que les yeux ne servoient de rien : la nuit étoit la plus tranquille du monde. D'abord la comédie commença qui fut trouvée fort plaisante. Après ce divertissement, vingt-quatre violons ayant joué des ritournelles, jouèrent des branles, des petites danses et des courantes. La compagnie n'étoit pas si grande qu'elle étoit bien choisie : les uns dansoient, les autres voyoient danser : et les autres, de qui les affaires étoient plus avancées, se promenoient avec leurs maîtresses dans les allées où l'on se touchoit sans se voir : cela dura jusqu'au jour, et, comme si le ciel eût agi de concert avec moi, l'aurore parut quand les bougies cessèrent d'éclairer. Cette fête réussit si bien qu'on en manda des particularités partout, et à l'heure qu'il est, on en parle avec admiration. Il y en eut qui crurent que Mme de Cheneville (de Sévigné), en ce rencontre, n'étoit que le prétexte d'Amaranthe (Mme de Précy), mais la vérité fut que je donnai cette fête à Bélise (Mme de Montglat) sans lui oser dire, et je crois qu'elle s'en doute sans m'en rien témoigner [1]. »

[1] Mme d'Huxelles et Bussy entretinrent toujours d'affectueuses relations et s'écrivaient volontiers. Nous en trouvons la preuve dans cette lettre, par laquelle Bussy complimenta la marquise au sujet du cordon bleu donné à son fils, et dans la réponse de celle-ci.

« Chaseu, ce 15 janvier 1689.

« Je me donne aujourd'huy l'honneur de vous écrire, Madame, pour vous reprocher à mon tour votre silence. Nous avons eu chacun notre tort, et nous voilà présentement quitte à quitte. Après cela comme c'est aux cavaliers à faire les premiers pas avec les dames, je vous dirai que j'ai été fort aise de voir le nom de monsieur votre fils sur la liste des chevaliers de l'ordre, et que j'espère vivre assez pour vous faire encore compliment sur de plus grands honneurs, que cette folle de fortune a refusés à monsieur votre mari et à moi. Je vous en crois bien consolée, Madame. Pour moi je le suis à un point qu'il ne paraît pas que j'aie jamais été à la cour ni à la guerre. Heureusement pour moi, je me suis mis dans la tête que les grands honneurs et les grands établissements m'auroient perdu ; et en effet, n'en déplaise aux gens heureux, il n'y a guère d'élus de ce monde-ci qui le soient en l'autre. Adieu, Madame. »

La liaison de Bussy avec Mme de Montglat dura longtemps ; il est permis de croire cependant qu'il n'abandonna pas son idée, quoique le nom de Mme d'Huxelles ne figure même pas dans l'indiscrète *Histoire amoureuse des Gaules*. Elle n'en avait pas besoin d'ailleurs et sa conduite était bien connue ; elle était même chansonnée très peu révérencieusement :

>   Mon mari s'en est allé
>   A Châlons en Champaigne [1] :
>   Il m'a laissée sans argent :
>   Mais avec mon enjouement
>   J'en gaigne, j'en gaigne, j'en gaigne [2] !

« Paris, 21 janvier 1689.

« Je me souviens fort bien de mon tort, Monsieur, et je vous en demande très humblement pardon ; mais ce qui l'a causé, c'est que je ne saurois quasi plus écrire de ma main, et que de remplir ce devoir de celle d'un autre, c'est manquer à ce que l'on doit au noble sang des Rabutin, dont Olivier de la Marche augmente en moi la vénération et l'estime. Si vous êtes bon prince et que vous excusiez le secours du secrétaire, je vous promets de ne plus tomber dans cet inconvénient, et nous serons au même instant quitte à quitte en nous reprenant. Cependant, Monsieur, vous faites bien de l'honneur à mon fils et à moi de prendre part à ce que le roi lui a fait. Ce que vous appelez la sotte fortune lui a été jusqu'à présent plus favorable qu'à son père, ainsi que vous le remarquez fort bien ; et je pourrois, sans être injuste, être fâchée de n'avoir pas été plutôt que les autres favorisée de ses grâces ; mais je m'en console au coin de mon feu, comme vous faites au coin du vôtre, de ce qu'elle vous a dénié : et si effectivement vous êtes bien tourné du côté de Dieu, ne vous en plaignez pas, car vous avez plus de bonheur que tous les courtisans du monde.

« Que faites-vous dans votre solitude ? Travaillez-vous à nous donner quelque traité du mépris qu'on doit faire de ce monde ? Je le voudrois, et en vérité, en vérité, vous y devriez employer les talents que Dieu vous a donnés.

« Nous avons ici M. de Rouville, votre beau-frère, qui maintient toujours sa droiture à toute rigueur. Il est devenu le partage de trois ou quatre veuves, qui ne songent pour lui plaire qu'à lui donner du bon vin. Il me semble qu'il aime fort Mme de Montataire, votre fille ; enfin il achève sa vie doucement dans nos maisons à Paris et à la cour, où il se montre rarement à cause qu'il ne voit presque plus. »

[1] Le chansonnier se trompe : c'est Châlon-sur-Saône.
[2] *Airs de vaudevilles divers*, Paris, Sercy, 1665, p. 295. Le livre est dédié à Mademoiselle.

Mais, du camp de Bléry, le 4 août 1657, Bussy mande très franchement à sa cousine qu'il a échoué, car il aimait à tenir Mme de Sévigné au courant de ses amours. « Je vous envoie copie de la lettre que j'ai écrite à Mme d'Huxelles. Elle me mande que si j'aime les grands yeux et les dents blanches, elle aime de son côté les yeux tendres et les amoureux transis, et que ne me trouvant pas comme cela, je me tienne pour éconduit : elle revient après et, sur ce que je lui mande, comme vous verrez, que je la quitterai si elle me rebute, et qu'à moins de se déguiser en maréchale pour me surprendre, elle ne m'y rattrapera plus, elle me répond que je ne désespère point et me promet de se donner à moi quand elle sera parvenue à la dignité pour laquelle, à ce qu'elle dit, on la mange jusqu'aux os, que mon poulet ne pouvoit être plus à propos, et que n'ayant pas un denier, elle estoit de la plus meschante humeur du monde. »

Mme d'Huxelles avait passé le commencement de cette année en Bourgogne, et c'est là qu'elle reçut la lettre suivante du grave père Senault, qui nous peint assez son caractère vif et peu soucieux de se soumettre aux exigences du monde et de la famille.

Avignon, le 13 janvier 1657.

Madame, puisque vous estes encore en Bourgogne, vous voulez bien que je vous y aille rendre mes très humbles devoirs et vous remercier de vostre belle et obligeante lettre. Je l'ay envoyée a St-Menoux [1] après l'avoir leue bien des fois pour essayer a vous justifier auprès de mesdames vos belles sœurs [2]. Mais

---

[1] Marie-Constance du Blé, sœur de M. d'Huxelles, abbesse de Sainte-Menoux, près Bourges, en 1648, après sa tante Constance du Blé : transférée à Faremoutiers en 1677, morte le 30 mai 1685.

[2] Anne du Blé, mariée le 6 janvier 1646 à Henri de Beringhem, premier

je crains bien que toute éloquente qu'elle est, elle ne puisse pas vous rendre ce bon office, car comme elles sçavent que vous etes une amazone qui ne craint ny les meschans chemins, ny les mauvaises saisons, qui va a cheval ou elle ne peut aller en carosse, elles croiront toujours que si vous aviez bien voulu vous trouver a la proffession de mademoiselle vostre niepce[1], vous l'auriez pû aysément. Pour moy je l'avois fort souhaitté dans l'espérance que ces dames m'auroient procuré quelque part en l'honneur de vos bonnes graces. Mais je vous l'iray demander moy mesme chez vous, puisque vous m'en donnez la permission, et vous remercier du bon accueil que vous avez fait a mes passions, dont la plus grande et la plus sincère est le désir de vous témoigner que je suis avec un profond respect[2], etc.

Elle tenait naturellement sa place dans la société précieuse, et Somaize la désigne dans son célèbre dictionnaire sous le nom de *Domitia* : malheureusement, il la cite seulement et ne parle avec détail que de sa sœur Saint-Germain.

Cette existence brillante et galante parut un moment devoir être cruellement interrompue. La mort du marquis d'Huxelles, tué glorieusement au siège de Gravelines dans la nuit du 8 au 9 août 1658, — coïncidence bizarre,

---

écuyer du roi, morte le 8 janvier 1676. — Anne du Blé, morte sans alliance. — Claude du Blé, religieuse à Lauchane.

[1] Anne ou Claire-Marie de Beringhem, qui furent toutes deux religieuses à Faremoutiers : la première succéda comme abbesse à sa tante du Blé, en 1685.

[2] Jean Senault (1601-1672), l'un des premiers membres de l'Oratoire, prédicateur de grand talent : il refusa constamment honneurs et bénéfices et ne voulut jamais être évêque.

les deux maris de Marie de Bailleul périrent devant la même place, — fut un coup terrible pour sa femme. Elle ne l'aimait certainement pas tendrement, quoiqu'elle vécût en bons termes avec lui, et lui-même n'était pas le modèle des époux, car une chanson du recueil de Maurepas nous raconte une aventure des plus galantes qui lui arriva à Châlon avec Mlle de Sourdis, l'une des demoiselles de sa femme. Mais Mme d'Huxelles sentait l'appui que lui prêtait la haute situation de son mari qui venait d'obtenir la promesse du bâton de maréchal de France, à trente-neuf ans, à la veille du jour où une balle brisait une aussi brillante carrière [1]. Elle témoigna évidemment une profonde douleur, comme nous devons en juger par cette lettre de condoléance que lui adressa à cette occasion la mère Marthe de Jésus [2] :

De nostre grand couvent, ce 20me septembre 1658.

Madame, paix en Jésus-Christ. Tant de raisons m'obligent à prendre part aux choses qui vous touche que jose espérer que vous serés facilement persuadée que j'ay senty comme je dois la perte que vous venés de faire en véritté : elle est sy douloureuse en touttes ces circonstances qu'il vous faut un secours den haut bien puissant pour vous donner la force de la porter ; quoy que très misérable et indigne de rien obtenir de nostre Seigneur, nous ne laissons de luy offrir soigneusement nos prières pour vostre consolation et pour luy demender que puis qu'il vous a voulu oster ce que vous aviés de plus cher il daigne

---

[1] Mme d'Huxelles restait avec deux fils : l'un, filleul comme son père de la ville de Châlon, où il naquit le 28 août 1648 ; l'autre, né le 24 janvier 1652.
[2] Mlle du Vigean.

par sa bonté vous faire faire un saint usage de cette privation et convainque puissamment vostre cœur qu'il n'y a que misères en cette vie et que ceux qui ont eu le bonheur de recevoir le baptesme et d'estre du nombre des enfans de Dieu doivent estre en ce monde comme ny estant point. Vous sçavés mieux que moy, Madame, que nous ne devons nous regarder sur la terre que comme pélerins et étrangers, ainssi nous y devons estre sans attache et sans plaisir et nostre cœur doit estre ou est nostre trésort qui est dans le ciel. Il est certain, Madame, que les afflictions nous aident beaucoup a faire ces reflections qui sont nécessaires a nostre salut, nostre Seigneur dit qu'il est proche de ceux qui sont en tribulation. Ainsi j'espère, Madame, qu'il vous départira ces saintes grâces en l'estast auquel il vous a mise qui, sans doute est un effect de sa miséricorde et quoy que cela soit dur a vos sens vous devés néantmoins le regarder comme une marque de son amour et dun dessein spécial qu'il a de vostre sanctification. Je supplie sa divine bonté de vous donner tout ce quil cognoist vous estre nécessaire et que vous me faciés l'honneur de me pardonner la liberté que je prens de vous dire des choses que vous sçavez mieux que moy qui suis une grande pécheresse et par conséquent incappable de rien dire qui soit utile. J'espère de vostre bonté que vous attribuerés cela au désir que jay de vostre salut, et a celuy que jay aussi de vous faire cognoistre que je suis plus véritablement que personne du monde en Jésus-Christ et sa sainte mère.

Nostre mère prieure [1] nous ordonne de vous asseurer, Madame, quelle prend une part bien veritable a vostre doulleur. La mère Agnès [2] aura lhonneur au premier voyage de vous dire elle mesme ces sentimens a vostre esgart. Vostre chère tante [3] que vous avés céans compatit beaucoup a vostre perte commune, son estast lempesche de vous le dire elle mesme, elle est vostre très obéissante servante.

Vostre très humble et très obéissante servante,
Sœur MARTHE DE JÉSUS,
religieuse carmélite indigne.

[1] La mère Marie-Madeleine de Jésus (Marie de Lancry de Bains), d'une famille noble de Picardie : née en 1598, élue en 1653 et 1656, morte en 1679.
[2] Mlle de Bellefond, mère Agnès de Jésus-Marie, morte en 1691.
[3] Mme de Sablé.

CHAPITRE II.

Mme d'Huxelles se console. — Ses rapports avec la maison de Condé. — Lettres du prince de Condé et du duc d'Enghien. — Mme de Longueville. — Le comte de Saint-Pol. — Le prince de Conti. — Mme d'Huxelles nouvelliste. — Le duc de la Rochefoucauld. — Son salon. — Ses lettres à la marquise. — Bartet. — Mme d'Huxelles accusée d'avoir fait une chanson contre la cour. — Gourville. — Lettres de Mademoiselle. — M. de Jussac. — Le maréchal d'Albret.

Mme d'Huxelles n'était pas une femme à se décourager : « Fort du grand monde, » nous a dit Saint-Simon en parlant d'elle, « dominant sur ses amis, se comptant pour tout, et les autres, ses plus proches même, pour fort peu, » elle comprit promptement que la mort glorieuse de son mari ne pouvait que lui attirer de plus vives sympathies et elle s'en servit pour affermir sa situation mondaine. A cette époque, d'ailleurs, elle était liée avec les personnes les plus considérables de la société, qui la recherchaient d'autant plus, comme nous l'avons déjà dit, qu'elle ne se mêlait jamais d'aucune intrigue politique et n'épousait aucune coterie. Mme de Sévigné était déjà dans des termes très intimes avec elle dès 1653, comme elle nous l'apprend dans une de ses lettres, et par elle Mme d'Huxelles connut cette société brillante et choisie qu'attirait autour d'elle l'incomparable marquise. Elle avait su également nouer des rapports très particuliers avec la maison de Condé, grâce à la situation de son mari en Bourgogne, province dont le prince était gouverneur général. Monsieur le Prince, comme on l'appelait, avait une affection très connue pour la jolie marquise et son veuvage ne la diminua nullement, bien que nous ne voulions formuler aucun soupçon malveillant en parlant ainsi. Le jeune duc d'Enghien ne partageait pas moins ces sentiments. Nous allons en trouver les preuves dans quelques billets inédits conservés soigneusement dans les papiers de Mme d'Huxelles. Nous commencerons par ceux écrits par le grand Condé :

On dit que les rois ont les bras longs, mais je ne croyois pas que vous les eussiez aussy longs qu'eux, et je ne m'attendois pas à vous trouver à Chalon, vous ayant laissée à Paris. Vostre esprit s'est répandu dans toutes les personnes sur qui vous avez de l'autorité, et vous m'avez fait ici une réception magnifique et galante. Vous m'avez fait la meilleure chère du monde, on a bruslé vostre poudre et jusqu'au père nourrissier, j'ai trouvé tout poly. Recevez donc mes remerciemens, ma chère marquise, et me croyez aussy entièrement à vous que je suis.

Je suis fort content de vostre evesque [1] et de vostre lieutenant de la citadelle. Vous mettez tout sur le bon pied.

Jetois au désespoir hier de ne vous point trouver chez vous. Je m'en vais à Saint-Germain disner. J'en reviendray demain et à mon retour je vous escriray

---

[1] Jacques de Maupeou, nommé le 31 juillet 1658 à la mort de Mgr de Neuchèze.

pour vous demander un rendez-vous. Cependant, ma chère marquise, je vous envoie un paquet pour notre ami que je vous supplie de luy donner en main propre. Je vous auray une obligation extrême si vous pouvez le luy donner dès aujourd'hui. Je vous prie d'estre bien persuadée que je meurs d'envie de vous voir et de vous embrasser.

C'est aujourd'hui ma première sortie et je vous prye que vous soyez la première personne que je voye. Mandez-moy donc si je vous trouveray chez vous sur les 4 heures. Si cette heure ne vous est pas commode, vous me donnerez celle que vous jugerez à propos. Je vous assure, ma chère marquise, que j'auray grand plaisir à vous voir.

Je vous suis trop obligé, ma chère marquise, de l'avis salutaire que vous m'avez donné. Je seray à la comédie et à la foire, mais comme il faut que je mène quelqu'un avec moy, mandez-moy, je vous prie, quelle comédie. C'est afin que je le propose. Croyez bien, ma chère marquise, que je vous aime de tout mon cœur.

Je suis honteux d'avoir esté si longtemps sans vous faire response, c'est-à-dire sans vous la porter moi-mesme, car ce n'estoit point assez de vous la faire. Je vous crois présentement trop en dévotion pour souffrir le commerce des profanes, mais dès que la semaine sera passée, je vous iray dire bien souvent, ma chère marquise, que je vous aime assuremment de tout mon cœur.

La lettre suivante est du fils de Condé, Henri de Bourbon, duc d'Enghien, qui fit ses premières armes en Flandre, en 1667 et servit par conséquent avec le fils de Mme d'Huxelles :

J'ai resçu deux de vos lettres, une en grande cérémonie, dont j'ai esté scandalisé; l'autre est aimable et charmante. Je tascheray de servir l'avocat du roy de Macon en ce que je pourray. Je considère tout ce que vous considérez et j'aime ce que vous aimez avec modération, car pour la passion, je ne vous la permettray pas avec d'autres. J'ay mandé ce que vous m'avez escrit au grand-père, qui veut avoir le premier rang dans votre cœur et que personne n'y soit avec luy : il est tout à fait difficile, mais je ne puis blâmer son goût. M. le marquis d'Uxelles fait icy des merveilles.

Grâce à la protection de Condé, Mme d'Huxelles avait obtenu pour son fils aîné la transmission du gouvernement de Châlon que possédait son père, cette lettre du prince le constate clairement :

A Dijon, ce 10 may 1660.

Madame, le service que je vous ay rendu ne méritoit pas un remerciement si obligeant que celuy que vous me faites. Il ne se présentera jamais d'occasion de vous en rendre de plus utiles que je ne le face avec toute la joye possible. C'est une vérité dont je vous prie d'estre bien persuadée et que je prendray toujours très grande part à tout ce qui vous touche estant véritablement, comme je suis, Madame, votre très humble et obéissant serviteur,

Louis de Bourbon [1].

Mais la marquise n'était pas moins liée avec Mme de Longueville dont elle avait su se rapprocher en se montrant très zélée en faveur de ses amis à Port-Royal à une époque où la belle duchesse cherchait dans la religion et dans la pénitence l'oubli des faiblesses de sa jeunesse. Nous avons été également assez heureux pour trouver quelques billets inédits de l'héroïne de la Fronde :

De Louvre, 5e apvril.

Sy j'avois manqué de vous faire reponse par quelque espèce de négligence, je croye que la honte que j'en aurois m'empêcheroit éternellement de vous la faire, mais comme je n'ay retardé mon soing que pour le rendre plus utile, je pense que vous ne m'en saurez pas mauvais gré. Je suis si touchée de vos peines que je ne puis avoir une plus grande joye que de trouver une occasion de les soulager. Voilà donc une lettre de

---

[1] Mme d'Huxelles s'adressait du reste souvent à lui. Il lui écrit de Dijon, le jour de Pâques 1663 : « Je voudrois bien avoir plus d'occasion de vous rendre quelque service. Je n'en perdrai jamais aucune de vous faire connoître que personne au monde ne vous honore tant que moy et n'est avec plus de passion, etc. »

M. de Longueville pour le sieur de la Motte-Moresseraye qui commande dans Caen en l'absence du sieur de Chambois, par où il luy ordonne de vous recevoir. Je luy escris encore pour luy donner le même ordre. Je suis preste à monter en carrosse pour continuer mon voyage, aussy je ne puis vous entretenir davantage.

De Trye, 5e octobre.

Je ne sçaurois estre plus en peine que je l'ay esté de vostre maladie, ny plus aise que je le suis d'aprendre que vous êtes hors de tout danger ; si ce mal ne vous laisse nulle meschante suite, on pourra dire qu'il vous sera bon de l'avoir eu ; et que comme tout tourne en bien aux esleus pour l'autre vie, cet accident fera non seulement cet effet en vous, par le bon usage que vous en aurez fait, mais mesme que ce vous sera bien pour la vie présente, puisque vous serez délivrée de la crainte que vous aviez de ce mal. Cet advantage ne se bornera mesme pas à vous, mais il s'estendra sur vos amis, surtout sur ceux qui demeurent en vostre quartier, puisque vous ne craindrez plus assez le mauvais air du faubourg Saint-Jacques pour vous empêcher d'y venir loger, si vos autres mesures s'accomodent à ce dernier. Je le souhaite de tout mon cœur, je vous assure. Je ne pourrois pas faire ce compliment-là à beaucoup de gens en disant vray, n'y ayant plus guère de personnes au monde dont l'absence ne m'accomode autant que la présence. Jugez après cela sy j'ay de l'amitié pour vous et si vous ne devez pas me conserver celle que vous m'avez promise...

Cette amitié explique l'intimité qui existait entre Mme d'Huxelles et le jeune comte de Saint-Pol, et aussi, par contre-coup, avec M. de la Rochefoucauld dont on connaît les liens avec ce fils préféré de Mme de Longueville ; une lettre du comte a même été assez malignement interprétée par quelques historiens :

Ce 28 septembre de Chambor.

Vous croyez bien que je ne suis pas moins aise que le roy vous ait donné tout ce que vous lui avez demandé que j'estois alarmé du péril que vous avez couru de ne rien avoir. Tout le monde est si persuadé de l'interest que je prends à ce qui vous touche que M. de Rouville me charge de vous faire ses compliments, croyant à ce qu'il dit que vous les recevrez plus favorablement venant de moy que de luy-même. Je m'en acquitte donc : vous luy témoignerez, s'il vous plaît. Je n'ay point de nouvelles du prince : je luy ay escrit pourtant depuis qu'il est party : faites ce que vous pourrez pour le résoudre à m'en donner ; si vous ne pouvez gagner cela sur luy, faites m'en savoir. On dit que nous partirons d'ici le 11 du mois prochain. Souvenez-vous toujours, madame la marquise, du meilleur de vos amis, je dirai bien du plus humble de vos serviteurs, mais vous me permettez une familiarité au moins en parole.

Le comte de Saint-Pol était un charmant cavalier : à peine sorti de l'Académie, il alla à l'armée. Sa première campagne fut celle de Flandre en 1667, et, l'année suivante, Condé l'emmena avec lui en Franche-Comté; il devait aller presque aussitôt en Candie. Élégant, intelligent, vaillant et de bonne mine, on devine quels furent ses succès auprès des femmes, et sa mère disait elle-même à Mme de Sablé qu'il gâtait l'hiver tout ce qu'il avait fait l'été. Mademoiselle nous le dépeint comme beau de visage, mais mal fait de corps et l'air peu distingué, parlant rarement et très dédaigneux. « Mme de Thianges, ajoute-t-elle, étoit fort de ses amies, la marquise d'Huxelles et beaucoup d'autres : elles vouloient aller en Pologne avec lui et quand il mourut, elles en portèrent le deuil et témoignèrent une grande douleur. » Nous croyons avec M. Cousin qu'on ne doit attacher aucune importance à la liaison au moins de ces deux dames : « Rien n'autorise à penser, dit-il, que Mmes de Thianges et d'Huxelles, déjà sur le retour, fussent autre chose au comte de Saint-Pol que des amies à peu près sur le pied de Mme de Sablé, qui s'étaient peut-être chargées d'en faire un honnête homme et étaient flattées de ses soins, mais sans aucune prétention. Mme d'Huxelles en particulier, quoique veuve et encore très agréable, était une femme de trop d'esprit et de goût pour braver le ridicule d'une liaison avec un tout jeune homme. »

Saint-Pol était en correspondance suivie avec Mme d'Huxelles ; nous en trouvons la preuve dans cette lettre inédite, qui montre en même temps comme ce jeune prince écrivait galamment :

De Dijon, ce 30 septembre.

Je vous veux tenir la parole que je vous ay donnée que personne n'auroit de mes nouvelles devant vous, et ne vous pouvant conter aucune aventure mémorable de mon voyage, vous faire au moins ressouvenir d'un serviteur très acquis que vous avez en moy. Ce n'est pas qu'il ne soit dangereux de vous escrire de si loing. Je scay l'usage que vous faites des lettres du pauvre la Garde, et combien de fois nous nous sommes divertys chez vous, aux despens de ce pauvre homme et de ses lettres; vous n'avez pas même épargné celles du petit comte; mais quand vous vous devriez moquer autant de moi que nous nous sommes moqués d'eux, je ne scaurois pas m'empescher de vous mander que je vous aime de tout mon cœur et de vous prier de me continuer votre amitié. C'est la chose du monde à quoy je suis le plus sensible et que je vous demande avec le plus d'empressement. Je vous supplie aussy d'avoir la bonté de faire mille amitiés de ma part à M. de la Rochefoucauld et à M. de Marsillac. Je parlerois mieux si je croyois qu'il trouveroit bon que je me serve de ces termes-là. N'oubliez pas, je vous supplie, le petit M. le comte d'Estrées, Grignan, et Brioles. Quand je dis le petit M. le comte d'Estrées, ce n'est pas le fils dont je parle, mais c'est le vice-amiral : j'avoue que le nom est bizarre. Je vous conjure encore, madame la marquise, de m'aimer toujours et de me faire savoir de vos nouvelles le plus souvent possible.

Le comte DE SAINT-POL.

Le prince de Conti comptait également au nombre des amis de M*me* d'Huxelles : le billet suivant le prouve, en constatant en même temps qu'elle lui écrivait pour le tenir au courant des nouvelles. C'est la première mention du rôle de gazetier volontaire auquel la marquise véritablement voua sa vie :

Je prans trop de plaisir à vous escrire pour laisser partir Mongelet sans vous assurer comme je fais que je vous aime mille fois plus que moi-même et que j'ay pour vous toute la tendresse dont je suis capable. Quoique je vous dise souvent cette vérité, croyez que je la sans mille fois davantage. Soyez persuadé, mon très cher, de cette vérité et aimez une personne qui fait consister son plus grand bonheur à estre toute sa vie sans nulle réserve toute à vous. Par l'ordinaire je vous escriray toutes nouvelles.

La lettre du comte de Saint-Pol nous servira de transition pour parler du duc de la Rochefoucauld, l'auteur austère des *Maximes*, austère en apparence, car il était passablement galant et se complaisait surtout dans la société des femmes. A cette époque, — l'un des billets prouve que cette correspondance date des environs de l'époque où parurent les *Maximes*, la Rochefoucauld avait à peu près complètement abandonné la politique, quoiqu'il ait encore sollicité, en 1666, la place de gouverneur du Dauphin, qui fut donnée à Montausier [1]. Consolé en voyant son fils prendre une situation chaque jour grandissante auprès du roi, le duc trouvait un dédommagement encore plus doux dans son intimité avec Mme de la Fayette, dont il appréciait l'esprit délicat et les qualités supérieures. On se réunissait alors presque chaque jour chez Mme de la Fayette : les mêmes personnes s'y retrou-

---

[1] Voir *Œuvres inédites de la Rochefoucauld*, que nous avons publiées avec l'histoire de sa vie, in-8º; Hachette, 1863.

vaient, et le plus régulièrement Mmes de Lavardin, de Sévigné et d'Huxelles : on y contait les nouvelles du jour, pour lesquelles cette dernière était sans doute particulièrement recherchée ; on y discutait sur certaines questions ; on y lisait des lettres, et Mme de Sévigné n'oubliait jamais d'apporter celles de Mme de Grignan. Cette aimable société, où l'on voyait encore M. d'Ambres, Mme de Brissac, Mme de Montausier, Benserade et bien d'autres esprits distingués, allait souvent à la comédie, à la foire, sans dédaigner les baraques de femmes sauvages et d'animaux féroces. Tous les vendredis, Mme de Sévigné, la Rochefoucauld, Benserade, Mme de Brissac, et probablement Mmes d'Huxelles, de Lavardin et de la Fayette, dînaient chez l'évêque du Mans [1]. D'autres fois on se réunissait chez le duc, quand la goutte le clouait dans son fauteuil, en dépit des saisons qu'il allait passer à Barèges. On y voyait souvent alors aussi Mme de Marans, l'ancienne maîtresse du duc de Bourbon qui appelait M. de la Rochefoucauld son « fils ». Mme de Sévigné venait y passer des journées, y faisant sa correspondance.

Les lettres suivantes prouvent que le duc de la Rochefoucauld comptait apparemment Mme d'Huxelles au nombre de ses plus intimes amies ; la première est passablement gaillarde :

Je seroys ravy de vous pouvoir croire, mais je n'ay garde ; je scay que l'on vous a rendu ses devoirs, et je le sens comme un jaloux qui craint qu'on y ait manqué. Je vous sacrifieray madame de Chavigny [2] quand vous voudrez. La victime n'est pas jeune, mais excusez, le sacrificateur ne l'est pas aussy. Je n'ay

---

[1] Lettre de Mme de Sévigné du 13 mars 1671.
[2] Anne Phélypeaux, femme de Léon de Bouthillier, comte de Chavigny, né en 1613.

pas entendu parler de Barbin ny de livres. Je scay que la faulte vient de luy, et vous êtes la plus spirituelle et la meilleure amie du monde. C'est dommage que vous ne soyez que cela.

Il est facile de dater cette lettre, puisque le duc y parle évidemment de ses *Maximes,* qui parurent en 1665 chez Barbin et dont Mme d'Huxelles réclamait probablement un exemplaire.

Un autre billet est à peu près de la même époque, puisque nous savons que la Rochefoucauld alla aux eaux de Barèges en 1664 et en 1665 :

Le moins que je vous doive pour toutes vos larmes, c'est de vous dire que je suis arrivé icy sans aventures et que durant le chemin j'ay presque toujours pensé à vous. Dès que je serai de retour de Barèges, je ne songeray qu'à retourner à Paris reprendre possession de tous mes droits dans votre maison. Cependant apprenez-moi que l'absence ne fait rien perdre auprès de vous, et que je vous retrouveroy pour moy comme je vous ay laissée. Ce n'est pas que j'en doute, mais c'est que je suis ravy de me faire assurer souvent de la chose du monde que je souhaite le plus. Je vous conjure de faire mes compliments à la petite. J'espère que nous dînerons cet hiver ensemble.

Voici d'autres lettres :

Je ne suis point allé à Saint-Germain comme on vous l'a dit, et pour ce qui est de ne vous avoir point escrit, vous scavez bien que nous avions mis dans nostre marché que vous commenceriez.

Vous avez grand tort, madame la marquise, de vous plaindre de moy et de ma légèreté, car je vous assure que vous estes toujours la femme de France que j'aime et que j'estime le plus. Je n'arrivay que hier au soir et assez tard de Saint-Germain, c'est pourquoy je n'allay pas chez vous. Ce n'est pas que je ne.............. que je sois chez vous ce soir : vous pouvez y demeurer sans crainte d'y estre seule. Je voudrois vous pouvoir aussy bien respondre que vous ne vous y ennuierez pas.

J'alois envoyer chez vous quand un laquais est arrivé et j'aurois esté vous rendre mes devoirs aujourd'huy sy j'avois un habit. Ne deuvriez-vous passer bientost céans? Je meurs d'envye de vous voir et de vous embrasser quy plus est. Il n'y a personne au monde qui vous honore tant que moy. Je vous prie de dire à la petite que je trouvay hier en arrivant se cachant dans le fond d'un carosse vitré que cela me parut sy nouveau que je crus que tout estoit changé dans ce pays-cy depuis que j'en estois party.

J'estois déjà assez gaigné sans me mander tant de choses : ce quy est de beau dans le tems quy court c'est que je les crois fermement et que je vous ayme comme sy je voyois le fond de votre cœur. Je dis des biens de vous qui passent l'imagination et j'en croy encore plus que je n'en dis. Ceux qui me voyent sy zellé en tirent de grandes conséquences et j'espère que l'on parlera bientôt de nous. Au reste je vous ay renvoyé votre lettre et je ne l'eusse pas confiée sy on ne m'avoit asseuré qu'on vous la rendroit à vous mesme. Je veux bien mettre sur mon compte ce que vous en aviez fait ensuite : ce n'est pas que le porteur prétende avoir sa part de cette obligation. Il me fait espérer des fromages de sorte que cela sauvera un des vostres. Je vous prie de ne manquez pas de faire responce à la lettre que vous savez afin de ne nous en laisser pas manquer. Je suis sans exception l'homme du monde qui vous honore le plus.

Je suis fort aise des reproches que vous me faites : je vois par là que vous vous souciez un peu de moy, mais je suis bien ayse aussy de me justifier et de vous montrer mon innocence : puisque vous voulez bien me donner le choix du lieu, je vous prie.......... le plus homme d'honneur et de parole : vous ne me l'aviez pas escrit et vous l'avez escrit à d'autres qui sont tous indiscrets, et m'ont montré vos lettres où vous l'appelez le meilleur de vos amis. Je suis jaloux de cette qualité.

C'est chez M. de la Rochefoucauld évidemment que Mme d'Huxelles connut Gourville, intendant du duc et qui épousa secrètement une de ses filles ; la marquise n'eut garde de négliger un pareil pourvoyeur de nouvelles, et nous allons avoir la preuve qu'elle l'avait habitué à lui communiquer tout ce qu'il pouvait apprendre d'intéressant. Cette lettre est vraisemblablement de 1660, époque où Gourville, encore condamné à mort, agissait cependant en qualité d'agent diplomatique secret pour la cour de France :

Ce dimanche.

Je vous envoye, Madame, la copie de la lettre que je me donnay l'honneur d'écrire au roy après avoir eu une conférence avec monsieur le prince d'Orange à la Haye. Je voudrois bien que vous fussiez aussy contente de la lire comme j'ay esté charmé de celle que vous m'avez fait la grâce de m'écrire pour me la demander. Je l'ay trouvée d'un si agréable stile et si honorable pour moy que je me propose de la mettre dans mes petits ouvrages pour les rendre plus agréables à ceux qui se voudront donner la peine de les lire, et peut estre parce qu'elle me fait beaucoup d'honneur. Je vous souhaite de la santé et un temps propre pour avoir le plaisir de vous veoir comme vous me le faite espérer. Je vous assure, Madame, que vous n'en sçauriez faire à personne qui soit avec tant de respect que je seray toute ma vie,

Votre très humble et très obéissant serviteur,

GOURVILLE [1].

Nous trouvons une nouvelle preuve de cet amour des nouvelles qui possédait véritablement Mme d'Huxelles, et dont

---

[1] Gourville, exilé après la chute de Fouquet, fut condamné à mort par contumace ; mais dès 1666, luxueusement installé à Bruxelles, il sut attirer à nous, pendant le congrès de Bréda, les princes de Brunswick et de Hanovre. Louis XIV l'accrédita à Brunswick, quoique encore condamné ; en 1681, il fut chargé de rompre l'assemblée des princes, et fut gracié en récompense de sa conduite : mort en 1703.

nous verrons plus tard Mme de Sévigné parler fréquemment, en la voyant traiter sur le pied de l'intimité des personnages de rang fort secondaire, évidemment dans ce but unique. Nous venons de le constater pour Gourville. Maintenant c'est avec Bartet qu'elle se montre en coquetterie : Bartet, le secrétaire du cabinet du roi, célèbre surtout par la bastonnade que lui fit appliquer le duc de Candale. Mais sa situation à la cour pouvait être utile à la marquise, et surtout il était bien informé. La lettre que nous publions prouve qu'il était très particulièrement lié avec elle et nous apprend en même temps que Mme d'Huxelles fut alors compromise dans certains commérages de cour assez graves sur lesquels Bartet malheureusement ne s'explique pas assez clairement [1] :

A Saint-Jean de Luz, le 4 juin 1660.

Je reviens de Fontarabie ou j'ay esté du cortege de M. le duc de Créqui qui a porté à la reyne le présent du roy. Entrant dans ma chambre, j'y trouve vostre lettre, qui est pour moy l'unique joye qui me soit venue de Paris depuis que j'en suis party.

Mademoiselle vous pourra dire dans bien peu de temps que qui que ce soit sans exception ne peut mieux sçavoir que moy ce qui s'est passé sur le sujet de la dame dont vous me parlés, auprès de la reyne, puisque ce fut en sa presence que Sa Majesté me demanda si je sçavois cette histoire, et si elle estoit vraye, je luy dis que je sçavois la chanson, mais qu'elle n'y

---

[1] Bartet était fils d'un paysan du Béarn, et il quitta le pays après des aventures galantes peu relevées ; il passa à Rome, où il sut se faire bien venir des jésuites, qui lui procurèrent un emploi chez le roi de Pologne ; il s'attacha ensuite à Mazarin, qui fit sa carrière. On connaît trop son aventure avec le duc de Candale pour en parler ici.

estoit point nommée ny désignée que par les differentes interprétations que l'on y pouvoit donner, et que j'avois trop bonne opinion de la pudeur et de l'honnesteté des dames, pour croire qu'il y en eut aucune qui fust capable d'une si sale et vilaine chose, quand mesme on compteroit pour rien le respect de Sa Majesté qui devoit estre compté pour tout. Ce que je vous dis la fut dit tout haut, Mademoiselle présente.

Si jamais ny de pres ny de loing vous avez esté nommée ny désignée ny soupçonnée, et si jamais on a songé a vous en rien qui puisse avoir relation a cela, je veux que vous me croyiez capable de vous assassiner, et je ne doibs pas me refuser ce petit mérite auprès de vous, que si vous l'aviez esté, je vous aurois deffendue de toute ma force, et vous en aurois rendu compte sans y perdre un seul moment car telles choses sont capitales, et quand nos amis ne le sont pas sur cela, ils ne sont bons à rien.

Vivez donc avec ce repos d'esprit qu'il n'y a pas une seule honneste personne qui sur cela ait ouy nommer vostre nom. Je dis en manière du monde, non plus que le mien, et je vous en donne ma parole, qui vous doibt estre une consolation seure parce que je sçay l'histoire des jours de la cour, comme si j'en avois le journal en main.

Je ne sçay si je dois accepter l'offre que vous me faites de m'instruire, car je ne sçay que trop pour mon repos combien vous estes une dangereuse maistresse. Néanmoins je me hazarderay d'aller apprendre de vous tout ce que je ne sçay point depuis treize mois, et je renonce au tiers, quoyque j'ayme parfaitement M. de Vineuil, et ayme bien mieux compter avec vous seule teste à teste. Je vous prends donc au mot et fais mon compte de me rendre à Paris huit ou dix jours devant que la cour soit à Fontainebleau.

Le mariage de l'infante fut fait hier. La reyne l'a veue a la conference aujourd'huy avec le roy d'Espagne. Le roy y est allé caracoler à cheval galamment avec dix ou douze seigneurs seulement incognito. L'on nous donnera nostre nouvelle reine dans deux ou trois jours. Le mariage se consommera icy le lendemain, et la cour partira vingt et quatre heures apres pour se rendre a Fontainebleau le huitieme du mois prochain environ.

Croyez moy s'il vous plaist, tousjours tout à vous en toutes les manieres qu'il vous plaira, car cela sera tousjours tout comme vous le voudrés.

N'oublions pas Mlle de Montpensier, qui entretenait aussi une correspondance avec Mme d'Huxelles et dont Bartet vient de parler : nous avons retrouvé trois lettres de la princesse : nous donnons l'une d'elles avec son orthographe soigneusement respectée. Mademoiselle ne parle cependant qu'une seule fois de la marquise dans ses mémoires. C'est à l'occasion du voyage de la cour en Bourgogne, au mois de novembre 1658. Mme d'Huxelles s'était naturellement rendue à Châlon, « où je fus bien aise de voir la marquise d'Huxelle, dit la princesse : c'est une femme fort aimable et de beaucoup d'esprit. » Nous ne savons pas si elle accompagna le roi ce jour-là pour aller voir une possédée. Mademoiselle, dans tous les cas, ne l'y suivit point. « Je crois le diable si vilain, dit-elle, quelque forme qu'il puisse prendre; qu'il ne me donnera jamais que de la frayeur et point d'envie de le voir; je l'appréhende autant en ce monde qu'on le doit faire pour l'autre. »

A Saint-Fargeau, le 16 février 1657.

Je vous avoue que j'étois en grande inquiétude de n'avoir point de vos nouvelles, je ne savois à quoy en attribuer la cause, celle que vous me dites est fort méchante, car c'est avec raison que je suis prévenue que vous écrivez fort bien, et vous ne devez point croire que l'on puisse changer en recevant de vos lettres, l'on ne peut que se confirmer en cette opinion. Je ne doute point que la mort de Mme de Mercuer [1] n'ait terriblement effrayé tout le monde, et tout de bon il y a sujet de l'être et de faire de grandes reflexions quand l'on voit ainsi mourir des jeunes gens. Pour moy, je suis la personne du monde la plus propre à en faire; aussi en fais-je souvent, mais, à mon grand regret, cela ne me profite pas; c'est que Dieu ne me juge pas encore digne de luy et ne veut pas que je sois encore dévote. L'affliction du chevalier de Grandmont est admirable [2]. Il se consolera, il a eu tant d'autres inclinations en sa vie qu'à la première qu'il trouvera en son chemin, ses anciennes flammes se rallumeront. Mais quelquefois les objets n'y sont plus propres; car en ma-

---

[1] Laure Mancini, nièce de Mazarin, mariée le 4 février 1651 à Louis de Bourbon, duc de Vendôme et de Mercœur, morte le 8 février 1657. Son mari entra alors dans les ordres et devint cardinal.

[2] Mme de Motteville nous dit que la reine de Suède railloit le chevalier sur sa passion pour Mme de Mercœur et l'inutilité de ses efforts auprès d'elle.

tière d'amour je pense que l'ancienneté n'est pas bonne. Car l'on dit toujours : ce sont d'anciennes amitiés ; mais l'on ne dit guère d'anciennes amours qu'en ridicule. Si j'étois encore dans les sentimens où j'ay été autrefois pour les bals et ces sortes de plaisirs-là, j'aurois grande joie qu'il n'y en eut point eu, puisque je n'y suis pas. Mais je vous asseure que cela m'est fort indifférent. J'ay oui parler d'un bal chez Mme de Monglat [1] où l'on fut assez longtemps à attendre les messieurs pour danser, et qu'il y avoit quelques dames qui trouvoient le monde fort changé, depuis qu'elles ne l'avoient vu ; peut-être que le monde étoit dans les mesmes sentiments pour elles. Vous me ferez grande justice quand vous serez persuadée que ceux que j'ay pour vous sont fort tendres.

A Saint-Fargeau, ce 26 mars 1657.

Las ! quel regret j'ay de ne vous pouvoir dire je me porte aussi bien que vous, je dors et je mange de même. Car si je le disois, je mentirois, et ce n'en est pas la saison ; il faut donc que je dise à mon grand regret que je suis enrumée du cerveau au dernier point, que je ne dors ni ne mange ; mais mon espérance est que ce mal n'ira pas jusques au poulmon, car je luy coupe le chemin, n'étant pas à propos pour

---

[1] Cécile Hurault de Cheverny, femme du marquis de Montglat dont la mère, Jeanne de Harlay, avait été gouvernante de Mademoiselle. Mademoiselle ne dit pas un mot dans ses mémoires au sujet d'une brouille avec Mme de Montglat. Au contraire, elle raconte longuement la scène violente que lui fit, le 1er juin 1657, la comtesse de Fiesque (Gilonne d'Harcourt), après laquelle elle quitta Saint-Farjeau.

moy qu'il prenne celuy-là. Je suis bien aise que vous m'asseuriez que je suis en sureté entre Mme de Sévigné et vous; car outre que je fais beaucoup de cas de l'amitié de l'une et de l'autre, et que l'on est trop heureux de trouver deux amies qui le soient véritablement, je plains bien les dames qui ont de l'apoplexie; je crains bien pour Mme d'Olonne [1] que l'on ne trouve que ce soit l'air de Paris qui ne luy soit pas bon, car il me semble avoir oui dire qu'elle ou d'autres de sa famille faisoient état qu'elle n'y viendroit pas de quelques années. Pour moy, je ne crois pas ce bruict véritable. Pour Mme de Monglat je ne sais si j'oserai nommer son nom sans luy déplaire, car elle a témoigné tant de hayne contre moy que cela est terrible. Enfin il faut bien que ce soit par haine qu'elle a jugé à propos d'en user avec la comtesse de Fiesque comme elle a faict; car après les obligations qu'elle m'a, à moins que les personnes déplaisent, l'on ne peut croire que l'on manque à tout devoir. Mais il faut bien s'en vouloir à soy-mesme de se manquer; car je pense que cela se passe ainsi, quand l'on ne faict pas ce que l'on doit; car cela tombe bien plus sur soy-mesme que sur telles gens que moy à qui l'on manque, et le public qui n'est pas rempli de charité ne manque pas de dauber les gens. Je ne sais pas si quand Mme de Tiange [2] s'en ira en Bourgogne,

---

[1] Catherine d'Angennes, fille du seigneur de la Loupe, mariée en 1652 à Louis de la Trémouille, comte d'Olonne, morte en 1714. On sait qu'elle fut célèbre pour sa beauté et pour ses galanteries.

[2] Gabrielle de Rochechouart, fille du duc de Mortemart, mariée en 1656 à

où je ne doute pas qu'elle n'aille : elle aura aussi peu de soin de m'escrire qu'elle faict à Paris ; car il est bon que vous sachiez que depuis qu'elle est hors d'ici je n'ay pas ouy parler d'elle, au moins d'elle à moy; car pour en entendre parler, vous savez qu'elle a ce bonheur-là de n'estre pas oubliée. Mais c'est trop écrire pour une enrumée, j'ay mesme peur de vous communiquer mon mal. Si cela arrive, croyez que ce sera sans dessein et que j'ay trop d'amitié pour vous, pour vous en souhaiter ni vous en causer volontairement.

A Saint-Fargeau, ce 3e de may 1657.

Je suis toute résolue à rendre la justice lorsque l'on me lora rendue, mais coy que j'aie eu une entière satisfaction de celle du Parlement [1], il fot que d'otre jeans m'en done encore, et dès que sela sera, je ne manqueré d'obéir à vos ordres pourtant tout le monde meur ou est malade à Paris, et sela m'efraie horriblement, set pour coy je ne sais si gi voudrès aler, cand cela depanderet de moy. Come la raison qui m'en empêcheret est asès bonne, je croy que vous l'este asez osi pour la bien recevoir et que cand je manqueré à suivre précisément les ordres que vous me donez, sela ne vous fera pas douter de mon ami-

---

Claude de Damas, marquis de Thianges. Les mémoires de Mademoiselle donnent de curieux détails sur la vie qu'elle menait à Saint-Farjeau.

[1]. Au sujet du procès que le duc d'Orléans soutenait contre le duc de Richelieu pour la terre de Champigny, et que ce prince gagna à la grande joie de Mademoiselle.

tié, ni perdre selle que vous m'avez promise d'avoir pour moy.

Le maréchal d'Albret était aussi des amis de la marquise. Brave et brillant soldat, serviteur dévoué de la cour pendant la Fronde, il avait reçu le bâton de maréchal en 1654 ; c'était aussi un homme d'esprit, plein d'enjouement, aimant le faste et la dépense. Saint-Evremont et Scarron l'ont célébré sous le nom de Miossens qu'il porta d'abord : mais Cornuel prétendait que c'était « un grand faiseur de galimatias [1] : »

Paris, 8 novembre.

Vostre lettre m'a esté rendue au moment que je me jettais dans les bras d'une... Crenan pour m'y laisser transporter à Pons en toute diligence. Je vous annonce que j'ay tant de haste de quitter Paris et de m'aller délasser mesme dans les bras de la maréchale [1] dure extrémité toutesfois, des fatigues que la Mecklembourg m'a donné au Parlement, que je sorty d'icy avec plus de joye que je n'en ay jamais eu à y venir. J'ay perdu tous les procès que je n'ay pu empescher de juger et je vous asseure que le parlement de Meklembourg ne saurait estre plus devoué ni plus complaisant à son souverain que celui de Paris a esté à cette digne princesse. Monsieur vostre frère [2] comme chef de la chambre de l'Édit en a donné l'exemple à la compagnie. Je prie Dieu de l'en récom-

---

[1] Madeléine de Guénégaud, sœur du duc de Luxembourg.
[2] Il mourut en 1676.

penser en tems et lieu, et en attendant je le prie de me faire tomber quelque dame de sa famille entre les mains, afin qu'aux despens de son sang, je puisse satisfaire ma vengeance : c'est donc à vous et à ma nièce de Saint-Germain de vous bien tenir, car sy vous y tombez, vous ne devez espérez ny l'une ny l'autre ny grâce ny mercy de moy. Vous me direz peut-être que j'entreprends au-dessus de mes forces et que la moindre des deux n'est que trop capable de venir à bout de moy. Certes je n'en suis que trop persuadé, mais dans la colère où je suis contre les Bailleuls, je demanderay de les combattre tous à la fois. Au reste j'ay veu bien des Bourguignons qui m'ont dit que les yeux de madame la marquise sont plus beaux que jamais, et m'ont fait entendre qu'elle ne m'est pas trop fidèle. Fi! vous devriez mourir de honte, mais patience, j'espère, l'hiver prochain, me venger de toute la race.

Nous terminerons ce chapitre par une dernière lettre d'un ami de Mme d'Huxelles, qui doit, d'après le détail qu'elle renferme, être de l'année 1660. Le comte de Jussac appartenait à une famille ancienne du Berry et avait servi avec distinction; plus tard, quand il fallut remplacer M. de Montchevreuil auprès du duc du Maine comme gouverneur, Mme de Maintenon fit choisir M. de Jussac (1689). « C'étoit, dit Mademoiselle, un homme d'esprit, qui avait l'honneur d'être à Monsieur, capitaine de la porte. Le roi l'avoit donné pour gouverneur à M. de Vendôme. Il avait de l'esprit, savoit la cour et avec cela des manières particulières ; étoit savant, savoit les poètes, faisoit joliment les vers et écrivoit bien. Mme de Montespan ne le connaissoit point ; elle me demanda quel homme c'étoit : je crois que ce fut Mme de la Fayette qui lui en parla ¹. »

De Paris, ce 23e de septembre 1660.

La constance de ma philosophie n'a point esté ce matin à l'épreuve de la tristesse et je me suis trouvé extrêmement affligé de laisser le soleil derrière mon dos et de ne voir devant moy que mon ombre pasle et défigurée :

> Semblable à ces héros qui, tout mélancoliques
> De quitter les beaux yeux qui captivent leur cœur,
> S'en vont, en talonnant leurs piteuses bourriques,
>   Au gré de leur ennuy vainqueur.

Ensevely dans mille rêveries ou vostre mérite avoit asseurément la meilleure part, j'ay passé des prez, des eaux, des plaines et des coteaux, et me suis veu a la veuë des clochers de la grande ville ou je n'ay pas esté sitost entré que j'ay rencontré une petite duchesse de Bretagne (c'est Mme d'Assérac ²), qui m'a crié : Je vous donne rendez-vous à dîner chez M. d'Antragues ; je n'ay pas eu de peine à accepter le défy, et dès que j'ay eu secoué la poussière des chemins, je me suis transporté fort honnestement à une bonne

---

¹ M. de Jussac épousa Mlle Évrard de Saint-Just, qui devint gouvernante de Mlle de Blois : son mari fut tué à Florence en 1690. Elle resta auprès de la princesse après son mariage : le roi l'estimait particulièrement et l'aida à marier ses deux filles à MM. de Conflans et d'Armentières : son seul fils mourut en 1707.

² Jeanne de Rieux, fille unique du comte de Châteauneuf, mariée en 1650 à Jean de Rieux, marquis d'Acérac, mort en 1656.

table avec le meilleur appétit du monde; et là toutefois j'ay resemblé à celuy dont l'on disoit :

> C'est à regret qu'il boit, c'est à regret qu'il mange;
> Il ne sait d'ou luy vient ce changement estrange.

Je songeois que vous estiez à faire une pose en ce moment à Ponthiéry, ou que vous vous faisiez griller à la campagne; car il a fait un si grand chaud aujourd'huy que vous n'avez pas sans doute trouvé un asyle contre luy dans toute la forest de Fontainebleau, et il n'y a eu que le secours de la nuit qui vous ait pu garantir de son incommodité. Voyla vous rendre conte d'une partie de ma journée qui servira pour remplir la lettre que vous m'avez commandé de vous escrire; car je n'ay pas eu autrement le loisir d'amasser des nouvelles, si nouvelles y a à Paris que vous n'ayez pas sçeues à vostre départ.

Mais vous ne m'aviez point dit que M. de Brancas ménageoit le mariage de M. le duc de Villars et de Mlle du Plessis Bellière, que M. Fouquet la faisoit ensuitte gouvernante du Dauphin et que par cet endroit il demeuroit maistre des enfans de France; on parle icy de la mareschale de la Motte pour cet employ; ouy ou non, je vous donne le choix[1].

J'ay aussy appris que Mme d'Assérac traittoit un

---

[1] Louise de Prie, fille du marquis de Toucy et de Françoise de Saint-Gelais-Lansac, veuve à trente-quatre ans, en 1657, du maréchal de la Mothe-Houdancourt, nommée en 1664 gouvernante des enfants de France. Elle était cousine germaine du père de Mme de Louvois. On sait qu'elle fut la plus fidèle amie de Fouquet.

mariage de son filz¹ avec la fille de ce pauvre prisonnier qui sentant son élévation avoit rompu avec elle, et vouloit contracter avec le filz de M. le procureur général d'à présent².

M. de Metz est retombé malade, mais cela ne va pas à la mort; monsieur vostre frère³ ne tastera pas encore sitost de la dévote succession de monsieur son beau-frère, il n'a presque plus de fièvre.

Je vous donne le bonsoir; je vous souhaitte un bon voyage; que vous ayez toujours les zéphirs à commandement, et que vous reveniez plus viste que la tempeste; vous n'en aurez pas davantage.

¹ Il épousa seulement en 1677 Anne d'Aiguillon, fille unique de M. de la Julionnage.
² Les six filles de Fouquet entrèrent au couvent.
³ Dominique de Bailleul, marquis de Château-Gonthier, président au parlement de Paris en 1652, mort en 1701.

CHAPITRE III.

Mort du fils aîné de Mᵐᵉ d'Huxelles. — Sa douleur. — Lettre du duc d'Enghien. — Mᵐᵉ d'Huxelles pense à entrer au couvent. — La mère Thérèse de Jésus. — Ses lettres. — Mᵐᵉ d'Huxelles s'adresse à elle sans se faire connaître. — M. de Tréville. — Sa vie. — Sa conversion. — Son retour dans le monde. — Sa nouvelle conversion. — Il est l'oracle de la préciosité religieuse. — Ses lettres à Mᵐᵉ d'Huxelles.

Un coup cruel allait frapper Mᵐᵉ d'Huxelles et opérer, momentanément au moins, dans son esprit une profonde modification. Son fils aîné suivit l'élan de la jeune noblesse de son temps et partit pour l'expédition de Candie; il y fut blessé mortellement, à peine âgé de vingt et un ans. On comprend quelle fut la douleur de sa mère en apprenant cette fatale nouvelle : on ne lui annonça d'abord qu'une blessure, et il paraît qu'elle songea sérieusement à partir pour aller le soigner. Mᵐᵉ de Sévigné le dit dans sa lettre du 29 août 1669, — la première où elle parle de Mᵐᵉ d'Huxelles, — mais elle ajoute aussitôt « qu'elle ne pouvoit arriver à temps. » On savait la gravité de la blessure et les amis de la marquise l'empêchèrent probablement d'entreprendre ce cruel et inutile voyage. Les témoignages de sympathie ne lui manquèrent point, et l'un des premiers, le duc d'Enghien, lui en envoya en se mettant, son père et lui, immédiatement à ses services :

Chantilly, dimanche matin.

Je vous prie, Madame, de croire, que de tous vos amys, il n'y en a pas un qui soit sy sensiblement touché de vostre déplaisir que moy et qui entre sy fort que moy dans tous vos sentimens. J'alay chez vous dès que j'ay apris ceste méchante nouvelle, mais je ne vous trouvai pas et ne voulus pas vous attendre parce que je ne sçavois pas si vous le sçaviez et que ie ne voulus pas estre le premier à vous le dire. J'ay chargé Morans de vous faire mes complimens et il m'a mandé ce que vous lui aviez dit : monsieur mon père m'a chargé de vous faire les siens et de vous assurer que si dans l'affaire que vous avez à la cour il pouvoit vous rendre quelque service, il fera avec toute la chaleur possible tout ce que vous souhaiterez de luy. Je serois bien heureux si je pouvois vous en rendre quelqu'un. Je vous prie, ma chère marquise, de me le mander et d'estre persuadée que je vous aime de tout mon cœur et que je suis au désespoir du malheur qui vous arrive.

Mme d'Huxelles paraît alors s'être violemment retournée du côté de Dieu, auquel elle avait, ce semble, assez peu songé depuis sa naissance. Plusieurs de ses amies, et des plus illustres, lui avaient montré le chemin, et Mme de Longueville n'avait pas certainement dû négliger de lui faire comprendre le charme et la douceur de l'existence qu'elle avait résolument adoptée. Mme d'Huxelles veuve, perdant ce fils aîné sur lequel elle fondait de légitimes espérances, eut évidemment un moment de complet découragement, et elle paraît avoir songé non seulement à revenir à Dieu, mais même à se consacrer à lui et à entrer au Carmel. C'est ce qui semble résulter des lettres que nous avons retrouvées de la mère Thérèse de Jésus, à laquelle, comme on va le voir, la marquise s'adressa d'une façon fort originale, puisqu'elle commença par ne pas se faire connaître d'elle.

Antoinette de Tomexon était fille du seigneur de Remenecourt, premier gentilhomme de la chambre du duc de Lorraine, et de Judith de Mouron : elle débuta dans le monde comme fille d'honneur de Marguerite de Lorraine, duchesse d'Orléans. Mademoiselle en parle : « Elle étoit bouffonne, dit-elle, et son esprit étoit tout à fait tourné à la raillerie ; elle aimoit le monde. » Elle écrivait cela à la fin du printemps de 1651, et, la même année Mlle de Remenecourt à vingt-trois ans, se décidait à entrer au Carmel, malgré la résistance de sa famille et surtout celle de Monsieur[1]. De tout temps elle avait nourri les sentiments de la plus ardente piété et d'une active charité : toute jeune, elle avait trouvé les moyens de faire élever une dizaine d'orphelines qu'elle fit établir avantageusement. Sa liaison avec la reine lui donnait une véritable influence, au moins au point de vue des aumônes, et elle sut plus d'une fois obtenir des sommes considérables : mais cette influence lui attirait aussi de nombreux ennemis. Bussy-Rabutin ne paraît pas l'avoir appréciée ; et si on ne la connaissait que par ce qu'il en dit, nous en aurions une triste opinion : il la présente comme une véritable intrigante. Il raconte qu'elle faillit encourir la plus sévère disgrâce du roi

---

[1] Mademoiselle ajoute : « Cependant elle quitta le monde bientôt, car peu de temps après elle alla se rendre carmélite au grand couvent de Paris. Elle y est demeurée la meilleure religieuse qui se puisse. »

pour un fait assez singulier. Elle aurait arraché, à force de prières, un billet de cinq cents pistoles de la future reine d'Espagne, en 1679, le toucha et renvoya le billet à la princesse. Monsieur l'apprit et le dit au roi, « qui la voulut chasser : on ne l'a jamais vu si en colère[1], » et ce fut la reine seule qui par ses prières détourna le coup. Elle reçut également de l'argent de la princesse de Tingry en obtenant de la reine de solliciter pour elle une place de dame de palais; et, revenant quelques jours plus tard sur ce sujet, Bussy mande à Mlle Scudéry : « Le roi est trop bon de pardonner si souvent à Remenecourt les sottises qu'elle fait. On devroit chasser une personne séculière qui auroit une aussi méchante conduite qu'elle ; le châtiment devroit être plus grand pour une religieuse[2]. » Nous ne sommes pas obligé de croire sur parole Bussy, dont la bienveillance n'était pas la qualité principale, et il est au moins permis de croire que la mère Thérèse de Jésus songeait à son couvent et à ses pauvres en se montrant aussi hardie dans ses demandes d'argent, comme le jour où elle obtint douze mille livres pour la chapelle du P. Eudes et des sommes également considérables pour l'œuvre des Missions étrangères. Dangeau, en nous annonçant sa mort, arrivée le 18 juin 1685, en parle tout différemment et nous paraît représenter l'opinion vraie du public : « La mère Thérèse de Remenecourt mourut en son couvent, de la gangrène au foie : elle avoit été honorée assez longtemps des bonnes grâces de la feue reine et étoit supérieure des Carmélites de la rue du Boulois. » Sa haute valeur ne l'avait pas laissée longtemps dans l'obscurité : sous-prieure à Blois, elle fut appelée à Paris sur la demande expresse de la reine, quand cette princesse fonda le monastère de la rue du Boulois. La mère Thérèse de Jésus acquit promptement une puissante autorité dans le monde

---

[1] Lettre du 25 août 1679.
[2] Lettre du 15 septembre 1679.

religieux et lettré de Paris, et on sait que deux des plus grands esprits de l'époque se convertirent à sa voix. Très sévère, très dure pour elle-même, on raconte qu'elle ne se rendait jamais au parloir sans un cilice pour expier ce qu'elle considérait toujours comme une distraction. C'est à cette religieuse austère que Mme d'Huxelles crut devoir s'adresser ; mais soit qu'elle craignît de s'engager trop vite, soit qu'elle redoutât de se faire connaître dans un couvent où elle avait précisément une de ses cousines comme religieuse, la mère Marie du Saint-Sacrement [1], elle commença par écrire incognito, ce qui amena la curieuse correspondance que nous allons placer sous les yeux de nos lecteurs :

C'est une marque que l'on pert tout a fait les habitudes du monde dans le cloistre que la grande ignorance ou je suis, après toutes les peines que j'ay prises à deviner qui est la personne qui mescrit. Car quoyque je sache que la lettre vient de Soisy et que madame la présidente de Bailleul a trois filles, j'en crois deux mariées, et je ne sçay si la troisième est encore veuve. Si c'est a cette troisième que j'écris, j'entens madame la marquise d'Huxelles, j'aurois un stile différent a prendre que pour les deux autres. Car quoyque les mots de la lettre veulent sembler dire : Je veux estre carmélite, ils peuvent aussi s'entendre, je veux estre du party que vous avez pris parlant généralement de toute retraite du milieu du monde, ou pour se jetter dans un cloistre, ou pour faire une vie dévote et retirée, et une dame mariée peut l'un et l'autre. A laquelle donc, Mesdames,

---

[1] Mlle de la Thuillerie.

que je parle des trois, ou a une autre qui n'est pas une de vous, je vous responds sincèrement et de bonne foy, vous me paroissez, dans vostre lettre, pleine d'esprit et de mérite, et une ame sans doute estant embellie des grâces de la nature, attend de la main libérale de son Créateur des biens plus solides que ceux que le monde promet et qu'il ne donne jamais.

Ouy, Madame ou Mademoiselle, l'on oublie le monde dans le lieu ou je suis. Dieu détache ces nœuds funestes qui nous attachent au néant et à la bagatelle, et il nous fait voir l'erreur ou nous avons vescu en cherchant de plaire a ceux qui, par leur complaisance affectée, deviennent les destructions de nostre repos. Nous les trompons souvent, ou ils nous trompent pendant le commerce que nous avons avec eux, et lorsqu'il est finy quand Dieu nous esclaire, nous nous servons de nostre propre expérience pour juger qu'il ne peut avoir sur la terre de liaison solide, qu'une mesme chose ne peut tousjours nous plaire et que lorsque nous commençons a déplaire ou que l'on nous déplaist, nous faisons le malheur des autres ou que l'on fait le nostre, et que dans nos vengeances et dans celle d'autruy, nous trouvons des terribles douleurs. Dieu donc, lorsque l'on se donne a luy, présente a l'imagination ce meslange dont la vie est composée de fragiles plaisirs et de longues douleurs. Il fait chercher des biens plus assurez et par les fréquentes reflexions qu'il nous fait faire aux véritez du christianisme, il fait naistre des désirs dans nos cœurs de posséder un jour les félicitez qu'elles promettent a ceux qui donnent tout a Jésus-Christ. Ces désirs sont soutenus d'espérance, et petit a petit nous prenons un train de vie dont la douce tranquillité n'est plus troublée de rien qui face sentir au cœur ces terribles amertumes desquelles il avoit esté capable. La mort n'est plus pour nous une chose terrible puisqu'elle seule nous peut introduire a la beatitude que nous attendons. Nous supportons les maladies avec patience, et les petites incommoditez que souffre le corps par l'exercice de l'austérité, sont agréables a l'esprit, comme le sont aux ambitieux les travaux qui les font parvenir aux choses qu'ils souhaitent, car la pénitence que nous faisons dans la veue qu'elle nous fera jouir d'une plus grande gloire dans le ciel, nous est douce et agréable. Le monde donc ne nous touche plus jusques au fonds du cœur. Nous aimons encore nos amis mais d'une affection douce et tranquille qui regarde bien plus leur salut que nostre plaisir et le leur. Les nouvelles du monde n'excitent point nostre curiosité. Les sens n'en sont non pas plus émus qu'ils le sont lorsque l'on nous parle à Paris des affaires de Turquie ou de celles du Japon, voilà de bonne foy la vérité : si je sçavois a qui je parle je dirois des choses plus fortes et plus proportionées a son humeur, à sa condition et a l'estat de sa fortune. J'attens ce secret, et je suis, aymable inconnue, vostre très humble et obéissante servante, sœur Thérèse de Jésus. C'est le nom que j'ay dans le cloistre, et autrefois

REMENECOURT.

Vostre seconde lettre me paroist encor plus raisonnable et plus judicieuse que la première. Louez Dieu, s'il vous plaist, avec moi de vous avoir donné tant de lumière naturelle et demandons luy toutes deux ensemble qu'il y adjouste celle de la grace et qu'elle soit si claire et si penetrante qu'elle vous face connoistre ce qu'il desire de vous. Je souhaitte de tout mon cœur, que ce soit un détachement absolu de toutes les choses de la terre et une retraite qui vous face éviter les périls dont elle est remplie, mais pour vous porter au bien, je ne voudrois pas faire un mal, c'est-à-dire, je ne voudrois pas manquer à la sincérité que vous exigez de moy, ny de vous engager par des mensonges a vous séparer des choses qui vous attachent a la terre. Je commenceray donc a vous parler de nostre vie avec l'ingenuité que vous désirez, et si vous n'y remarquez pas des déffauts que vous avez veu dans d'autres lieux, ne m'en croyez pas moins sincère s'il vous plaist, car quoyque le mal soit plus ordinaire que le bien, le bien cependant n'est pas impossible, par la grace de Jésus-Christ qui n'a pas vainement répandu son sang précieux, ny donné des conseils et des commandemens qui ne dussent pas estre observez. Je vous dis une vérité effective en vous assurant que l'interest ne règne pas chez nous. Plusieurs dames de grande qualité nous ont offert des sommes très considérables pour entrer seulement une fois le mois dans nostre monastère, et eussent acheté a un grand prix une entrée plus fréquente. Mais les trésors de la solitude et de la tranquillité nous ont été plus chers que ceux de l'or, et vous jugerez par la que les richesses du ciel nous touchent plus que celles de la terre. Nous avons constamment refusé des enfans de condition la plus haute en pension, pour ne pas partager nos soins que nous désirons employer tous entiers a nostre salut, et quoyque l'opinion commune et l'usage commun des austres monastères soit d'eslever des petites filles avec dessein de leur insinuer de bonne heure le désir d'estre religieuses, nous n'avons pas creu que cet usage fust utile chez nous ou la vie estant retirée et plus austere, exige une vocation de Dieu plus forte et plus évidente que l'on ne peut la connoistre dans de jeunes filles auxquelles l'on a insinué dans la foiblesse de leur aage des desseins dont elles n'estoient guieres capables.

Certes il est bien à craindre qu'ayant receu si facilement ces impressions, elles ne les perdent de mesme, et que n'ayant eu nul usage du monde, elles ne prennent le faux éclat qu'elles en voyent quelques fois briller par la grille, pour celuy de l'or et des diamants, et qu'elles s'en laissent éblouir de telle sorte que voulant posséder des choses auxquelles elles ont renoncé avant qu'elles les connoissent, elles n'apportent le relaschement et le désordre dans les monasteres où elles sont receues. Toutes les personnes qui sont entrées chez nous, l'ayant donc fait en connoissance, je n'en ay jamais veu aucune s'en repentir, et toutes perseverent avec joye dans la vie qu'elles ont embrassée. Le temps ne détruit point la dévotion de nos sœurs, elles l'augmentent. J'en ay veu une qui mourut à soixante et treize ans, laquelle dans un âge si avancé estoit si ardente à la prière que je l'ay veu oublier de manger et de dormir, et l'on peut dire que la grace qui enflammoit son ame animoit son corps, et qu'il estoit soutenû par elle seule tant elle avoit peu de soin de luy. Cette sainte personne estoit tante de monsieur le mareschal de Villeroy. Elle estoit restée veuve à dix-neuf ans. Elle se fit religieuse à vingt-deux; elle estoit belle, jeune, riche, de grande qualité, et n'avoit qu'un fils unique qu'elle laissa entre les mains de ses parents. Vous jugerez bien par la, tres aimable inconnue, qu'elle brisa bien des chaisnes. L'accident qui la fit mourir fut fort étrange. Un chirurgien mal adroit lui piqua l'artere en la saignant. Son premier soin, se voyant blessée, fut de prier que l'on ne nommast jamais à personne le nom de son meurtrier. Car elle jugea bien que son grand âge la rendroit incapable de supporter les accidens de cette piqure, et en effet elle en mourut. Deux jours avant qu'elle expirât, comme je ne pouvois m'empescher de blasmer son bourreau : Ne dites rien de cet homme, ma fille, me dit-elle, bénissez plus tost avec moy, la main qui m'a destachée des liens de ce corps, et qui est cause que je verray bientost Jésus-Christ. Nous fusmes toutes affligées de perdre cette personne qui nous estoit si chere, mais cependant jamais il n'y en a eu aucune qui ait laissé écouler dans ses plaintes le nom de celui qui avoit esté la funeste cause de nostre perte. Vous jugerez par la, aymable inconnue, qu'il y regne quelque charité parmy nous. J'avois commencé cette lettre il y a plusieurs jours, mais m'estant par hazard brulé les doigts, j'ay esté contrainte de la laisser sans l'achever malgré moy. Je suis contrainte de faire attendre vostre homme; je ne lui ay pas demandé vostre nom par respect pour vous; nous le sçaurons quand il vous plaira, et j'attends une extrême joye d'avoir l'honneur de vous conoistre, et l'inclination que je sens pour vous quasi malgré moy par ce qu'enfin je ne veux pas aymer si viste, m'assure cependant que quoi qu'il arrive de vostre sort, il est assuré que le mien sera d'estre toute ma vie, avec beaucoup d'estime, vostre tres humble et tres obéissante servante,

Sœur THERESE DE JÉSUS.

Mon doigt ne mérite pas l'honneur que vous luy faites. Il se porte bien présentement et je l'employe avec plaisir a vous assurer que vous estes obeye et que je vous ayme desja de tout mon cœur. Ce fut bien plus-tost la curiosité de nos tourières que la nostre qui fut cause que l'on suivit vostre homme, mais celuy qui le suivit est si peu habile que c'est tout ce qu'il auroit pu faire de retenir vostre logis si l'on luy avoit donné par escrit fort amplement le quartier et la rue ou vous logez, il n'a jamais retenu les noms comme il les entend dire et il en compose de tels qu'il semble qu'il les ait appris en Barbarie. Vostre stile montre assez que vous n'estes pas de ces pays la et le caractère de vostre esprit a je ne sçois quoy d'aymable qui me force d'obeir à l'ordre que vous me donnez de vous aymer. Il est cependant assez estrange que dans le cloitre vous me fassiez une avanture de roman. Je vous avoue que vous avez étrangement excité ma curiosité. Je me suis cassé la cervelle a deviner qui vous estes. Mais la menace que vous me faites m'intimide de telle façon que je déffends a tous mes sens de faire aucune chose pour vous connoitre.

Je déffends à mes yeux d'estudier vostre caractère, je deffends a mes oreilles d'ecouter avec l'attention qu'elles ont faite depuis quelques jours quelle personne de qualité et de la cour est veuve ou ne l'est pas, car pour faire plus d'une fille veuve à madame Bailleul, j'avois tué M. de Saint-Germain-Beaupré, et je sçay si peu de nouvelles du monde que je ne sçay si sa femme l'eust beaucoup pleuré. Je ne veux donc, aymable inconnue, plus n'y n'en voir n'y n'en ouir, puisque vous me menacez si étrangement. Seullement, seroit-il point possible de savoir si j'ay eu l'honneur de vous connoistre ou depuis ou devant que je fusse religieuse, et si vous etes fille ou veuve, c'est qu'assurément ces deux temps différens de la cour d'alors ou de celle d'aprésent me feroient augmenter ou accourcir bien des choses dans celles que j'ay à vous escrire, et vostre condition de fille ou de veuve est aussi très nécessaire a savoir pour vous pouvoir parler du destachement des passions humaines. Si je parlois à une personne qui laissoit par exemple des enfants au monde, lorsqu'il le faut quitter, je luy parlerois des dispositions qui restent à celles qui parmy nous en ont fait de mesme. Tout de bon, aymable inconnue, y a t'il quelque chose de cruel que vous ne pensiez pas que je sois assez discrète pour vous garder le secret? Car enfin des propos communs, comme ceux qu'il faut dire sur des thèses générales de ce qu'est en soy la vie que nous faisons, ne se raporteront jamais bien a ce que vous desirez effectivement de savoir. Votre dernière lettre, j'entends celle ou j'ay quasi respondu, demandoit, ce me semble, si l'on se défaisoit chez nous de toutes les passions humaines, et si l'on perseveroit dans la dévotion, et comme vous me paroissez une personne qu'il faut satisfaire par des preuves évidentes, je vous avois voulu montrer par des choses effectives que nous ne sommes pas interessées, et par l'histoire d'une personne morte parmy nous dans un âge si avancé dans une vertu si consommée que vous ne devez pas craindre le relasche dans la dévotion. Certainement, aimable inconnue, il ne reste gueres chez nous de vestiges des passions humaines, mais ce que sont les autres n'est pas une règle pour nous mêmes, de sorte que ce ne sera pas leurs vertus ou leurs défauts qui causeront notre force ou notre faiblesse. Je puis en général vous assurer d'une chose, c'est que vous ne pourrez appercevoir chez nous (hors en moi qui suis bien mauvaise) que des exemples de vertu et que l'esprit du monde n'y regne pas. J'entends principalement ce méchant esprit du monde que Jésus-Christ condamne tant dans l'Évangile, qui forme l'envie, la médisance, la haine et l'intérest, car nous taschons d'estre sociables, douces et civiles, les unes envers les autres, et chacune n'est obligée qu'à s'accomoder aux usages communs de la religion, un esprit gay demeure gay, pour veu que ces gayetez n'ayent rien qui soit contraire au silence de la maison, et que la joye soit modérée, un esprit triste demeure triste pour veu qu'il ne soit pas chagrin, la plus grande affaire consiste à chercher en Dieu seul avec un grand courage son plaisir, et sa joye, à savoir doucement s'amuser à des choses innocentes comme à quelque lecture ou à quelque ouvrage. Je vous ay demandé si j'avois eu l'honneur de vous voir avant que d'estre religieuse, ou depuis, c'est que si c'estoit devant, sans doute j'aurois moins de peine à vous faire comprendre par là que vous m'auriez veu vivre dans la cour de ce temps là, comment Dieu fait la grâce de métamorphoser les gens en certaines choses, car pour l'esprit et l'humeur, hors que j'ay changé d'objet, je suis toujours gaye et sincère, et, si je l'ose dire, une bonne fille. Mais si je n'ai pas eu l'honneur de vous cognoistre, ne me cognoissez pas sur le raport d'autruy. Car en vérité, de la manière que l'on me dépeint ce n'estoit pas comme j'estois faite. Mais pour revenir à vous, aimable inconnue, croyez-moy, les remèdes généraux ne valent jamais aux maux particuliers. Confiez-vous en moy, j'ose dire qu'en ma vie je n'ay trompé personne. Je vous diray de bonne foy, si notre vie vous est propre ou si elle ne vous l'est pas. Car à en parler généralement et véritablement elle est innocente et douce, elle est sainte, et devant Dieu, et en ma conscience, je ne puis pas dire y avoir jamais veu regner l'intérest, la désunion, le manque de charité, ni le relasche dans la dévotion, mais j'y ay veu regner le contraire de toutes ces choses, j'y ay veu des pratiques de la plus généreuse et de la plus désintéressée charité ; l'union y est parfaite, et si quelquefois par une parole un peu moins douce l'on craint d'avoir blessé quelqu'un, le pardon est quasi aussi prompt à estre demandé que l'injure à estre faite. Pour la charité, sans sortir de l'estat présent de notre maison, nous avons une bonne petite sœur malade qui est véritablement une âme toute pleine de grâce et de sainteté, mais les avantages de la nature ne sont pas semblables à ceux de la grâce, elle est faible et mal saine, et son plus grand employ est d'avoir soin des chandeliers que l'on met à matines qui se disent à neuf heures du soir, cependant depuis six jours quasi toutes nos sœurs sont occupées autour d'elle, nostre mère supérieure s'y est tant fatiguée que je ne pus m'empescher de luy dire hier (car je l'ayme fort) qu'elle feroit plus de faute à nostre petite république que cette bonne sœur. Mais je suis contrainte de finir cette longue lettre par la plus belle raison du monde, c'est que le papier me manque. Quand vous me cognoistrez, vous en rirez, comme font quelques amis qui me restent, car souvent je manque tantost de papier tantost d'ancre, une autre fois de plume, et à Mademoiselle mesme, avec laquelle, comme vous savez, ou comme vous ne savez pas, j'ay passé une partie de ma vie, je luy mande froidement que je n'ay point de papier, j'ay deja retourné quatre fois ma plume, c'est-à-dire que mon cœur est bien tourné vers vous, puisque je prends tant de peine selon que ma plume est bonne ou mauvaise, mon caractère est beau ou laid. A l'heure qu'il est elle est usée. Tout de bon je ne say ou je prendray du papier pour faire le paquet de cette lettre, pour de l'ancre j'en ay trop abondamment, car j'en fais des pastez fréquemment comme vous le jugerez bien. Bonsoir aymable inconnue, je ne m'en tiens pas quitte pour cela de vous écrire l'année qui vient si vous le désirez, car je trouveray du papier. Je ne sçay pourquoi votre homme est si longtemps a venir. Car il y a plus de trois heures qu'il a dit qu'il reviendroit dans une heure.

Mais bien avant cette époque Mme d'Huxelles était en grande liaison avec les religieuses du Carmel. Nous avons vu que, dès le 20 septembre 1658, la mère Marthe de Jésus (Mlle du Vigean) lui adressait ses condoléances en lui faisant observer que « nous ne devons regarder la terre que comme des pèlerins et estrangers ». Sa liaison même avec Port-Royal remontait plus haut, car nous avons trouvé une lettre d'Arnauld d'Andilly, datée de Port-Royal des Champs, le 2 mai 1655, remerciant le marquis d'avoir bien voulu passer à Pomponne [1], chez son frère.

Mme d'Huxelles se trouvait tout naturellement en relation avec les Carmélites, où elle comptait une de ses cousines, comme le prouve le billet suivant daté du 24 août [2] :

---

[1] Château à peu de distance de Meaux.
[2] La mère Marie du Saint-Sacrement, fille de Gaspard Coignet de la Thuillerie, ambassadeur, conseiller d'État, marié à Anne Lescalopier, mort en 1653 : élue prieure du Carmel en 1691.

« Je ne puis assés vous remercier très humblement, ma très honorée cousine, des bontés que vous voulés bien nous continuer et mesme augmenter, cette charge est pour nous une vraye consolation. Souvenés-vous bien de vostre parole, ma très chère cousine, elle mest un titre contre mon indignité. Je suis si plaine de douleur de nostre perte et si occupée de toutes les suittes que vous voulès bien me pardonner si je nestants pas ma reconnaissance ; n'en soyés pas moins persuadée de sa grandeur et du véritable et sincère respect avec lequel nous sommes vostre très humble et très obéissante servante,

> Sœur MARIE DU SAINT-SACREMENT,
> religieuse carmélite indigne.

En même temps, un des amis de Mᵐᵉ d'Huxelles s'efforçait de réchauffer dans son cœur les idées religieuses : nous voulons parler de M. de Tréville ; mais ce personnage est lui-même assez intéressant pour que nous nous arrêtions un moment avec lui. Son nom est connu, mais on est très imparfaitement renseigné sur sa vie, et, puisque nous le rencontrons sur notre route, on nous pardonnera cette digression, qui du moins ne sera pas sans intérêt.

Joseph de Peyre, marquis de Tréville ou de Troisvilles, comme l'écrit Saint-Simon, n'avait pas toujours été un quasi-Père de l'Église. Gentilhomme de Béarn, et fils d'un capitaine des mousquetaires du roi, il débuta jeune dans l'armée comme cornette de la compagnie de son père, mais il n'y fut pas heureux ; « il ne se trouva pas si bien de la guerre que de la cour : les fatigues ne convenoient pas à sa paresse, ni le bruit des armes à la délicatesse de ses goûts. Sa valeur fut accusée, » dit Saint-Simon dans ses mémoires ; il répète à peu près les mêmes insinuations dans la note publiée par les éditeurs de Dangeau : « La guerre ne lui fut pas si favorable que la cour et on l'accusa de n'y être pas si propre. » Au point de vue mondain, Tréville paraît en effet avoir été dans sa jeunesse le type des courtisans, et la Bruyère ne s'y est point trompé en le dessinant sous le nom d'Arsène. Élevé avec Louis XIV, n'ayant que deux ou trois ans de moins que son souverain, comme le chevalier de Rohan, Guiche et Saux-Lesdiguières, Tréville paraît, comme eux, avoir eu une médiocre estime de la valeur intellectuelle de Louis XIV : Brossette tenait ce détail de Boileau. « Les jeunes seigneurs, dit-il, ne trouvant pas dans le roi toute la vivacité qu'ils avoient eux-mêmes, s'imaginèrent que le roi n'avoit pas beaucoup d'esprit. Cette pensée leur donna une espèce de mépris pour le jeune roi, qui s'en aperçut bientôt. Dès lors il commença lui-même à les haïr, et il a toujours conservé ce ressentiment contre eux ; cela nuisit à leur fortune. » Ces débuts devaient singulièrement bien poser Tréville à la cour ; aussi Saint-Simon nous apprend « qu'il fut fort recherché et fort accueilli par des dames de haut parage et de beaucoup d'esprit et même de beaucoup de gloire avec qui il fut longtemps plus que bien. » Très lié avec Mme Henriette, il vivait dans la société la plus polie du temps : Turenne, la Rochefoucauld, Mmes de Sablé, d'Huxelles, de la Fayette, de Longueville, étaient ses plus intimes liaisons. Son échec militaire exerça cependant sur lui une profonde impression et le dégoûta promptement du monde. Mme de Longueville convertie acheva cette œuvre en le tournant entièrement et de bonne heure vers Dieu. Tréville était instruit et savait, connaissance rare à cette époque, parfaitement le grec. La belle duchesse repentante le fit assister chez elle aux conférences de messieurs de Port-Royal à l'occasion de la réimpression du Nouveau Testament de Mons, et il paraît qu'il fit faire plusieurs corrections importantes. Cela amena même quelque vive discussion de la part de d'Andilly, qui s'indignait qu'on osât toucher à l'œuvre de M. de Sacy. Arnauld prit le parti de Tréville et nous avons à ce sujet une lettre de lui, du 26 avril 1666, ce qui nous permet de fixer l'époque à laquelle le cornette des mousquetaires était déjà sérieusement converti, contrairement à l'opinion qui attribue ce changement à l'impression que lui avait causée la mort si rapide de Mme Henriette. Saint-Simon donne pour cause unique à cette conversion sa déconvenue militaire. « Il ne put être supérieur à l'effet que produisit cette conduite, il se jeta dans la dévotion, abdiqua la cour, se sépara du monde. Le genre de piété du fameux Port-Royal étoit celui des gens instruits, d'esprit et de goût. Il se tourna donc de ce côté-là, se retira tout à fait et persévéra dans la solitude et la grande dévotion pendant plusieurs années. » Cela acheva de le perdre complètement dans l'esprit du roi qui ne souffrait pas qu'un gentilhomme abandonnât la cour : dans l'entourage de Louis XIV on blâma fort cette conduite, et on ne voulut y voir qu'un dépit sans base sérieuse. Dans un de ses sermons de l'Avent de 1671, Bourdaloue se fit du haut de la chaire l'écho de ces récriminations. Mme de Sévigné nous apprend que le grand prédicateur « fit trois points » sur la retraite de Tréville, en la blâmant d'une façon si facile à comprendre au sujet de sa prétention à se choisir « une dévotion d'une distinction et d'une qualité à part ». Tréville se le tint pour dit et redoubla de ferveur pour donner tort à ses adversaires : il rompit complètement en refusant de faire la campagne de 1672 et il chargea Bossuet d'en transmettre ses excuses à Louis XIV. Bossuet raconte dans une lettre au maréchal de Bellefonds, le 9 septembre, comment il s'acquitta de cette désobligeante commission : « J'ai fait ses remerciements au roi, qui les a bien reçus. Il me demanda s'il étoit bien affermi : je lui dis que je le voyois fort désireux de son salut et y travailler avec soin. Il s'enquit qui l'avoit converti. Je répliquai : une profonde considération sur les misères du monde et sur ses vanités souvent repassées dans l'esprit. J'ajoutai que m'ayant communiqué ses desseins, j'avois tâché de l'affermir dans de si bonnes pensées. »

Bussy est très favorable à Tréville. « Il a eu raison, » écrit-il à Mlle de Scudéry à propos de ce refus de faire la campagne de 1672. « Après les pas qu'il a faits du côté de la dévotion, il ne faut plus s'armer que pour les croisades. » Cependant il avait des doutes sur la durée d'une pareille vocation, connaissant le caractère dédaigneux, orgueilleux même et satirique de son ami. « Et puis, ajoutait-il, je l'attends à la persévérance. » Cependant Tréville devenait le véritable pontife d'une petite église mondaine, où ses moindres paroles étaient recueillies avidement, commentées et approuvées. Il était devenu le docteur par excellence de la grâce et du quiétisme, l'oracle infaillible que l'on consultait sur toutes les questions difficiles ou obscures ; il rédigeait pour ses amis des petits traités qu'il jugeait très naïvement au-dessus de l'intelligence de la foule et bons seulement pour les initiés. Du Guet ne jurait que par Tréville ; Nicole le déclarait supérieur à Pascal ; Boileau n'avait que des éloges pour lui ; Rollin le traite de « l'un des plus beaux esprits et des plus beaux parleurs du siècle passé. » On disait communément « avoir de l'esprit comme M. de Tréville ». Dans son cercle, c'était toujours « le fameux M. de Tréville. » Bossuet en faisait le plus grand cas.

M. de Tréville, d'ailleurs, ne négligeait rien pour soutenir sa réputation théologique : il avait étudié complètement les Pères et il creusait à fond la question de la grâce. Bossuet suivait ses travaux. « Quand sa théologie sera parvenue jusqu'à examiner les questions de la grâce, » écrit-il le 9 septembre 1672 au maréchal de Bellefond, « je lui demande une heure ou deux d'audience, et, en attendant, une grande suspension de jugement. » Mais le 7 juillet suivant il se plaint un peu : « Je trouve que tout va bien, excepté qu'il s'est laissé emporter par le désir de savoir plus tôt qu'il ne falloit, et il a bien fait des pas dont il aura de la peine à revenir :

cela soit dit entre nous. Je lui ai parlé sincèrement et bonnement ; j'espère qu'il reviendra : je le suivrai de près [1]. »

Tréville semble avoir peu écouté Bossuet et avoir, sans s'inquiéter des bruits du dehors, poursuivi sa marche. Il décida Nicole à rédiger son traité de la grâce générale qui diminua les rigueurs des doctrines du jansénisme et soutint résolument contre Sacy la supériorité des Pères grecs contre les Pères latins. A ce moment son autorité était sans contestation : grand seigneur, lettré, dictant des arrêts au sein de ce fameux aréopage qui de 1670 à 1678 siégea près des Grandes-Carmélites, craint des hommes les plus sérieux du parti, cajolé des grandes dames qui se consolaient de leurs galanteries passées, en faisant de la théologie de salon, soutenu par Mgr l'évêque d'Aleth, qui approuvait hautement ses travaux et son immixtion dans les affaires religieuses, Tréville avait véritablement une situation curieuse, unique dans ce monde et telle qu'on se la représenterait difficilement aujourd'hui. Ce docteur laïc dut à cela d'être confondu avec messieurs de Port-Royal quand on les expulsa de Port-Royal des Champs, et il lui fallut en même temps quitter sa retraite du faubourg Saint-Jacques, où il demeurait quand il n'était pas à Saint-Germain (juin 1679). Ce fut un moment critique dans sa vie. A cet instant Bussy nous parle deux fois de Tréville dans ses lettres ; le 16 juin, Mme de Scudéry lui mande : « J'ai vu hier Tréville : il a l'air mortifié comme un capucin, mais pour de l'esprit, il en a autant que jamais et même plus agréable, car il l'a plus doux, et, s'il vous en souvient, cela lui manquoit. Nous parlâmes de vous : il est comme un homme à qui la cour est devenue aussi étrangère que s'il étoit un

---

[1] Bussy raconte dans ses mémoires que, quelqu'un ayant demandé à Bossuet le moyen de faire réussir une affaire délicate, le prélat conseilla de recourir à Tréville, en ajoutant toutefois que c'était « un homme tout d'une pièce, véritablement sans jointures. » Tréville le sut et répliqua que Bossuet était « un homme tout en os. »

Topinambour. » Bussy lui répond le 20 : « Je crois Tréville aussi tranquille (que moi), mais il est plus régulier sur les devoirs d'un chrétien. J'espère pourtant me sauver par un chemin plus agréable que celui qu'il tient. » Mais on n'a pas oublié que Bussy disait, quelques années auparavant : « Je l'attends à la persévérance. » La déroute de Port-Royal porta un coup funeste au marquis de Tréville. Après avoir quitté sa retraite du faubourg Saint-Jacques, il partit pour le Béarn. « Il s'y dissipa, dit Saint-Simon : revenu à Paris (1683), il s'y livra aux devoirs pour soulager sa faiblesse ; il fréquenta les toilettes, le pied lui glissa, de dévot il devint philosophe : il se remit peu à peu à donner des repas recherchés, à exceller en tout par un goût difficile à atteindre, en un mot il se fit soupçonner d'être devenu grossièrement épicurien. Ses anciens amis de Port-Royal, alarmés de cette vie et des jolis vers auxquels il s'étoit remis, dont la galanterie et la délicatesse étoient charmantes, le rappelèrent enfin à lui-même et à ce qu'il avoit été ; mais il leur échappa encore et sa vie dégénéra en un haut et un bas de haute dévotion, et de mollesse et de liberté qui se succédoient par quartiers, avec une sorte de problème qui, sans l'esprit qui le soutenoit et le faisoit désirer, l'eût tout à fait deshonoré et rendu ridicule. » C'est aussi à ce moment que la Bruyère lui décocha ses traits les plus acérés : « Arsène, du plus haut de son esprit, contemple les hommes, et, dans l'éloignement d'où il les voit, il est comme effrayé de leur petitesse : loué, exalté et porté jusqu'aux cieux par de certaines gens qui se sont promis de s'admirer réciproquement. »

A cette époque, les plus illustres amis de Tréville étaient morts : Mme de Sablé en 1678; Mme de Longueville en 1679, la Rochefoucauld en 1680. Mais il n'était pas homme à se laisser oublier, et nous voyons qu'il ne négligeait rien pour se créer de nouvelles relations. Vers la fin du siècle, il revint sérieusement aux choses religieuses et se remit à travailler.

Mme de Coulanges écrit à Mme de Sévigné, le 24 juin 1695 : « J'attends aujourd'huy une compagnie qui ne vous déplairoit pas, ma très belle ; c'est M. de Tréville qui vient lire à deux ou trois personnes un ouvrage qu'il a composé : c'est un précis des Pères, qu'on dit être la plus belle chose qui ait jamais été. Cet ouvrage ne verra jamais le jour et ne sera lu que cette fois seulement. » On voit que Tréville s'entendait à entretenir ses petites églises. Depuis ce moment il parut revenu complètement à ses anciennes habitudes. Au mois de juin 1704, il fut élu à l'Académie française ; mais le roi refusa de ratifier ce choix, en disant plaisamment que cette « place ne convenoit pas à un homme aussi retiré et qu'ainsi il falloit que l'Académie procédât à un autre choix. » Et Saint-Simon ajoute à ce propos : « Le roi ne lui manqua pas ce coup de verge faute de meilleure occasion. »

Tréville acheva assez obscurément, mais du moins très chrétiennement, sa vie : Dangeau écrit, à la date du 19 août 1708 : « M. de Tréville est mort à Paris. C'étoit un homme de beaucoup d'esprit et de savoir, qui avoit été courtisan, mais qui étoit retiré depuis plus de trente ans. » Il avait environ soixante-dix ans. Nous compléterons ce portrait en reproduisant une lettre de Lassay à Tréville, lettre qui a dû être écrite vers 1688, quand le marquis de Lassay, âgé de trente-six ans, suivit les armées en qualité de volontaire : cette lettre est curieuse par les idées qui y sont émises, et qui ne sont pas étrangères évidemment au pieux disciple de Port-Royal, et nous fait connaître la vie idéale qu'il se proposait :

Je suis convaincu, Messieurs, de ce que vous me mandez : une grande liberté et une entière indépendance[1] sont bien au-dessus de tous les biens que

---

[1] Tréville lui reprochait sans doute sa rentrée au service.

peut donner la fortune, qui sont toujours mêlés de soins, d'inquiétudes et de travail ; sans doute le repos vaut mieux et surtout à notre age où nous pouvons en jouir sans honte [1] ; les plus grands honneurs sont trop attristés par la perte de la liberté ; à plus forte raison on ne doit pas chercher les médiocres, qui ne peuvent convenir qu'aux gens qui le sont aussi : une extrême ambition et une entière liberté peuvent seules remplir le cœur d'un honnête homme : tout cela est vrai et on seroit trop heureux si on pouvoit passer sa vie avec cinq ou six personnes sur qui on pût compter pour toujours, et qui penseroient à peu près comme nous, jouissant l'hiver de spectacles à Paris, et l'été des beaux jours de la campagne, sans affaires, sans ambition, avec un bien raisonnable, en ménageant sa santé autant qu'il le faut pour jouir longtemps des plaisirs ; mais une trop longue expérience m'a appris que cette vie douce et tranquille est un château qui est bien en Espagne ; la première occasion, la moindre lueur de faveur dissipe vos philosophes, et vous fait voir qu'ils ne parloient de la fortune que comme le renard parle des mûres.

Tel était l'homme avec lequel Mme d'Huxelles entretenait une correspondance suivie quand ils étaient séparés. Nous avons retrouvé trois lettres de lui à la marquise qui nous le montrent sous le jour d'un directeur de conscience. Dans la première il semble faire allusion aux velléités de vie

---

[1] Lassay avait alors trente-six à trente-huit ans.

religieuse qui s'emparèrent un moment de Mme d'Huxelles après la mort de son fils :

Quand je ne serois pas aussy obligé de vous aymer que je le suis pour toutes les bontés que vous avez pour moy et par l'estime particulière que j'ay toujours eue pour vous, vous ne devez pas douter, Madame, que je ne vous donnasse avec joye le peu de jours qui me restent à passer dans le monde [1], dans l'espérance de vous faire prendre des résolutions que Dieu seul peut vous inspirer. Quoy que je sois peu propre à vous inspirer en cela, je ne laisse pas de m'offrir à vous de tout mon cœur, et je vous offre bien plus mes prières et celles de mes amis du faubourg Saint-Jacques que ma visite et ma conversation, car, en vérité, il n'y a pas un grand profit dans l'entretien d'un homme comme moy, et il n'y a rien que l'on ne doive et que l'on ne puisse attendre de Jésus-Christ, quand on luy demande la grâce avec humilité et qu'on a employé auprès de luy la prière de ceux qui lui ont sacrifié leur vie sans réserve.

L'autre lettre est de la fin de l'année 1677 ou du commencement de janvier 1678, car Mme de Sablé mourut le 16 de ce mois :

Jeudy matin.

Quoy que je me sois assez mal porté ces jours-ci, j'espère, Madame, que je ne laisseray pas de me rendre

---

[1] Tréville se vieillissait singulièrement, car il n'avait pas alors plus d'une quarantaine d'années ; mais il était d'une santé très délicate.

chez vous demain à l'heure ordinaire. Il n'y a peut-être rien qui puisse guérir mes vapeurs, sinon une aussy bonne compagnie que la vostre ne sçauroit manquer de les soulager. Cependant l'image de la mort qui se présente à moy de tous costés les augmente toujours. Je n'ay point encore reçu des nouvelles de Mme de Sablé, mais je n'ose guère en demander, tant je suis persuadé qu'on n'en saura que de mauvaises à me dire. Cette bonne dame me fait pitié ; c'est une chose horrible que de se trouver ainsy aux portes de l'éternité et à la veille de paroître devant le tribunal de Jésus-Christ, après avoir passé la meilleure partie de sa vie sans songer à ce passage et sans se mettre en état de ne le plus craindre. Je m'arrête tout court de peur que ce qui ne sçauroit estre qu'un billet ne devienne un sermon. Je ne vous dis point, Madame, combien je vous honore et à quel point je vous suis acquis.

La dernière nous montre que l'intimité avait persévéré entre les deux amis et que Tréville pendant ses absences recevait l'une des gazettes que Mme d'Huxelles faisait rédiger par son secrétaire :

Sommevoire [1], 4 febvrier 1694.

Il y a longtemps que je me plains de ne point recevoir de vos nouvelles, quand vous avez la bonté

---

[1] Il y avait dans ce bourg du Bassigny un château appartenant à l'abbaye de Montier-en-Der. M. de Tréville était chez son oncle, Armand de Tréville, abbé du Der, mort en 1700, après quarante-trois ans d'abbatiat. Il y a encore un

de m'en faire savoir de tout le monde. Un billet qui parle de vous vaut mieux pour moy qu'une gazette de six feuilles et j'ay plus de remercîment à vous faire du dernier que j'ay reçu que de toutes les despesches de vostre secrétaire. La harangue de M. d'Arles est fort belle et je ne m'estonne point du succès qu'elle a eu à Versailles, mais je n'ay pas de peine de croire qu'il l'a fait, et je suis persuadé qu'il est capable des plus grandes choses. Enfin, voilà la pauvre duchesse de Gramont morte, et madame la mareschale de Castelnau survit à tous ses enfans[1]; quoyqu'elle ne soit pas fort attachée à sa fille, je ne laisse pas de la plaindre : il vient un âge où on perd beaucoup lorsqu'on perd des commerces et des occupations. Comme je pense estre à Paris avant le mois de juin, je ne fais point de difficulté de vous exhorter à m'escrire jusqu'à la fin et je ne vous parle point de la reconnoissance que je réserve de tous vos soins ni de l'attachement que j'ay pour vous. J'ose croire que vous me connoissez trop pour en douter.

TRÉVILLE.

billet de M. de Tréville à Mme d'Huxelles, de Montier-en-Der, le 8 décembre 1691, où il lui parle de l'abbé de Marillac, très lié avec elle : « Il y a trois mois que nous tenons ici un médecin irlandais : ce qui se passe entre luy et son malade est plus ridicule que tout ce que Molière a jamais mis sur son théâtre. »

[1] Charlotte de Castelnau, mariée, le 15 mai 1668, à Antoine, duc de Gramont, frère du comte de Guiche, morte, après une longue maladie, le 25 janvier 1694. Elle était fille du maréchal de Castelnau et de Marie Girard.

CHAPITRE IV.

Relations de Mme d'Huxelles avec le Carmel. — Continuation de ses aspirations religieuses. — Lettres de l'abbé de Rancé. — Elle agit pour pourvoir son second fils des charges de l'aîné. — Lettres de Louvois et de Turenne. — Mort du comte de Saint-Pol. — Réflexions de Mme de Sévigné. — Le marquis de la Garde. — Son mariage manqué. — Colère de Mme d'Huxelles. — Ses lettres-gazettes. — Elle tient un bureau de nouvelles. — Son ardeur pour être bien renseignée. — Jalousie de Mme de Sévigné. — Lettres à Mme de Bernières.

D'autres personnes d'une éminente piété s'occupaient en même temps du salut de Mme d'Huxelles, et elle prenait elle-même grande part à tout ce qui survenait dans le monde religieux à la mode, si nous osons ainsi parler, à cette époque, c'est-à-dire à Port-Royal. La mort de la mère Agnès Arnauld paraît l'avoir vivement impressionnée, ce qui nous fait croire que cette illustre religieuse était l'une de celles auxquelles la marquise s'adressait aussi pour relever son courage éprouvé par des pertes si cruelles. Outre la lettre de la mère Anne-Marie de Jésus (Mlle de Bellefond), qui était sa cousine, les portefeuilles de Mme d'Huxelles renferment deux autres billets de la même, concernant ce triste événement, et un de la mère Marie du Saint-Sacrement, Mlle Charpentier, accompagnant un paquet de notes recueillies sur la mère Agnès : « Mais nous qui l'avons vue agir, ajoute-t-elle, nous pensons que l'on ne nous dit rien que bien au-dessous de ce qui s'est passé sous nos yeux. »

Ce mercredy 27° septembre.

La tendresse de vostre cœur me fait craindre, Madame, de m'affoiblir avec vous en vous parlant de la très grande et très sensible perte qui nous est commune avec vous ; mais dans ces occasions, il faut eslever son cœur au ciel et réveiller sa foy. C'estoit un grand présent que Dieu avoit fait à la terre, en luy donnant notre très chère mère Agnès ; il l'avoit comblée de grâces et de vertus : à présent il la retire à luy pour la placer dans son sein. Qu'avons-nous à dire, sinon qu'il est juste et que tous ses jugements sont droits. Faisons le sacrifice d'une si dure privation à celuy qui nous doit tenir lieu de toutes choses, en pleurant en chrétiennes une mort que nous croyons n'avoir esté qu'un passage pour arriver à la gloire éternelle. Vous voulez bien, Madame, que je ne m'estende pas davantage sur ce sujet et que je finisse en vous assurant de l'amitié et du respect de notre mère, laquelle dans sa douleur ne laisse pas de songer à vous. Vous savez, Madame, que c'est à la vie à la mort que je seray toujours à vous plus que je ne vous puis exprimer. Je ne vous escris pas à présent de ma main, parce que Dieu m'en a osté à présent l'usage par un rhumatisme [1].

---

[1] La mère Agnès était morte au mois de février 1672.

Saint-Simon nous apprend que la marquise d'Huxelles ne vécut jamais bien avec son second fils. Elle ne demeura cependant pas indifférente à ses succès militaires qui rejaillissaient nécessairement sur elle. M. de Jussac la tenait au courant des événements de guerre auxquels M. d'Huxelles prenait part ; c'est ainsi qu'il lui écrit au sujet de sa conduite à la bataille de Senef (12 juin 1674) ; nous y trouvons ce passage intéressant : « La plaine où la dernière action se passa va en pente ; elle est large d'une portée de mousquet entre deux petits bois et large d'une volée de canon depuis le haut jusqu'en bas. Les ennemis avoient la hauteur où étoit la ravine, et monseigneur le prince arrivoit par le bas avec deux ou trois bataillons, deux escadrons de gardes du corps et un de cuirassiers : il fit mettre quatre pièces de canon en batterie et de part et d'autre on se tiroit à cartouches. Cela dura jusqu'à la nuit fermée, et les gardes du corps et les cuirassiers portant impatiemment le grand feu des Allemands les chargèrent avec une vigueur extrême, et leur tuèrent beaucoup de monde. Mais enfin ils furent contraints de revenir à leur poste où ils souffrirent beaucoup. »

Mme d'Huxelles, à la mort de son fils aîné, s'était d'ailleurs activement occupée de l'avenir du second, auquel elle fit quitter immédiatement le petit collet, car il avait été destiné à l'Église. Elle voulut obtenir pour lui le gouvernement de Châlon que cette mort rendait vacant, et elle s'adressa à Turenne et à Louvois, qui exaucèrent son vœu, comme le constatent ces lettres :

Ce 24 septembre.

Je suis si persuadé, Madame, que vous croiez que je suis touché sensiblement de la perte que vous avez fait et que vous pouvez disposer du peu de crédit que j'ay pour rendre mes services très humbles à vostre maison, que j'ay esté prêt de ne pas vous le témoigner comme je le fais par celle-cy. Je ne doute pas, Madame, que la considération de M. le Premier et la vostre ne puissent beaucoup auprès de S. M., qui, je vous l'assure, estimoit fort monsieur vostre fils et sçoit les services que le père lui avoit rendus. Je n'ay osé en rien m'ingérer, quoique le Roy sache bien que vous me l'aviez donné dans mon régiment, et qu'il eust servy avec moy si la guerre eust continué. Faites-moy l'honneur, Madame, de disposer de moy et me croire très véritablement vostre très humble et obéissant serviteur.

TURENNE.

A Chambord, ce 8e octobre 1669.

Aussitôt que la lettre que vous m'avez fait l'honneur de m'escrire le 6e de ce mois m'a esté remise, j'en ai rendu compte au Roy qui a reçu fort obligeamment ce que je luy ay dit de la reconnaissance que vous avez des grâces que S. M. a faites à monsieur vostre fils. Elle a témoigné qu'elle estoit fort persuadée qu'il s'en rendroit digne, et je n'ay rien oublié pour faire connoistre au roy que vous l'esleveriez dans ces sentiments-là. Je vous asseure, Madame, que les miens seront toujours de vous honorer parfaitement et de mériter les grâces que je vous supplie de me faire en me croyant tout à vous.

LOUVOIS.

A Saint-Germain, le 22.

J'ay signé vostre ordonnance et ay chargé M. du Fresnoy de vous la porter. J'ay passé chez vous pour vous dire que je vous aimerai autant à descouvert que je l'avois fait en masque, pour peu que vous voulussiez m'aimer aussy de vostre costé. Si j'avois moins d'affaires, je vous irois revoir; mais comme je ne pense pas rentrer à Paris, je vous supplie, si vous venez à Saint-Germain, de m'en faire avertir afin que je puisse apprendre de vous à quoy je vous puis estre bon et vous demande les occasions de mériter cette amitié que vous me voulez bien accorder, que j'estime tout autant que vous le pouvez désirer. Je vous donne le bonsoir et suis vostre très obéissant serviteur.

Louvois.

L'année 1672 apporta une nouvelle douleur à la marquise d'Huxelles, par la mort du comte de Saint-Pol, tué au passage du Rhin. Nous avons vû l'affection tendre qui l'unissait à ce jeune prince et l'intimité dans laquelle elle vivait avec le duc de la Rochefoucauld. Mme de Sévigné nous fait connaître le chagrin qu'elle en ressentit, en même temps qu'elle nous fournit sur son amie un détail qui indique la transformation de son physique : « Mais aussi quelle affliction ne montre point notre grosse marquise d'Huxelles sur le pied de la bonne amitié! Les maîtresses ne s'en contraignent pas. » (20 juin 1672.) Le 8 juillet, elle revient à la charge : « Pour la marquise d'Huxelles, elle est affligée comme une honnête et véritable amie. » Ces deux passages sont assez curieux et caractéristiques, et il semblerait que Mme de Sévigné ait voulu à dessein atténuer dans le second ce que le premier contenait peut-être d'un peu vague. Nous ne discuterons pas davantage à ce sujet, mais nous craignons qu'à ce moment les velléités antimondaines de Mme d'Huxelles ne se soient notablement amoindries. Elle ne trouvait, d'ailleurs, aucune consolation auprès de son second fils qui devait cependant fournir la plus brillante carrière. « Son fils et elle, dit Saint-Simon, ne furent pas longtemps d'accord et ne l'ont été de leur vie : il se jeta aux Beringhem qui le reçurent comme leur enfant. »

Mme d'Huxelles paraît avoir eu à ce moment une affection toute particulière, très jalouse et très vive, pour un gentilhomme à peu près étranger à la société élégante de Paris et qui n'est connu qu'à cause d'elle, M. la Garde, qui habitait presque constamment le Dauphiné. Antoine Escalin des Aimars, marquis de la Garde, descendait de ce fameux baron de la Garde, l'un des hommes de guerre les plus vaillants du seizième siècle, ambassadeur par circonstance et marin intrépide : par sa grand'mère, Jeanne Adhémar de Monteil de Grignan, il se rattachait à la fille de Mme de Sévigné, et c'est probablement par celle-ci que Mme d'Huxelles le connut. M. de la Garde servit pendant un certain temps et fut gouverneur de la ville et châtellenie de Furnes. Il avait inspiré à Mme d'Huxelles un très vif attachement, car Mme de Sévigné écrivait, le 8 juillet 1676 : « Mme d'Huxelles est en furie du mariage de M. de la Garde : elle en est trop plaisante, elle ne peut se taire. » Le 19 août, l'orage a grossi : « C'est une chose trop plaisante que d'entendre la marquise d'Huxelles parler froidement là-dessus comme d'un ami qui l'a trompée et qui lui a fait un mauvais tour. » Mais tout était remis pour l'automne : le mariage n'eut pas lieu : Mme de Sévigné en annonça la rupture le 28 octobre et nous pouvons croire que ce fut une grande joie pour Mme d'Huxelles. L'année suivante, la Garde était à Paris, plus en grâce que jamais. « Je soupois hier chez la marquise d'Huxelles, » écrit Mme de Sévigné le 28 juillet 1677, « où s'embrassoient pour la sixième fois la Garde et l'abbé de Grignan. » Le marquis s'en tint à cette tentative d'hyménée et il resta jusqu'à sa mort, arrivée le 8 août 1713, intimement lié avec Mme d'Huxelles à laquelle, comme on le voit, il ne survécut que quelques mois. Elle l'en récompensa en entretenant avec lui la plus curieuse correspondance, ou plutôt en lui adressant régulièrement un journal des événements de la cour, de la ville et de la politique. Il en reste au musée Calvet, à Avignon, de curieux et importants fragments ; c'est la correspondance-gazette pour les années 1704-1705, 1709-1712[1], formant 2,146 pages. Chaque lettre est adressée uniformément : « Pierre-Latte en Dauphiné, au maître de la poste, pour faire tenir à M. le marquis de la Garde, à la Garde. » Aucune n'est autographe, et un très petit nombre porte la signature de la marquise. Elles sont écrites de la main d'un secrétaire, mais dictées par Mme d'Huxelles ; quand sa santé l'en empêchait, ce secrétaire se bornait à donner des nouvelles sans commentaires. Du reste, c'est tout à fait une gazette, et l'on ne rencontre dans ces lettres aucune des formules de politesse habituelles dans le style épistolaire. La plupart débutent sans la moindre qualification du destinataire et finissent de même. Au point de vue littéraire, ce recueil n'a pas de valeur à proprement parler : c'est l'œuvre d'un nouvelliste, et rien de plus : Mme d'Huxelles dictait tout ce qu'elle savait sans la moindre prétention et uniquement pour être agréable à un ami. On y trouve pêle-mêle des nouvelles de toute nature, faits sérieux et cancans, recueillis par une grande dame qui était en mesure d'être

---

[1] Jusqu'au 29 août 1712, jour de la mort de la marquise.

bien informée et qui y tenait. Beaucoup de faits et peu de détails [1].

Ce rôle de gazetier volontaire n'est pas le trait le moins curieux du caractère de Mme d'Huxelles. Elle s'y était vouée de bonne heure et elle y demeura fidèle jusqu'au dernier jour de son existence. Elle avait évidemment trouvé là un moyen de se faire rechercher et probablement un peu craindre. Comme nous venons de le dire, elle n'écrivait pas elle-même ces lettres-journaux, mais elle les dictait, et c'est pour demeurer en état de les fournir de faits et détails qu'elle entretenait l'immense correspondance qui absorbait une partie de sa vie. Elle les faisait probablement copier à plusieurs exemplaires pour satisfaire la curiosité de divers amis qui, éloignés de Paris, étaient heureux de pouvoir être aussi exactement tenus au courant des nouvelles. Mme d'Huxelles commença de bonne heure, car nous l'avons vue dans une lettre adressée au prince de Conti lui dire : « Par l'ordinaire je vous escriray toutes nouvelles. » D'autres mentions constatent qu'elle dispensait assez généreusement ses gazettes, mais parfois aussi elle les écrivait de sa main, comme celles que nous avons retrouvées dans les archives du château de Quevillon, adressées à Mme de Bernières. Ces lettres, trop peu nombreuses malheureusement, datent de 1703 à 1706. Nous les croyons dignes d'être reproduites ici, bien que pour le faire

---

[1] La publication de cette correspondance serait du plus haut intérêt : les éditeurs du *Journal de Dangeau* l'ont prouvé par quelques extraits donnés par eux, notamment en insérant les lettres de la marquise du 12 septembre au 31 décembre 1709, mois pendant lesquels, par extraordinaire, Dangeau fut absent de Paris. Mais ces précieux documents ont été déposés au musée Calvet avec la clause regrettable qu'on ne devait pas en laisser prendre de copie complète ni en entreprendre la publication. Voltaire avait eu connaissance de ces documents : le 24 août 1735, il écrivait au marquis de Caumont à Avignon, pour le prier de parcourir ces lettres et de se renseigner sur l'usage qu'il pourrait en faire pour son *Siècle de Louis XIV*, auquel il travaillait alors à Cirey. Nous en reproduirons quelques pages dans l'Appendice.

nous soyons obligé de manquer un peu à l'ordre chronologique. Ces dates espacées établissent clairement que cette correspondance était régulière.

Le 10 décembre 1703.

Mon estat est fort bon, Madame, et si j'estois guerye de la peur il n'y auroit rien à désirer. Je me suis fait seigner et purger, ce qu'il y a longtemps que je n'avois fait, donnant trop à la force de la nature. Je ne m'y fierai plus et me médicamenteray à l'avenir assez souvent; l'attention que vous me faites l'honneur d'avoir à ce qui me touche me plaît infiniment, mais pour achever de me plaire revenez à nostre politique du matin. Tout va à merveille, Madame; nous marchons en Espagne avec quinze mille hommes, et l'archiduc est malade en Hollande : il y en a qui disent qu'il a peur de la mer. On dit encore que Mme des Ursins et M. l'abbé d'Estrées ont rompu ensemble. Le grand cardinal, qui a quitté la partie, esclaircira le Roy de la vérité des faits, dont on ne parle que comme les aveugles font des couleurs.

Il me semble que l'on est fort content de la réception chez nos amys que l'on a faite à M. le mareschal de Villars : on luy cherche une maison à louer en ce quartier, car celuy de la place est en abomination à la mareschale. M. le cardinal d'Estrées est de ce genre, estant faché du marché qu'on luy a fait avec M. le duc de Richelieu. M. du Harlay n'a plus de fièvre, ne crache plus de sang, mais il se tiendra clos et couvert jusques après Noël, parce qu'il se sent encore de la fluxion qui a fait en luy un prodigieux rume. Je suis, Madame, à la mort, à la vye aussy, votre très humble et très obéissante servante,

La marquise D'HUXELLES.

Ce 12º octobre 1704.

Vous aurez bien entendu parler de M. de Courtenvaux, Madame. J'aurois bien désiré que cela ne fût point arrivé. Il faut profiter de son malheur pour ne plus s'en attirer. Je ne vous mande point le détail de toute cette affaire : il seroit trop long. M. de Courtenvaux a trouvé des amis qui l'ont bien servy. Mme de Louvois est dans le goût des voyages : elle arriva hier de Saint-Mandé et elle part après disné pour Ormesson : et partira d'Ormesson pour Basville avec sa fidèle Mme Galant qui lui est toujours attachée comme l'ombre au corps. Je ne puis me consoler que le vaisseau qui vient d'arriver à Ostende n'ait mieux pris son temps et ne soit pas venu dans le temps que nous devons aller à Dunkerque. Vous aurez su que les Allemands ont assiégé Hagueneau. Le gouverneur, se voyant pressé depuis quelques jours de siège, demanda à capituler et avant que d'en venir aux pourparlers, disposa son monde de manière que quand on lui eût refusé les conditions qu'il demandoit et qu'on lui eût marqué qu'il n'en auroit point d'autres que de se rendre prisonnier avec sa garnison, il sortit en si bon ordre qu'il se tira d'affaire avec ses gens et gagna jusqu'à Saverne une place qui est à nous sans presque aucune perte. On mande de Fontainebleau qu'on lui en a sçu très bon gré et que la chose a paru singulière. Toutes les nouvelles qui nous viennent des mécontents sont très bonnes. On écrit de Venise que l'Empereur est fort pressé; le siège de Turin est résolu. On a eu quelque soupçon de grossesse de Mme la duchesse de Bourgogne, mais cela s'est passé. On ne sçait rien de certain des affaires de Catalogne et l'on ne doit adjouter foy à aucune des nouvelles qui s'en débitent à Paris. Il a paru depuis deux jours un escrit pour la justification de M. le cardinal de Bouillon sur ce qui s'est passé à Rome à l'occasion de l'évêché de Strasbourg. J'ay ouy dire aux gens qui l'ont lu qu'il est parfaitement escrit. Je ne sçais si cela fera du bien à ceux que l'on soupçonne de l'avoir fait. On soupçonne votre Coulanges, Madame, lui qui revient de voir cette Éminence. Si ces raisons étoient en chansons, on ne pourroit en douter. Je finis en vous assurant que vous n'avez personne qui vous honore davantage et qui vous aime plus tendrement que moy.

Le 13 octobre 1705.

Le Roy a perdu Hagueneau, mais il y a une relation de M. le mareschal de Villars qui donne tant de gloire à Perry qui en estoit commandant, d'avoir sceu sy bien tromper le prince Louis de Bade, qu'on s'en raporte à vous, Madame, de savoir lequel vaut le mieux, d'avoir encore la place ou de ne l'avoir plus. Ç'a esté une supposition que ce qui s'est répandu icy des paroles obscènes avec lesquelles M. de Lannion avoit esté renvoyé à la promenade ; ce mareschal escrit n'avoir jamais esté sy surpris que d'apprendre telles choses, qu'il estoit son meilleur amy, et ce qui me le confirme, c'est que l'autre y est demeuré, n'ayant point demandé à revenir. — Le garçon dont Mme de la Citardie est accouchée, se mouroit hier : elle en héritera de 100,000 escus. Pleust à Dieu que vous eussiez voulu sacrifier Mlle de Rys au vieux fou, et que tout se soit passé de la même façon ; de supposition d'enfant, il n'y en a eu aucune. La jeune et belle princesse de Montbazon a mis aussy à sept mois une fille au monde preste d'aller de vie à trépas.

Le roy d'Angleterre devoit venir hier de Fontainebleau ; le Roy mande à la princesse sa sœur, qui a pleuré de n'avoir point fait le voyage, que le premier Marly, qui sera de dix-huit jours, renouvellera en sa faveur tous les plaisirs imaginables.

On veut que l'Empereur soit bien pressé par les mécontens et qu'il soit sur le point de rappeler ses troupes d'Italie et du Rhin, Rabutin s'estant sauvé de Pologne, et la Transilvanie ayant proclamé Ragtozy qui y est enfermé entre la Teisse et Bude. — M. le mareschal de Cœuvres, revenant à la cour, a reçu un contr'ordre à Avignon pour retourner à Toulon. La Catalogne et Barcelonne ne sont point au net. Sy entre cecy et ce soir j'en aprens davantage, j'aurai l'honneur et de bon cœur, Madame, de le faire adjouter.

J'en reçois du 12 : Mme de Maintenon avoit eu la fièvre. Il y avoit un nouveau courrier de M. de la Feuillade d'arrivé dont on ne disoit point la teneur; rien de certain du côté de Barcelonne, où l'on prétend que la tranchée n'a pas été ouverte le 9, ny qu'elle le soit.

Le petit duc à nez cocalin est revenu de l'armée sans congé, il dégénère; on le cache, mais l'entreprise a été difficile, et il tiendra du payen plutost que du costé paternel. — Mme de Louvois est à Ormesson.

Mme la mareschale, vostre marquise et la Bretonne sont allées dîner à Grosbois.

Paris, le 26 novembre 1705.

Je me suis escurée, Madame, et m'en trouve fort bien. Il ne faut pas estre sy rebelle aux remèdes quand la chaleur n'est plus sy forte pour consommer. J'en ay eu une visite, non sans me l'attirer : à qui en a donc eu aussy vostre Magdelène? J'aimerois mieux la pécheresse, mais, pour obvier à de tels inconvéniens, envoyez moy vostre adresse, et j'enverray de mon logis tout droit à la porte. J'ay envoyé à droiture encore au sieur Longchamp une lettre pour le présenter à M. vostre fils. Il n'y aura, Madame, qu'à luy marquer que vous l'honorez par vos bontés pour moy de vostre protection. Cependant voilà bien des amys que vous perdez, mais, comme vous en avez dans toute la terre, il vous en reste bien encore à perdre, car tout le monde n'a pas le même bonheur. Vous avez donc perdu par-dessus M. Gilot, M. l'abbé de Scudéry? J'ay ouï dire que M. le mareschal de Créquy avoit couru au secours de la mère; Mme de Jenvris a hérité de son frère, à la réserve de 50 mil livres pour la duchesse de Charost, qui reviendront aux petits de Saint-Germain, s'il n'y a point de postérité de ses fils.

Mme de Harlay, femme du mien très cher, a la petite vérole : il y en a eu quantité, et le cadet de M. de Beauvilliers en mourut avant-hier à Versailles, l'aisné qui demeure seul commençant d'avoir une grosse fièvre. Mme la duchesse de la Roche-Guyon a esté fort mal de sa colique, mais vous en aurez esté journellement instruite, et M. son mary est allé à la cour.

M. le mareschal de Villars a donné le quartier d'hiver à ses troupes; rien ne paroît encore pour meubler sa maison d'icy, mais j'espère, en faveur de vostre idée que je loue, la batterie de cuisine point oubliée; sy les officiers sont aussy bons que ceux de M. le mareschal d'Huxelles, vostre palais aura contentement. On dit le mareschal changé de partout, de taille fort grossi, et de visage moins brun. Il se parle du mariage de M. le chevalier de Suilly avec Mlle de Guiscard. Vous sçavez les autres et les nouvelles générales. Il n'est question, Madame, que de trois points : 1° argent; 2° troupes; 3° un général sur le moule des Condé et des Turenne. Le roy d'Espagne marche pourtant à Saragosse avec M. le mareschal de Tessé, et tous les François, M. de Bé commandera les Espagnols en Andalousie. Adieu.

Paris, le 4 décembre 1705.

Mille très humbles graces, Madame, de vos bontés à l'égard de mon homme; mille très humbles grâces aussy de celles que vous avez au mien : revenez seulement, j'espère que nous en dirons encore de bonnes. Il fait un temps espouvantable : le tonnerre, les esclairs et tous les vents furent déchaisnés hier au soir : voilà encore l'orage qui revient, mais il faut aller contre fortune bon cœur; le manque d'argent est pis que tout cela. Mon douaire de Nangis se plaide et ne me produiroit pas à présent de quoy payer un port de lettre de M. de Coulange [1]. On n'y a point de regret, mais je sais ce qu'il m'en a couté de la Pacaudiere. Le gentil personnage que j'aime fort à lire aussy, est à la cour; le délicieux séjour a plus de petite vérole et de pourpre que nous. Vous sçaurez le désastre de M. le duc et de Mme la duchesse de Beauvilliers; les deux fils morts en huit jours; pensez! l'un d'une façon, l'autre d'une autre. Le médecin Fresquières a triomphé, et Mme de Harlay est hors de danger d'hier; enfin le grand commun de Versailles en est tellement infecté que les maistres d'hostel du Roy en sont sortis pour se loger aux maisons plus saines de la ville. — On m'a dit que la pauvre Mme de Scudéry a une pension du Roy de 600 liv.

---

[1] Dangeau cependant, en annonçant la mort de Mme d'Huxelles, ajoute qu'à cause de son premier mariage, « elle a joui pendant plus de soixante-dix ans d'un douaire de 2,000 écus ».

Son fils a laissé en mourant une tabatière d'or à M. de la Frette. L'abbé de Chasteauneuf revint, il y a deux jours, et n'a pas quitté Bellechasse depuis. — Mme de B. continue les mesmes services envers Mlle de Praslain : de vous en dire le fin, je l'ignore, car on bat à froid quand on en parle, et l'on dit que la vieille grand'mère et tous les Choiseuls veulent remettre le nom dans le nom. Nostre comtesse a toujours sa prétention à la charge : le mareschal arrive à ce secours. Je voudrois qu'il en voulût donner à Mme sa mère, qui, trouvant sa maison trop chère, en pense peut-estre déloger. M. le marquis d'Ambres est congédié aussi à Pâques, dont je suis désolée. Je ne sçaurai plus où aller. M. le premier président veut que tout le monde vive ; on prétend que l'inquisition auroit été très loin. M. d'Argenson s'est raccommodé et a disné au palais. Mme la duchesse de la Roche-Guyon l'a bien soutenu en sa noblesse. Je me suis contentée d'avoir entendu parler du livre. Mme la duchesse de Nemours vend le comté de Saint-Paul, et Mme la princesse d'Épinay l'achète. C'est une des plus belles terres de France, à cause de ses redevances, et une tutrice merveilleuse que nostre princesse de Lorraine ; elle est mesme traittée avec distinction, le Roy donnant les droits seigneuriaux, et M. le prince de Conty luy vendant fort honnestement sans gain. M. de Matignon pense n'en estre pas content. Quant aux originaux, je trouve que le monde s'en dépeuple tous les jours ; mais à Dieu, sur l'air de *Joconde*, alors qu'on assiégea Asty :

> Courage, mon cher Daubusson,
>   Ta fortune s'avance,
> Tu touches du doigt au baston,
>   Encore une imprudence.
> Asty livré aux ennemys,
>   Le siège qui commence,
> Dieu veuille qu'il ne soit pas pris,
>   Voilà ta récompense!

A Paris, ce 19 décembre 1705.

Le cœur, Madame, me resveille encore plus que dame Magdelène qui me met de mauvaise humeur parce qu'elle m'apprend que vous ne songez point à votre retour, et que vous ne revenez pour l'ordinaire qu'à la Chandeleur. Ce terme est long pour qui vous attend avec une impatience amoureuse.

Il est vray, j'ay tort; mais ce qui me retient quelquefois, c'est que je songe que vous en sçavez plus que moy par vos bonnes correspondances, et que j'ai l'honneur de vous aimer en grosse compagnie. Que vous dire que vous ne sçachiez? Voyons, vous parler de M. l'évêque de Metz? Plutôt mourir à cause de M. le cardinal de Coislin que je respecte. Mais jamais homme n'a esté mieux vengé que mon neveu. M. l'archevêque de Reims est sur le grabat : on dit que la pourriture gagne les doigts de ses pieds, et que la bonne nièce fait son devoir. N'est-il pas mieux là que chez elle ?

— Mme de Beringhem doit revenir pour l'affaire de M. de Surville; elle sera sur le bureau à l'arrivée de M. le mareschal de Villeroy, attendu dans quatre jours.

— M. le mareschal de Villars arriva hier : le deschaînement est grand contre luy, mais qu'importe? il est nanty, et l'on veut que la mareschale ne désire plus le laisser retourner à l'armée : aussi les mareschaux seront tous invalides, et c'est ce qui fait songer d'en faire de nouveaux. On dit pourtant que M. le mareschal de Noailles fait entendre qu'il suivra de près M. son fils en son voyage en Roussillon, estant aussi à l'intention d'y mener Mme sa femme que Mgr le duc de Berry lorgne. Cette affaire menée par la dextérité de Mme la mareschale de Noailles s'est jouée chez M. de Chamillart. — Le plus prompt de la kirielle des mariages est celuy de Mme Amelin, M. de Florensac disant que le comte d'Uzès luy en a esté demandé l'agrément, qu'il a donné après avoir appris que la bonne femme duchesse et le duc approuvoient, le major ne l'auroit peut-être pas fait duchesse, comme ce parti qui peut devenir duc. — Il se dit de Mgr le duc d'Orléans qu'il a fort grondé Mme la mareschale de Cœuvres et Mme d'O d'avoir osé trouver à redire à ce que Mlle de Séry passat vis-à-vis Mme la duchesse de Bourgogne, plus endimanchée dans une loge à l'Opéra, et d'en avoir parlé ainsy au Roy. — Mme de Chastillon a demandé la permission de quitter le service pour se venir reposer et traiter sa santé icy.

Voilà le dessus des cartes, mais le dessous dit qu'il y a ordre de la cour dont Madame n'est pas faschée. Mme de Vieux-Bourg estoit hier fort mal de sa petite vérole. Mme de Crèvecœur donnoit espérance de guérison. La pauvre Mme de Harlay est fort blasmée de les avoir laissé enfermer avec elle. Le duc de Mortemart l'a; on dit encore Mme de la Marck, fille de M. le duc de Rohan.

Je vous ay quittée, Madame, pour la messe, où nostre comtesse de Choiseul me vient de dire que Mme sa belle-sœur est revenue plus belle que jamais.

« Les Testu de Filet et de Charmont, principaux ingénieurs à Nice, ont esté emportés d'une volée de canon, la cervelle du premier ayant gasté l'habit de M. le duc de Berwick [1].

A Paris, le 14 janvier 1706.

N'ayez point de scrupule, Madame, j'ose vous mettre au pis pour abuser de moy, mais j'avoue que je vous aimerois mieux à Paris qu'en Normandie, et que j'y trouverois plus de secours pour le rétablissement de la santé de M. de Bernières; n'y vient-on pas de toute part? Il est vray que l'argent est déconsidéré, et qu'il n'y a personne qui ne souffre du train ordinaire des choses présentes, à plus forte raison vous, Madame, de l'extraordinaire que vous venez d'essuyer. Faites-moy l'honneur de recevoir mes très-humbles complimens, et d'estre bien persuadée que j'y prends une extrême part. Mon amie de Bailleul m'escrit de Saint-Maclou que sa bourse en est aussy bien altérée, mais que le plus grand malheur est que vous n'ayez pas brillé de son costé. Je luy remontre que vous brillez

---

[1] Nice s'était rendue le 16 novembre, mais la citadelle ne capitula que le 5 janvier 1706.

partout. Mme de la Roche-Guyon fait une description espouvantable de cette tempeste, M. de Luxembourg et M. de Caraman ayant veu des fenestres de son chasteau la vague de la Seine monter au-dessus; on dit que la Bretagne a encore plus souffert. C'est le courroux de Dieu, causé par les péchés des hommes, dont il se parle plus que jamais. Cependant vous sçaurez déjà la prise du chasteau de Nice. M. le grand-prieur attend M. de Vendôme; il se reparle du siège de Turin; les grenadiers reviennent en Allemagne. M. le mareschal de Tessé s'est trouvé exposé à une grande sédition à Sarragosse, et a eu trois ou quatre de ses domestiques blessés. L'employ de M. Amelot est estimé mauvais. On ne peut plus douter des avantages des Impériaux dans la Transylvanie, puisque M. des Alleurs l'a escrit à Mgr le prince de Conty. C'est un désastre horrible encore que celuy qui est arrivé au pauvre M. de Surville. Il a cassé tout son train, et conservé seulement, pour madame sa femme et luy, sa maison supprimée, une femme de chambre, deux valets de chambre, trois laquais et une cuisinière. Il se débite que M. le mareschal de Villeroy a tesmoigné n'estre pas content des prétendues plaisanteries rapportées peut-être mal à propos. Mme de Villars cherche à déloger, par ménage; on a prosné fort la mareschale du changement de procédé; le mareschal continue à n'estre pas sy prosné en ses perfections. Ils vont après-demain visiter leur duché. Ces droits seigneuriaux de Nangis en sont tenus par grand profit, car M. le maréchal de Villars m'a dit à moy-mesme qu'il en seroit quitte à bon marché, ne voulant pas payer d'indemnités, ce qui dépendoit de luy, en ayant assez de la vicomté de Melun pour son duché. M. le premier président s'estant rendu aux instances de M. le mareschal de Broglio qui est l'arbitre de leurs différends entre eux, et M. le président de Lamoignon qui y a consenty aux conditions de n'estre pas seul, mais d'avoir avec luy quatre des messieurs des parlemens, choisis entre seize qu'on luy proposeroit, les propositions faites, et personne n'ayant esté suspect aux parties, M. le premier président nomma hier MM. Portail, de Dreux, de Balincourt et Ferrand qui rapportera. M. le premier président encore travaillera au raccommodement de M. le lieutenant civil avec M. de Nicolaï. Excusez, Madame, des négligences; je sais beaucoup de choses à la fin. Je crois que le comte d'Uzès n'a point esté à Marly. M. le duc de Lesdiguières d'un costé et Mme la mareschale de Créquy de l'autre sont sur le bureau pour le provisoire.

Paris, le 28 février 1706.

Je suis ravie d'avoir à vous apprendre de bonnes nouvelles de Mme de Villars. Je m'y regarde obligée, Madame, outre l'intérêt que je prends à sa personne; la nuit a encore esté meilleure que la précédente; le sentiment est revenu d'où il estoit parti, et il est à présumer qu'elle vous attendra. Madame sa fille luy continua des soins qui lui attirèrent la bénédiction promise dans les commandements de Dieu. — C'est une mauvaise chose que de plaider : il faut estre bien sûr du fait! encore tout est-il équivoque et douteux, trouvant de plus en plus la vérité difficile à démêler. J'aime mon cousin de Bailleul amoureux, mais je loue fort sa belle de ne vouloir point entendre ses vœux. Il n'y a que la nécessité qui doive porter au mariage ; l'amour passe et l'ambition est à mépriser auprès de la liberté.

On dit que M. de Luxembourg est gouverneur d'hiver et point d'esté. — Ce n'est pas représenter feu M. de Longueville que de loger à l'archevêché. Mme de Ravetot n'est-elle pas belle et bonne dame, à laquelle il ne manque qu'un peu de menton? La duchesse s'est un peu tranquillisée. Celle de Villeroy a attaqué Mme de la Vrillière; M. de Saint-Simon et Mme de Roquelaure eurent affaire ensemble. Discours s'en sont suivis, mais je ne vous les rapporteray pas, car l'heure presse et vous le sçaurez d'ailleurs. Mille très humbles bonjours : j'ose souhaiter bon succès aux remèdes des Capucins à M. de Bernières, lequel vous ayant n'a que cela à désirer. Ce qui regarde le général est très court. J'entendis seulement dire hier que l'armement de Toulon estoit considérable, que M. le comte de Toulouse partira dans huit jours pour s'y rendre avec M. le maréchal de Cœuvres qui cherche de l'argent. Il montera un vaisseau à part, et ne sera pas sur l'amiral; l'accommodement de M. de Metz et de Madame montre la corde, suivant le sentiment de plusieurs.

CHAPITRE IV.

Paris, le 15 février 1706.

La harangue de la dame Magdeleine, Madame, est si pathétique que j'obéis à l'instant, quoique j'aye pris médecine. Il est vray, j'ay manqué, mais je vous attends depuis la Purification. Cependant j'ai eu tort de demander encore quatre à cinq lettres. Dieu me garde de m'exposer jamais à aucun de vos reproches, mais il faut revenir. Tout le monde est affligé de la mort de M. le cardinal de Coislin. Il n'y a que vostre amie Mme de Laval qui se console par l'appât de la succession. On disoit hier que M. l'évesque de Metz demandoit l'eschange de son évesché contre Orléans et Saint-Victor. Le successeur à la grande aumosnerie logera à l'hôtel de Longueville pour 6,000 livres. — M. le maréchal de Chamilly a loué celuy de Richelieu à la place Royale pour 4,000, la première année payée d'avance. M. l'abbé Testu se meurt toujours estant dans le vingt-sixième jour de sa fièvre. Mme la duchesse de Créqui la continue aussy : on luy doit donner de l'émétique aujourd'hui.

Le gros Belesbat, devenu comme un squelette, a des abcès de tous costés. — M. l'évesque de Toulon est encore à l'extrémité; mais, pour passer des tristesses à la joye, M. de Vendosme en a répandu une universelle par son retour. Les Badots l'ont suivy en troupe; la réception du Roy et de Monseigneur ne se peut exprimer; on veut d'ailleurs qu'il n'y ait pas eu tant de joye où vous devez penser.

L'ambassadeur de Rome a dû estre déclaré au conseil d'hier, et voici que la chose roule entre le duc de Saint-Simon et M. d'Antin : le premier est du nombre des infiniment petits, mais on dit que le duc de Zede est encore plus pygmée que luy.

Que dites-vous, Madame, de la disgrâce de M. du Charmel, relegué chez lui en sa campagne? Chacun en raisonne à sa mode ; pour moy, qui suis paresseuse et sans obligation d'agir pour la gloire de Dieu, j'estime ce qui y contribue dans le silence respectueux, et esloignée de la connoissance des hommes, enfin pratiquant tout simplement ce qui est nécessaire au salut. On en fait beaucoup accroire aussy : Despréaux a lu sa satyre des Équivoques chez M. de Troisville, en présence de Mme la princesse d'Elbœuf, de M. de Louvois, de Mme de Coulange et de messieurs de pareille importance. Cette pièce est tenue de la force des premières de l'autheur, et on veut qu'il y ait des traits qui marquent au naturel des gens qui autorisent la facilité de les accommoder.

Mais la correspondance de Mme d'Huxelles avec M. de la Garde est celle qui est restée la plus connue. D'abord à cause de sa continuité, elle paraît avoir duré plus de quarante ans et surtout parce que Mme de Sévigné en parle fréquemment. Elle s'excuse souvent auprès de sa fille de ne pas lui donner de nouvelles dans la pensée que celle-ci doit être suffisamment tenue au courant par les lettres que le marquis recevait si régulièrement. Le 26 octobre 1688, Mme de Sévigné mandait à Mme de Grignan : « Cette marquise a des soins de M. de la Garde dont vous vous sentirez : elle a les lettres qu'on a écrites à l'ambassadeur de Venise qui sont admirables. » Le 28 août déjà, elle lui écrivait : « M. de la Garde est toujours si bien instruit part Mme d'Huxelles que vous en savez plus que ceux qui sont à Paris. » Et cela donnait quelque jalousie à la spirituelle marquise, car un jour, il lui échappa d'ajouter : « La marquise d'Huxelles reprend tous les ordinaires les nouvelles qu'elle a mandées : appelle-t-on cela savoir ce qui ce passe [1] ? » Mme d'Huxelles cependant se donnait toute la peine imaginable : nous la verrons écrire chaque semaine à M. de Callières pendant la négociation du traité de Ryswick pour être tenue au courant de ce qui s'y passait et faire ensuite de même avec son fils, pendant son séjour à Gertruydenberg et à Utrecht. C'était devenu chez elle un besoin, une occupation, un moyen de tenir sa place dans une société, où, avant tout elle ne voulait pas être oubliée. Elle ne pensa plus, en effet, pendant cette seconde période de son existence, qu'à affermir sa situation mondaine d'une façon inébranlable. Elle avait alors la cinquantaine et était devenue très forte : l'âge de la galanterie était définitivement passé; elle avait subi de cruelles épreuves. Son caractère s'était accentué et se soumettait difficilement à la moindre contrariété : elle venait de le prouver à l'occasion de la velléité du pauvre marquis de la Garde à vouloir prendre femme. « Impérieuse, dit Saint-Simon, de beaucoup d'esprit et de talent, dominant ses amis, fort du grand monde, se comptant pour tout, et les autres, ses plus proches même, pour fort peu, qui a su conserver une considération et une sorte de tribunal chez elle jusqu'à sa dernière vieillesse, où la compagnie fut longtemps bonne et trayée, et où le prix se distribuoit aux gens et aux choses. A son seul aspect, tout cela se voyoit en elle. »

---

[1] Lettre du 14 janvier 1685.

Depuis cette époque Mme d'Huxelles eut un salon sérieux : elle donna à souper et elle demeura liée principalement avec la coterie que Mme de Sévigné nous a si bien fait connaître. Peu d'événements saillants apparaissent dès lors dans une vie spécialement consacrée au monde. Mme d'Huxelles voulait avoir chez elle des habitués nombreux, choisis et surtout au courant des nouvelles. Il y a peu de faits désormais à enregistrer : l'existence de la marquise s'écoule doucement, tranquillement, entre des amis disposés à subir la domination dont parle Mme de Sévigné, qui passait alors, nous allons le voir, une grande partie de sa vie de Paris avec elle. Le caractère de la marquise devait lui faire apprendre avec calme les morts qui se multipliaient autour d'elle : Mme de Sablé, Mme de Longueville, M. de la Rochefoucauld : elle songeait plutôt à combler les vides produits dans sa société qu'à les pleurer avec exagération.

Les préoccupations religieuses ne quittèrent pas la marquise d'Huxelles depuis l'époque où nous l'avons vue y revenir, et tout indique chez elle une conversion sincère et sérieuse. Ses relations demeurèrent intimes avec le Carmel comme avec Port-Royal, et les plus illustres docteurs du temps s'intéressèrent à elle. A ce titre, ces deux lettres de l'abbé de Rancé sont dignes d'être connues :

« 2 décembre 1677.

Je voudrois bien, Madame, que la pauvre Mme de B. eust moins de ce mérite dont vous dites qu'elle a beaucoup, et qu'elle en eût davantage de celuy que nous luy souhaitons vous et moy. Mais c'est une étrange chose que les habitudes. Les raisons, quelque bonnes qu'elles puissent être, n'en sçauroient venir à bout, non plus que les conseils et les prières des hommes, à moins que Dieu parle, et de la manière qu'il le sçait faire, quand il veut estre écouté et qu'il ne trouve pas bon qu'on luy résiste. Pour ce qui vous regarde, Madame, je n'ay point prétendu vous proposer de quitter toute chose d'abord et de vous retirer dans un désert : la translation auroit esté trop prompte pour estre si grande, mais quelque opinion que j'aye de vous, vous voulez bien que je vous dise que je croy que de l'endroit où vous estes, vous pouvez faire bien des pas utiles et peut-être mesme nécessaires avant que d'en venir à celui-là. Et je vous assure que quoi qu'en disent les déserteurs, du nombre desquels je n'ay garde de me mettre, il est malaisé que les voyes commodes conduisent au salut. Ce n'est pas assez, Madame, de se faire violence en bien des choses, si on ne se la fait autant que Dieu le demande, et toutes nos privations nous seront fort inutiles, si elles n'ont toute l'estendue qu'elles doivent avoir, c'est-à-dire si elles ne sont telles qu'il les veut. Soyez persuadée que toutes les démarches que vous avez faites depuis que vous pensez sérieusement à luy, sont ses œuvres plus que les vostres, et que vous devez les regarder comme des pierres d'attente, ou plutôt comme des engagements pour aller plus loin. Je ne suis point extrême, quand je vous parle ainsy, mais les vérités sont tellement affoiblies par les usages contraires que la plupart des gens les considèrent comme des excès. Ce ne seroit pas Mme de B. que je prétendrois vous oster, puisque je ne me l'oste pas à moy-mesme, quoique je sois solitaire de profession, et je demeure d'accord qu'une telle réserve peut fort bien compatir avec l'estat où vous pourriez estre et où je vous souhaiterois. M. de T.[1] est admirable : la piété, comme vous voyez, ne détruit pas la vivacité d'esprit, ni mesme toute liberté, lorsqu'on se rencontre avec ses amis. Nous ne manquerons point, Madame, de faire ce que vous nous ordonnez : nous prierons Dieu qu'il augmente vostre foy, et si j'étois plus digne que je ne suis pas des sentiments que vous voulez que je croye que vous avez de moy, vous vous en apperceveriez, et nos prières vous seroient plus utiles qu'elles ne l'ont pas esté jusqu'à présent. Ne laissez pas de compter sur quelque chose, la bonne intention, aussy bien que la sincérité et le respect, etc.

F. ARMAND-JEAN,
abbé de la Trappe.

Ce 8ᵉ octobre 1691.

Je ne doutay point, Madame, que vostre piété ne vous fist recevoir avec plaisir ce que M. de Saint-Valier vous donna de ma part, et je crus que je n'hazarderois rien en vous l'envoyant. Je vous avoue que j'eus une véritable joye quand il me dit de vos nouvelles et que j'appris de luy, comme beaucoup d'autres me l'ont déjà dit, que vous ne vous lassiez pas de marcher dans la voye que Notre-Seigneur avoit

---

[1] M. de Tréville.

ouverte et que l'on vous y voyoit avec édification. Il est certain, Madame, que conservant pour vous toute la considération possible, il ne se peut pas que je ne sois touché de tout ce qui vous regarde, et que je ne souhaite ardemment que Dieu active en vous ce qu'il y a commencé. On voit tant de gens qui mettent la main à l'œuvre et qui la retirent avec scandale, que ceux qui aiment la gloire de Dieu et le salut de ceux qui le servent, ne sçauroient trop prendre de part à la persévérance des âmes qui luy gardent la fidélité qu'elles luy doivent : vous serez de celles-là, Madame, et nous lui demanderons avec instance qu'il vous en fasse la grâce.

Vous avez bien fait de gronder la personne dont vous me parlez. Je vous diray qu'il m'a paru par la conversation que j'ay eu avec elle, qu'elle veut tout à fait penser à ce qu'elle n'a que trop négligé jusquelà. Tout ce qu'elle me dit sur ce point-là me parut sincère et je serai bien trompé si elle ne persiste et si elle ne fait quelque chose ; elle est convaincue et touchée, tout ensemble ; elle auroit grand tort, si elle n'avoit bien pris ce que vous lui avez dit. Comme les femmes n'entrent point dans notre monastère et que je n'en sors point, je ne puis la revoir que quand madame de Guise repassera pour s'en retourner à Paris, parce que nous lui ouvrons notre maison. Je luy parleray de sa mère ; je pense qu'elle ne peut pas disconvenir de prendre l'avis de quelqu'un qui ait de l'honneur et de la probité, qui entende les affaires et qui lui fasse connoitre à quoi elle peut estre obligée;

dans le fonds je crois qu'il y a beaucoup d'impuissance.

Il est certain que la mort de la mère Agnès est une perte universelle : c'est un bon signe, Madame, que vous la regrettiez. Il est vray qu'elle avoit des qualités extraordinaires : c'est une sainte pour moy, car je vous avoue qu'en toute rencontre je recevois des marques de sa bonté : il faut la suivre et se rendre digne d'aller où elle est et de participer au bonheur dont elle jouit. Vous le voulez trop, Madame, pour que Dieu ne vous l'accorde pas. Je vous supplie de croire que nous lui offrirons pour cela nos prières avec toute l'application dont nous sommes capables. Faites-moi l'honneur d'estre persuadée que rien ne peut ajouter à l'estime et au respect avec lequel je suis, etc.

F. ARMAND-JEAN,
abbé de la Trappe.

Nous avons vu que Mlle de Bellefond avait été l'une des amies et des correspondantes de Mme d'Huxelles. Sa mort, arrivée le 24 septembre 1691, causa à celle-ci une vive émotion, et nous avons trouvé dans ses papiers trois lettres de la sœur Marguerite-Thérèse de Jésus relatives à la maladie et à la fin de la pieuse prieure : « Je ne doute pas, » lisons-nous dans l'une d'elles, « que vous n'ayez en elle une avocate très puissante auprès de Dieu, car elle avoit pour vous une amitié très tendre. Ses dernières paroles ont été : « Seigneur, que votre volonté soit faite. » C'est aussi au sujet de la mort d'une fille du Carmel que Mlle de la Vallière adressa ce charmant billet à Mme d'Huxelles :

Ce 24ᵉ aoust.

Je resçois, Madame, avec toute la reconnaissance possible, la marque de vostre bonté ; mais, hélas, que puis-je faire que de m'humilier jusqu'au centre de la terre et à quoi suis-je bonne ? Pour vous, Madame, vous aviez raison de compter sur l'amitié de notre seconde sœur, car elle avoit un cœur si bon et si tendre que rien ne luy échappoit pour ainsi dire de tout le bien et le plaisir mesme qu'elle pouvoit faire ; et elle auroit voulu plus particulièrement qu'à une autre vous marquer ses sentiments. Nostre mère vous respondra elle-même, Madame, mais je dois vous dire qu'elle pourroit s'offenser de vous voir croire qu'il soit nécessaire que quelqu'un se mesle de vous et elle : ainsi je n'ai qu'à vous assurer, Madame, que je vous honore très sincèrement et que je suis avec respect vostre, etc.

Sʳ LOUISE DE LA MISÉRICORDE.

Nous sommes toujours obligé de parler encore de l'activité de la correspondance de Mᵐᵉ d'Huxelles, et nous réunirons ici divers témoignages intéressants à cet égard, et constatant la façon dont elle était appréciée. Nous avons vu Gourville lui dire : « J'ai trouvé votre lettre d'un si agréable style et si honorable pour moy, que je me propose de la mettre dans mes petits ouvrages pour les rendre plus agréables à ceux qui se voudront donner la peine de les lire. » Callières, dont nous parlerons plus loin, lui écrit, le 8 juillet 1696 : « Je suis étonné de vostre manière d'écrire, toujours vive, toujours féconde et partout assaisonnée de ce sel que l'on trouvoit à Athènes et que l'on trouve en abondance chez vous. » L'abbé de Saint-Pons lui mande le 5 avril 1708 : « Comment pouvez-vous traiter, Madame, de nouvelles du Pont-Neuf celles que vous me faites la grâce de m'escrire depuis quarante ans avec une régularité qui n'a point eu d'exemple et qui apparemment n'en aura pas? Elles m'empeschent de tomber dans un grand ridicule, lorsque les gens du monde me parlent. » Comme on le voit, sa plume ne vieillissait pas. Et elle ne choisissait pas seulement les personnages en vue. Nous voyons qu'elle honorait de ses bonnes grâces un gentilhomme manceau, « retiré de la cour depuis trente ans, » M. du Maurier, qui lui écrivait le 26 janvier 1681 : « Il y a longtemps, Madame, qu'un fameux astrologue tira mon horoscope et me prédit qu'à la fin de ma vie, j'aurois les bonnes grâces d'une dame illustre. Maintenant que vous avez écrit à Mme de Lavardin que vous m'aymez plus que votre vie, je commence à croire à cette prédiction. » Il paraît que la marquise faisait même des vers, car il ajoute : « Je regrette bien vivement que l'âge m'enlève la verve poétique : pour deux excellens vers que vous m'envoyez, je vous en aurais sur l'heure respondu une centaine de mauvais. » Citons encore ce passage : « Il paraît dans votre lettre que vous aimez la liberté qui est un bien que les jurisconsultes romains ont baptisé un bien inestimable [1]. »

Nous venons de dire que Mme d'Huxelles se permettait de faire des vers : nous en avons une preuve positive dans ces bouts-rimés que lui adressa le comte de Grignan, évidemment en réponse à un envoi de même nature :

Je laisse à tout ce qui compose le chasteau de Grignan le soin de répondre en corps de famille à vostre

---

[1] M. de Maurier ajoute que, pour satisfaire Mme d'Huxelles, il travaillait à ses mémoires.

aimable poésie, madame la marquise. Pour moy qui ay des raisons secrètes de parler de mon chef, je répondray en mon petit particulier, et me sers des premières forces d'une pauvre teste qui a esté un peu esbranlée, et que l'ouvrage que j'entreprends n'est guère propre à raccomoder pour chanter :

Quand vos aimables vers nous élèvent un *buste*,
Vous eschauffez ma veine au milieu des *glaçons*,
Et vous en cueillerez les premières *moissons*;
Excusez si ma voix n'est pas aussi *robuste*.

Vous auriez pu briller dans le siècle d' *Auguste* :
Chez vous du sçavoir vivre on donne des *leçons*;
Marquise, ce n'est point vous conter des *chansons*
Que trouver votre esprit des esprits le plus *juste*.

Vostre amitié suffit pour donner de l' *orgueil*;
Mériter près de vous un favorable *accueil*,
C'est aux plus grands chagrins opposer une *digue*.

Pour plaire il vous fallut peu jouer de *ressorts*;
Si de faveurs pour moy l'on vous eut vue *prodigue*,
L'on me verroit encore dans mes premiers *transports*.

La pièce anonyme suivante semble indiquer que la marquise était coutumière du fait : elle est conservée dans ses papiers ; peut-être est-elle de Coulanges. C'est une chanson sur l'air des *Ennuyeux*.

Vostre retraite hier au soir,
Marquise, ne fut point troublée :
Elle nous mit au désespoir,
Nostre trouppe en fut accablée.
Cela joint à l'ombre pervers
M'empescha d'honorer vos vers.

Belin[1] ne voyoit dans son jeu
Que des cartes des plus estranges.
Les Matadors paroissant peu
Ils n'abandonnoient pas Coulanges,
Qui les jouant comme à tastons,
Gaigna quatre mille jettons.

La sage Effiat[2] ne perdit rien,
Mais elle estoit fort désolée ;
Elle auroit donné de son bien
Pour vous voir dans nôtre assemblée,
Et pour moy je pestois tout bas
Contre les dames du haut pas.

L'aymable et charmante Belin
Nous fit un souper admirable.
Sur une nappe de fin lin,
Parut un rost incomparable ;
Mais vostre absence, en vérité,
Nous avoit mis sur le costé.

Frontenac[3] fit tout comme vous
Avec sa divine Outrelaise[4] ;
Elle ne vouloit point de nous
Pour vivre chez elle à son aise.
Le seul abbé de Montmoreau[5]
Honora le petit troupeau.

---

[1] Marguerite de Bessey, seconde femme de François de Mesgrigny, comte de Belin, maréchal de camp.

[2] Marie Olivier, fille du marquis de Lenville, et d'Anne Morand, mariée à Antoine Ruzé, marquis d'Effiat, écuyer de Monsieur : nommée gouvernante des enfants de ce prince en 1679.

[3] Anne de la Grange-Trianon, fille de Charles, maître des comptes, et de Françoise Chouagne, mariée à Louis de Buade, comte de Frontenac, gouverneur du Canada : morte le 30 janvier 1707.

[4] Outrelaise était une seigneurie de Normandie à la famille Marguerit.

[5] Jacques de Rochechouart, fils du comte de Montmoreau et d'Antoinette de Malinghem, nommé abbé de Moutiers en 1681, mort en allant se faire installer.

Cette pièce a en outre l'avantage de nous faire connaître les noms des intimes de la marquise et de nous apprendre qu'elle aimait passablement le jeu. Mais nous allons revenir à son interminable correspondance, dont nous n'avons malheureusement que de trop rares échantillons.

CHAPITRE V.

Activité épistolaire de Mme d'Huxelles. — M. du Housset. — Le président de Harlay. — Armand de Pomponne. — Le cardinal de Bouillon. — La mère Marguerite-Thérèse de Jésus. — L'évêque de Saint-Pons. — M. de Beringhem. — Mme de Maintenon. — La duchesse de Saint-Aignan. — Les cardinaux de Janson, de Coislin, d'Estrées. — Le duc d'Harcourt. — Le duc de Boufflers. — Le duc de Villeroy. — Elle meurt la plume à la main. — Sa fin. — Sa conversion durable.

Nous n'avons pu recueillir que quelques lettres adressées à Mme d'Huxelles ; mais le nombre des personnes dont elles émanent prouve du moins l'étendue de ses relations épistolaires. Elle ne négligeait aucune occasion de se rappeler au souvenir de ses plus puissants amis et saisissait avec empressement la moindre occasion, soit qu'elle eût à leur adresser des félicitations, soit qu'elle voulût leur témoigner sa sympathie dans des circonstances douloureuses. Nous allons donner ici un certain nombre de ces lettres, en suivant simplement l'ordre chronologique.

Il se présente d'abord un M. du Houssay, esprit original et fin, qui semble avoir été très intimement lié avec la marquise. Nous ne savons malheureusement presque rien sur ce personnage. Bussy-Rabutin était en correspondance avec lui et le complimenta notamment en 1671 pour sa nomination à la charge de chancelier de Monsieur : il se loue souvent de l'avoir dans son voisinage à Lux, et parle toujours très favorablement de M. et de Mme du Houssay.

30 janvier 1695.

Je vais tenter, Madame, si ma main droite qui me paroist fort soulagée pourra bien reprendre son train ordinaire et se passer des secours de celle d'autruy, pour entretenir le commerce de lettres que vous me permettez d'avoir avec vous et auquel vous m'avez si agréablement accoustumé, que j'espère qu'il ne cescera qu'avec ma vie.

Je ne sçay mesme si tout ce que je cognois en vous de grand et de charmant ne me donne point d'autres idées, mais quand j'envisage ma figure désolée, la maigreur affreuse de mon corps et son immobilité, je rentre dans mon néant et je me dis à moi-même :

> Ma plume, soyez sage,
> J'en ai déjà trop dit.

Cependant je ne puis, Madame, résister à la tentation que j'ay de placer icy une chanson que je sçay et qui convient extrêmement à l'estat où je suis. Je l'hazarde et le ciel veuille seconder sa hardiesse : la voicy donc :

> Je suis sec comme les squelettes ;
> J'ay des rides et des cheveux gris,
> J'ay le nez garny de lunettes,
> Et je veux aimer, belle Iris :
> Un cœur aussi sec qu'allumettes
> Brusle bien fort quand il est pris.

Ce sont vos bout-rimés, Madame, qui m'ont donné toute la témérité qui vous paroist icy, et je me flatte qu'ayant approuvé la première licence poétique, vous voudrez bien souffrir la seconde. Et si cela arrive, je me trouveray plus heureux que téméraire.

Je ne puis encore, Madame, aller chercher mes pieux rogatons dans mon cabinet, estant cloué dans mon fauteuil. Ainsi vous n'aurez pas si tost la curieuse liste que vous me demandez. En voici quelques petits volumes que ma mémoire me fournit : Dévote salutation à tous les membres de la Vierge ; pour celui-là je prétends vous l'envoyer, si vous me mandez ne l'avoir point vu. Mais, la vie de Madeleine Vigneron et celle de la bienheureuse Marie des Vallées ; les Choux cabus du potager spirituel, engraissés de la plus pure moelle des Pères ; le Moutardier spirituel pour aiguiser l'appétit de dévotion ; la Grue céleste pour guinder les âmes dévotes dans le firmament, le Clistère spirituel pour extirper les humeurs peccantes, et rétablir une sainte santé ! Pour celui-là je ne l'ay plus, l'ayant presté à un de mes meilleurs amis, qui est mort sans me le rendre; et Sénèque avoit bien raison de dire que nos amis étoient les voleurs de nostre temps et de nos livres. Je ne vous parleray point de la Pieuse alouette réveillant les âmes endormies au service divin par son *tir li ti ti* spirituel, puisque c'est elle qui a donné lieu à vostre curiosité. Mais avez-vous vu l'Oraison pour une fille qui désire d'estre pourvue, comme il faut, du sacrement de mariage? Elle est assurément le comble de l'extravagance spirituelle, et le dérèglement d'esprit des cagots et cagotes a esté si loin qu'elle s'est vendue dans Paris pendant trois ou quatre ans avec autant de liberté qu'on y vend la Bible de saint Thomas ; mais à la fin l'erreur a esté reconnue et elle a esté supprimée avec autant de soin qu'elle avoit esté débitée avec liberté.

Franchement, Madame, ma pauvre Marie est à bout : elle ne peut plus que vous assurer du véritable respect avec lequel je vous honore plus que tout l'univers ensemble.

M. de Harlay écrivait souvent aussi. Sa vie est connue par les *Mémoires* de Saint-Simon : il s'était signalé, dès 1688, par sa résistance contre l'autorité du pape et il prit place au premier rang parmi les défenseurs des doctrines gallicanes, ce qui lui valut le poste de premier président du parlement de Paris. Son attitude avait vivement excité Saint-Simon, aussi est-ce un des personnages dont celui-ci s'occupe le plus souvent : « Il eut, » dit-il dans une des nombreuses pages qu'il lui consacre, « toute la gravité du grand Achille, qu'il outra jusqu'au cynisme. Du reste sans foi ni loi, sans âme et sans Dieu ; tout le mobile de sa conduite fut qu'il *papejait* pour être chancelier. » Ses contemporains en grande majorité l'apprécient tout autrement : nul du moins ne contestait son esprit, et l'on a composé avec ses bons mots un très curieux *Harlæana*, fort rare aujourd'hui.

Du 24ᵉ octobre 1696.

L'authorité de M. l'abbé des Roches me fait prendre la liberté, Madame, d'accompagner mes très humbles respects de quelques fruits de nos chasses. Je souhaite qu'ils soyent dignes de vous estre offerts et de tenir quelque place sur cette table délicate, où l'Europe entière envoye ses politiques décider de sa fortune et nous prédire par un almanach infaillible les malheurs de la guerre ou les félicités de la paix. Pour moy, Madame, qui me sens sur le point de voir finir celle dont je jouis en ce lieu depuis quelque temps, je me console dans l'espérance de vous aller renouveller la protestation de l'attachement que j'ay à vous honorer et de la passion respectueuse avec laquelle je suis le plus humble et le plus obéissant de la troupe innombrable de vos serviteurs.

De Harlay.

A Paris, ce 6º avril 1709.

Les festes de Pasques, Madame, suivies d'une saignée de précaution, et enfin celle de la Nôtre-Dame feront mes excuses auprès de vous, si je ne suis diligent à vous rendre les respects des bonnes festes et à vous souhaitter une santé parfaite. Vous seule, Madame, avez droit de vous plaindre du poids de vos années et de vous servir de telles expressions et sans en demeurer d'accord, il n'y a qu'à vous souhaitter la continuation de ce qu'il vous plaist qualifier de vieillesse. Le billet dont vous m'avez honoré et les traits qui y éclatent sont une bonne preuve du contraire; et en attendant mon premier respect, j'oseray vous assurer, Madame, que je demeure très fidèlement, votre très humble et très obéissant serviteur.

De Harlay[1].

A Paris, ce 13e avril 1709.

Je ne suis point un personnage, Madame, et je n'ay point l'honneur de vous appartenir, qui seroit un second titre pour faire excuser la liberté que je prends de vous présenter mon portrait. Il n'y aura donc, Madame, que la seule obéissance qui puisse m'excuser de l'audace avec laquelle je vous obéis à cet égard. Mais comme cette excuse qui pourroit me déffendre, ne sera pas écrite pour tous ceux qui le verront, j'auray un besoin plus grand que je ne vous le puis dire, de votre protection pour défendre ma soumission et la déférence que j'ay pour vos commandemens. Dans cette seule espérance, Madame, je vous envoye une copie fort ressemblante à l'original que j'ay esté obligé par un devoir fort ordinaire dans les familles de laisser à mon fils. J'en aurois fait faire un second original de bon cœur, mais la difficulté des temps m'a empesché de faire cette dépense, et je demeure, Madame, avec tous les respects, la reconnoissance et la fidélité possibles, vostre très humble et très obéissant serviteur,

De Harlay.

---

[1] M. de Harlay s'était retiré du parlement au mois d'avril 1707.

La mort de M. de Bailleul valut à sa sœur une lettre de condoléance très affectueuse du cardinal de Coislin, et celle-ci de M. Arnaud de Pomponne :

A Pomponne, ce 5ᵉ juin 1699.

A peine, Madame, eus-je le temps de changer de carosse en arrivant mercredy de Marly pour venir icy par le plus vilain temps du monde. Ainsy c'est icy seulement que j'ay appris la perte que vous avez faite de M. le comte de Bailleul. Il suffit, Madame, qu'il vous fust si proche pour m'y faire prendre une extrême part, c'est dont vous ne pouvez douter. Comme je ne feray que passer dimanche à Paris, je ne pourray avoir l'honneur de vous y revoir ny rendre mes très humbles devoirs dans cette triste occasion à M. le président de Bailleul. Voudriez-vous bien, Madame, le faire souvenir que personne ne l'honore plus que moy et ne prend tant de part à ce qui le touche. Ne seroit-ce point abuser de vos bontez de vous prier que Mᵐᵉ la marquise de Saint-Germain sçeut aussi combien j'ay de douleur de ne pouvoir estre en lieu de luy aller faire mes très humbles complimens. Il me paroist toutesfois, Madame, qu'une telle famille réunie en vous peut bien ne se point séparer ; une personne de la mienne qui est icy, c'est-à-dire Mᵐᵉ de V... et Mᵐᵉ de Pomponne me chargent de vous assurer combien elles sont sensibles à vostre perte et vous prient de recevoir pour elles tout ce que j'ay l'honneur de vous dire pour moy. Vous connoissez,

Madame, que personne ne vous honore au point que je fais et n'est à vous avec tant de respect et de vérité.

Du cardinal de Bouillon disgracié ce charmant billet :

A Paray, ce 20ᵉ juillet 1701.

Quelque résolution que j'ai prise, Madame, de n'avoir dans l'estat où je suis, tant qu'il durera, aucun commerce de lettres avec les personnes que j'estime et aime le plus, afin de ne pas les embarrasser, ni moy non plus, et quoique j'aye marqué à celuy qui me rendit la lettre que vous m'avez fait l'honneur de m'escrire, que je n'aurois pas celuy d'y faire réponse, je ne puis néanmoins estre plus longtemps sans succomber à la tentation de vous renouveller, tout vieux doyen que je suis du Sacré Collège, une passion que vous fistes naistre dans mon cœur aussi bien que dans mon esprit, par l'estime et la tendresse, il y a près de quarante ans : la date vous en déplaira aussy bien qu'à moy, et laquelle, je vous asseure, n'a de ma part soufferte aucune interruption ny altération, ayant toujours esté, Madame, comme je suis, plus absolument que personne, etc.

Du reste, Mᵐᵉ d'Huxelles était en correspondance avec tous les cardinaux français, et nous trouvons dans ses papiers des lettres des cardinaux de Noailles, de Coislin, de Forbin-Janson, etc.

La lettre suivante constate qu'elle entretint constamment des relations avec le Carmel :

Ce samedy 1ᵉʳ jour d'aoust 1705.

Vous me faites trop d'honneur, Madame, de vous interresser à tout ce qui nous arrive. J'ay esté très mortifiée de la place où l'on ma mise contre mon gré sachant que je n'estois pas digne de l'occuper en aucune manière, et surtout après avoir esté sy dignement remplie de vostre angélique et sainte cousine qui faisoit les délices du genre humain. Je prends la liberté, Madame, de vous envoyer sa lettre circulaire ; il auroit esté à désirer quelle fût tombée en de meilleures mains que les miennes, pour faire mieux valoir ses grands et admirables talens. Je ne me console point, Madame, d'avoir perdu ce trésor de grâces, mais il faut envisager son bonheur, et se soumettre aux ordres de Dieu. Je vous suplie très humblement d'estre bien persuadée, Madame, que vous trouverez toujours en moy une disposition à vous honorer et respecter. Mᵐᵉ de la Reynie répondra pour moy de cette vérité, et que personne n'est avec plus de respect que je le suis vostre très humble et très obéissante servante.

Sœur MARGUERITE-THÉRÈSE DE JÉSUS.

---

[1] Mˡˡᵉ du Merle de Blanc-Buisson, élue prieure des Carmélites du faubourg Saint-Jacques en 1705 : réélue en 1709, malgré ses efforts pour éviter cette charge. Elle succédait à la mère Marie du Saint-Sacrement, Mˡˡᵉ de la Thuillerie, la cousine de Mᵐᵉ d'Huxelles.

Les lettres que nous allons donner empruntent un grand intérêt et à leur auteur et au sujet qu'elles traitent. Mgr de Percin de Montgaillard avait occupé un rang considérable parmi les évêques dissidents. « Un saint et grand évêque mourut en ce temps-ci (1713), dit Saint-Simon, Montgaillard, évêque de Saint-Pons, que ses vertus épiscopales, son grand savoir, une constante résidence de plus de quarante années, une vie tout apostolique, une patience humble, courageuse, prudente, invincible avaient singulièrement illustré sous la persécution des jésuites, qui y engagèrent le roi pendant presque tout son épiscopat. » Mme d'Huxelles avait toujours goûté les doctrines en honneur à Port-Royal, et c'est de ce côté qu'elle se tourna dès le moment où elle revint à Dieu. Nous avons vu que toutes ses relations étaient dans cette voie et, en 1667 déjà, le père Rapin la nomme parmi les grandes dames qui faisaient « le plus de bruit à la cour et à la ville » en ce sens. L'évêque de Saint-Pons s'était signalé en 1677 avec l'évêque d'Arras, en voulant déférer au nouveau pape, Innocent XI, quelques propositions scandaleuses à leurs yeux des casuistes relâchés. Ces deux prélats s'adressèrent pour la rédaction à Nicole, qui refusa d'abord, puis s'exécuta après une démarche de la duchesse de Longueville : Arnauld y participa également. Le roi le sut, et il chargea Pomponne de témoigner son vif mécontentement aux deux docteurs. Nicole se hâta de quitter Paris et alla se faire oublier à Beauvais, où il avait un petit bénéfice. Arnauld, plus effrayé, passa à l'étranger. Mgr de Montgaillard ne se laissa pas influencer et demeura tranquillement dans son diocèse [1].

---

[1] Nous avons trouvé dans les papiers de Mme d'Huxelles les deux pièce suivantes concernant ce prélat :

Sonnet en bouts rimez sur M. l'Évêque de Saint-Pons, par M. Ranchin, maistre de comptes à Montpellier.

Ta vie est dans l'Église un exemple   *omnibus;*
Toujours faisant du bien mesme à qui te   *fasche,*

A Saint-Pons, ce 23 octobre 1707.

J'ay fait, Madame, beaucoup d'attention aux trois lignes de nouvelles qui regardent les saintes filles de Port-Royal. Je voudrois bien pouvoir vous dire ce que je pense laconiquement, mais outre que mon style est trop rampant, la matière s'y oppose.

Je comprens que certaines personnes disent à ces

Ta severe morale en rien ne se *relasche.*
On peut te comparer antiquis *Patribus.*

On ne voit rien en toy de rampant ny de *lasche,*
Rien dans tous tes discours qui sente le *phébus;*
Ce qui me plaît surtout, c'est qu'avec ton *quibus*
Tu fais faire du pain que plus d'un pauvre *masche.*

Gagner le paradis, c'est là ton seul *item;*
Jamais l'archevesché ne fut ton *tu autem:*
Ce n'est que là pourtant que maint evesque asp *ire!*

Ta bouche hormis à Dieu n'a jamais dit *amo;*
Tes écrits sont sçavans et font plaisir à *lire;*
Aussi n'escris-tu point venali *calamo.*

Autre sonnet en bouts rimez, par le mesme.

Nul ne prend aujourd'huy l'Évangile pour *guide;*
Le vice, les erreurs règnent de toutes *parts.*
Contre les mœurs du siècle il n'est point de *remparts:*
L'amour seul du plaisir est le point qui *décide.*

Qu'est devenu, grand Dieu, ce zèle si *rapide*
Qui faisait les martirs dans le temps des *Césars,*
Qui faisoit pour le ciel braver tant de *hazards*
Et regarder la mort d'un courage *intrépide?*

On quittoit biens, honneurs, charges, plaisirs, *emplois*
Pour suivre de Jésus les amoureuses *loix.*
Mais aujourd'huy qu'on est à l'abry des *tempestes,*

Que la croix est plantée en cent climats *divers,*
Il n'est que le démon qui fasse des *conquestes,*
Et les iniquités inondent l' *univers.*

saintes filles, cet evesque qui reste le seul des 23 se soumet à la croyance intérieure du fait de Jansénius, pourquoy donc fait-on difficulté de s'en expliquer nettement, si on le demande? et que de l'autre costé les antagonistes se préparent à répondre à mes explications comme opposées à l'autorité du Pape, et à la conduite de tous les evesques de France, etc. Cependant il me semble que je n'ay eu en veue dans mon mandement que la vérité, et que loin d'avoir voulu ny cru mesme pouvoir faire de la peine à ces religieuses, j'ay souvent pensé que ce que j'exposois pouvoit soulager leurs scrupules, en ce que j'y fais voir qu'on suppose des faits contraires à ce qui s'est passé dans le temps de la paix. L'estime que j'ay conservé pour cette sainte maison m'auroit peut estre obligé de leur faire sçavoir mon sentiment, si le sage n'avoit défendu de donner conseil à qui n'en demande point.

Le fait de Jansénius donna lieu à deux difficultez; la première intéressoit la religion, l'Église, les evesques, et mesme l'Estat. Il s'agissoit d'empescher qu'on n'establist l'opinion de l'inséparabilité du fait et du droit, et celle de l'infaillibilité de l'Église sur les faits non revelez. Il importoit au Roy et à l'Estat qu'on n'establit pas qu'on devoit une obéissance aveugle à la cour de Rome sur les faits non revelez. La seconde difficulté qui ne regardoit que les docteurs consistoit à savoir s'il falloit avoir de la soumission pour les décisions de l'Église sur les faits non revelez et qu'elle estoit cette soumission. Monseigneur l'evesque de Comminges et depuis de Tournay mort vostre amy et de Mme la mareschale, les évesques d'Alet et de Pamiers, et les autres vingt evesques à ne point aprofondir ces questions, et à se contenter d'exclure l'inséparabilité du fait et du droit et l'infaillibilité de l'Église sur les faits non revelez, vouloient néantmoins qu'on donnat des marques de soumission sur le fait de Jansénius dont il s'agissoit. Tout le monde convint à la fin que le silence respectueux estoit suffisant, et on laissa à la dispute des docteurs s'il faloit une foy humaine ou ecclésiastique, c'est-à-dire une croyance intérieure ou une soumission de l'entendement et de la volonté, et quelle estoit la nature de tous ces actes et comment ils se pouvoient faire.

Il est certain, Madame, que les vingt trois évesques ne prétendirent point faire une règle générale pour les faits ny en particulier pour celuy de Jansénius ; ils ne décidèrent ny ne jugèrent, ny ne se déclarèrent point, contre la croyance intérieure. Il y en eut mesme plusieurs qui ne portèrent pas si loin leurs veues, regardant ces disputes comme de véritables questions de docteurs et de philosophes où l'Église n'avoit aucun intérest, luy important fort peu de déterminer si Jansenius avoit bien ou mal rencontré le sens de saint Augustin pourveu que l'on convint du sens erroné des cinq propositions. Cependant il n'est pas impossible que quelqu'un ne s'expliquast en particulier d'une manière qui pust sembler opposée à la croyance intérieure. L'Église n'ayant rien dit de précis alors sur ce point, il ne faut aussi guères approfondir. La manière dont je l'explique aujourd'huy ouvre à ceux qui aiment la vérité, l'honneur de l'Église et la paix, une voye religieuse pour finir cette contestation. Je ne parle pas de ceux qui croyent de bonne foy voir évidemment le contraire de la décision. Mais qui est ce qui le peut voir ainsi? le livre de Jansénius estant si long et la matière dont il traite si sublime par elle mesme, si difficile à entendre et si embrouillée par les contestations arrivées depuis la mort de son auteur.

Je suis persuadé que dans le temps que les religieuses du Port-Royal ne voulurent pas signer la formulaire que dans le sens du mandement des quatre évêques, c'estoit par un principe de piété, craignant d'autoriser un sentiment nuisible à la religion, tel qu'étoit celuy de l'inséparabilité du fait et du droit. Si celui qui est exprimé dans mon mandement n'a nul venin et marque au contraire une soumission raisonnable pour l'Église, quel avantage en peut-on prendre contre ces religieuses? Pardonnez, Madame, la longueur de la conversation.

A Saint-Pons, ce 29 octobre 1708.

Je ne refuse point, Madame, de chercher dans plus d'une charretée de papiers si j'y trouve le brouillon de la lettre dont vous me faites l'honneur de me parler. Je ne réponds point de le rencontrer, mais bien de le chercher. Il me faut mesme un peu de temps pour cela. S'il me tombe en main et que je le relise, il pourra suivre le sort, où je suis accoustumé, de la plupart de pareilles écritures, d'estre jetté dans le feu. Il y a environ un an que M. le comte de Fénelon[1] m'envoya un écrit qu'il ne m'a esté possible de trouver. Il faut que je l'aye jetté dans le feu avec plusieurs autres des miens. Je comprens qu'il en est en colère et qu'il n'entend point raison là dessus. J'en suis affligé parce qu'effectivement outre que cela luy déplaist, il pouvoit estre utile. Vous me parlez, Madame, de ma première lettre à M. l'archevesque de Cambray; je l'escrivis bien à la haste. Vous ne me parlez point de ma seconde faite avec plus de loisir. Elle déplut d'abord à quelques uns de nos anciens amis à ce que l'on m'apprit. Il y en a qui ont entendu raison sur la différence que j'y fais des disputes des docteurs avec la doctrine des 23 évesques. La cour de Rome en a déjà témoigné son mécontentement. Si vous vous donnez la peine, Madame, de jetter les yeux sur les réflexions du père Quesnel du chapitre XIII de l'Épistre de saint Paul aux Romains, vous y verrez le sujet de l'aigreur de la cour de Rome contre cet ouvrage, dont aparament M. l'archevesque de Paris peut s'estre servy auprès du Roy, pour se justifier et pour rentrer dans sa confiance sur ces matières; qui est en effet plus propre, plus désintéressé que cet archevesque pour luy ouvrir les yeux sur une matière qui surpasse l'intelligence des courtisans uniquement appliquez à plaire? Le génie du Roy est d'une si grande étendue pour toutes choses

---

[1] Pons de Salignac, comte de Fénelon, exempt de gardes du corps, cassé en 1697 à cause de son frère, l'archevêque de Cambrai.

qu'il n'est pas possible qu'il n'entendit raison sur cette affaire si quelqu'un pouvoit obtenir quelque moment de son application pour luy faire entendre que ce Jansénisme consiste en deux chefs, l'un impénétrable aux Docteurs aussi bien qu'à saint Paul qui est l'opération de la grâce, et sur lequel tous sont uniformément d'accord, que les uns et les autres se traitent de calomniateurs, quand on leur impose de ne tenir pas la doctrine orthodoxe, et c'est ce que l'on appelle la question de droit. L'autre qui est la question de fait ne mérite point la moindre attention des puissances, ne s'agissant que de sçavoir si Jansénius a bien ou mal expliqué saint Augustin, dispute qui devoit estre laissée aux bacheliers, et dont on se seroit lassé comme n'estant de nulle importance et de nulle conséquence ni pour l'Église ni pour les particuliers. Cependant on a eu l'habileté d'entretenir cette division durant soixante ans, et de persuader ceux qui ne connoissoient pas ces matières que la Religion, l'Église et l'Estat ont de gros interests dans cette affaire. La dénonciation du mandement de M. de Noyon, est venue jusqu'à moy. Je n'en ose et n'en dois rien dire. Je ne m'étonne plus de sa conduite contre mon mandement. J'obéiray à vos ordres sur la curiosité de vostre amy, sur mes défenses contre les Recollets en casque. M. le marquis d'Ambres [1] envoye quelqu'un

---

[1] Lieutenant général en Guyenne, mort en 1721 à quatre-vingt-deux ans. Il avait quitté le service pour ne pas écrire *monseigneur* à Louvois. Il se retira à Paris : « Il se tint chez lui, dit Saint-Simon, quelques jours de la semaine une petite assemblée de vieux ennuyeux comme lui, où se débitoient les nouvelles et les critiques d'esprits chagrins. »

en ce pays pour ouvrir ses greniers. Cependant je vous rends, Madame, mille très humbles graces d'avoir trouvé un amy assez complaisant pour vous témoigner faire quelque cas de mes amusemens sur ma chétive littérature. Je dois, il y a longtemps, une responce à Mme la présidente de Puget; je ne sçay comment luy écrire restant à Paris dans un logement aussi dérangé.

A St-Chinian [1], ce 14e novembre 1709.

Vos lettres, Madame, me soustiennent, et me donnent tousjours de la joye, quand ce ne seroit que d'y voir que vous vous portez bien sans vous lasser de mon inutilité. Mais vostre dernière m'afflige. L'on est venu a bout de détruire une maison qui avoit esté dans le siècle précédent le modèle des religieuses les plus saintes et où plusieurs personnes distinguées par leur naissance et par leur mérite avoient fait revivre l'ardeur de la pénitence des premiers siècles. C'estoit autant de reproches contre les vies et les doctrines relaschées. Le monde est à présent ce qu'il a esté tousjours, il ne peut supporter qu'on le censure de vive voix et encore moins dans le silence par une vie opposée. A qui est-ce que ces pauvres créatures faisoient assez de mal pour ne pas les laisser mourir ensemble? Leurs noms inconnus faisoient-ils craindre qu'elles exciteroient quelque révolte dans la religion et dans l'Estat? Elles ont eu pour défenseurs la vérité, en

---

[1] Abbaye près Saint-Pons.

atestant ou acceptant une chose qu'elles ne sçavoient ou ne pouvoient sçavoir. Je suis persuadé que M. le cardinal de Noailles a esté violenté pour pousser cette affaire au point où on l'a mise. La douceur de son tempérament, la modération de sa doctrine autorisent l'idée que j'en ay. Comme il a à satisfaire à un prince prévenu qui peut faire tout le bien qu'il veut à l'Église, la prudence et la sagesse mesme chrestienne inspirent des condescendances dont le public ne s'accomode pas. Il faut adorer l'ordre de la Providence, qui par des fins à nous inconnues permet des choses au dessus de nos lumières. L'on croioit que la mort de M. de Chartres [1] diminueroit la vivacité contre ce fantosme de jansénisme ; j'en reviens tousjours là, Madame, tant qu'on sera persuadé qu'il y a une cabale, un party formé dangereux pour la Religion et pour l'Estat, on trouvera tousjours des personnes qui feront leur cour en exagerant les conséquences et les dangers pressants.

Si la disgrâce de M. de Surville [2] le désabuse des grandeurs de ce monde et confirme dans ces senti-

---

[1] Godet des Marets, mort le 25 septembre 1709, directeur de Mme de Maintenon, qu'il éclaira à temps contre les doctrines de Mme Guyon : prélat dévoué, pieux et d'une conduite exemplaire.

[2] M. de Surville, colonel du régiment du Roi, infanterie, avait été disgracié une première fois et mis à la Bastille pour avoir maltraité un de ses officiers. Il alla ensuite servir à Lille sous le maréchal de Boufflers et s'y conduisit très vaillamment. Après cela il fut chargé de la défense de Tournai, qu'il rendit le 2 septembre 1709 sans l'avoir suffisamment défendu : le roi le reçut cependant bien, « autre surprise, » dit Saint-Simon. Mais Surville se compromit en attaquant le maréchal de Villars, auquel il reprochait de ne pas l'avoir secouru : Surville fut définitivement disgracié : il se retira chez lui en Picardie et y mourut, sans en être sorti, en 1721.

mens les personnes qui le touchent de plus près, ce sera un bon effet d'une cause assez triste, je me confie en la fermeté de Mᵐᵉ la mareschale d'Humières [1] qui supplera à tout cela.

Je suis venu icy, Madame, pour y accompagner monseigneur l'evesque de Montpellier, qui a passé par St-Pons en revenant de voir Mᵐᵉ la duchesse de Saint-Pierre sa sœur et M. son beau-frère. La vie de la reine d'Espagne dans Bayonne est uniforme ; qui la voit un jour la voit tous les jours de sa vie. Son esprit ne paroist pas remuant ; elle a craint l'air de Thoulouse.

Mᵐᵉ d'Huxelles n'affichait cependant aucune opinion, et elle cherchait avant tout à être bien avec le plus grand nombre de personnes possible. Nous venons de voir qu'elle avait de sérieuses relations dans le parti janséniste : on peut même affirmer que c'est là qu'elle comptait le plus d'amis et nous savons par le père Rapin qu'elle s'y était signalée. Plus tard nous la voyons cependant parfaitement bien avec Mᵐᵉ de Maintenon, à laquelle elle demandait des grâces qu'elle obtenait, comme le prouve cette lettre de M. de Beringhem avec certaines réserves qui nous échappent :

A Versailles, le jeudy 18.

Je me suis acquitté, Madame, de la commission qu'il a paru que vous me donniez de faire vos re-

---

[1] Fille du comte de la Châtre, auteur de mémoires estimés : dame du palais de la reine, morte à quatre-vingt-huit ans en 1723, au couvent des Carmélites de la rue Saint-Jacques : Saint-Simon ne fournit à son sujet qu'une indication : il la blâme pour avoir été la première duchesse qui ait quitté la housse de son carrosse.

merciemens au Roy, et vos excuses de ce que vous ne les fassiez pas vous-même. Il m'a paru qu'il avoit receu le tout très bien, me disant qu'il me chargeoit de vous remercier et de vous dire qu'il étoit bien ayse d'avoir fait quelque chose qui vous ayt fait plaisir. Il me demanda de vos nouvelles et je luy respondis qu'à la veue près, vous aviez encore un visage et un esprit très aimable et très agréable. Elle l'a toujours eu bon, dit-il. Je luy avois dit en achevant mon compliment que vous aviez cru qu'il étoit plus sage et plus respectueux de n'apporter pas en ce pays-ci un visage peu connu. Enfin, Madame, tout s'est bien passé. J'auray l'honneur de vous voir dans la fin de la semaine prochaine et de vous dire moy-mesme que je vous ayme et vous honore avec un attachement très sincère et très respectueux.

BERINGHEM.

Si vous escrivez à Mme de Maintenon, il me semble que ce ne doit estre qu'en la suppliant de vouloir bien faire agréer vostre très-humble reconnoissance, que vous n'avez pas cru devoir venir témoigner vous-mesme à cause de mille bonnes raisons.

Mais Mme de Maintenon écrivait elle-même à Mme d'Huxelles, et en termes qui témoignent des meilleurs rapports :

A Fontainebleau, ce 13e septembre.

Il me semble, Madame, que vous avez fort bien fait de m'escrire puisque le Roy a veu avec beaucoup de plaisir ce que vous m'avez mandé pour luy et qu'il m'a ordonné de vous en remercier. Si, après un tel compliment, j'osois vous parler de moy, je vous dirois que j'ay esté ravie de cette marque de vostre souvenir, que j'ay conservé pour vous toute l'estime que vous méritez, et l'inclination que vous avez attiré de ceux qui ont le goût bon, et que je serois trop heureuse et très glorieuse si en vous déclarant pour le mérite j'avois quelque part à l'honneur de vos bonnes grâces.

Maintenon.

Les lettres suivantes sont encore plus affectueuses :

De Dijon, ce 13e may.

J'ay fait des merveilles avecque tous ceux que vous m'avez recommandés ; je pense que le duc se sera loué de moy et il m'a promis de vous rendre compte de la considération que j'ay pour vos ordres. J'ay fait aussy tout de mon mieux avecque le bonhomme du Rocher come avecque les quatre autres. Je suis seulement faschée que vous vous contentiez d'une demy-douzaine. Je sens que je pourrai vous plaire quand vous me seriez plus difficile à contenter. Cependant je ne demande pas que vous m'en croyiez sur parole, mais esprouvez-moy et ne craignez pas d'estre la curieuse impertinente. J'ayme mieux que vous l'alliez voir que de le croire. Enfin marquez-le : vous n'avez qu'à ordonner et vous verrez que pour vous j'avalerai la mer et ses poissons.

Mandez-moy de vos nouvelles, je vous prie, de temps en temps, ou je vous tourneray le dos.

Quand vous me demanderez votre quittance, assurement je ne vous la rendrai pas : je n'ay garde de me défaire d'une chose qui m'est si chère. Il faut quelquefois pardonner au libertinage quand on est dévote et que l'on n'y veut plus entrer. Je prétends pourtant m'en corriger et vous faire ma cour plus assiduement à l'avenir.

Le billet suivant de la duchesse de Saint-Aignan prouve que l'influence de Mme d'Huxelles était souvent invoquée avec succès par les personnages les plus considérables.

Vostre soin, Madame, est le plus obligeant du monde et je vous en rends de M. le duc de Saint-Aignan autres mille très humbles grâces ; comme il est beaucoup mieux, Dieu merci, nous espérons avoir l'honneur de vous voir samedy ou dimanche. Et cependant je vous assure de la reconnaissance de l'un et de l'autre, et que je suis, Madame, etc.

Quand, après les plus brillants services militaires, le marquis d'Huxelles obtint le bâton de maréchal, sa mère fut très heureuse de recevoir de nombreuses lettres de félicitation. Le cardinal de Noailles lui adressa ses compliments en ajoutant : « Je voudrois bien avoir dans mon troupeau plusieurs personnes aussi saines d'esprit et de cœur que vous l'estes. » (5 février 1703.) Dès le 21 janvier, le cardinal de Bouillon lui écrivait :

Le mérite attaché au nom d'Uxelles l'a enfin emporté, Madame, sur la mauvaise fortune qui avoit fait mourir le grand-père et le père, dans le moment où ils alloient recevoir la haute récompense du bâton de maréchal de France qu'ils avoient si dignement mérité par tant d'importantes actions. Indépendemment, Madame, de la part que je prens aux intérêts personnels de monsieur vostre fils dont le service vient d'estre récompensé par cette dignité, je crois pouvoir ajouter que parmi tous vos serviteurs, il n'en est pas qui ressente plus vivement que moi, etc.[1].

Le cardinal de Forbin-Janson envoie ses compliments le 6 février. Du reste, la marquise ne négligeait pas non plus de féliciter ses illustres amis quand l'occasion s'en présentait ; elle soignait tout particulièrement les cardinaux dont nous avons, comme nous l'avons dit, trouvé d'assez nombreuses lettres.

C'est ainsi que nous reproduirons des billets de remercîment du cardinal d'Estrées :

Je vous suis énormément obligé, Madame, des bontés dont vous m'honorez. La beauté et la réputation de vostre plume ne me permettent pas que j'ose y comparer la mienne, c'est pourquoi je prends le party de vous en témoigner toute ma reconnoissance et mon très-humble respect.

Paris, 11 avril 1704.

Vostre bonté ne laisse échapper aucune occasion de se faire connaître à ceux qu'elle honore de ses amitiés.

---

[1] Dans une lettre du 18 juillet 1705, le cardinal annonce l'envoi de l'histoire de sa maison, composée par Baluze : « ouvrage entrepris dans un temps dans lequel, pour me servir de vostre expression, les vents soufflent aussi peu favorablement pour moy et ma maison qu'ils souffloient depuis neuf ans. »

Je suis très sensible aux marques qu'elle m'en donne dans l'occasion de la grâce signalée que le roy m'a fait, d'une manière sy touchante, et je vous prie, etc.

Et du maréchal de Montrevel :

22 janvier 1702.

Il n'est pas nouveau que des gens de mon nom vous respectent : c'est un tribut qui vous est dû par tous ceux qui le portent ; mais je jouis du plaisir d'oser vous assurer que personne du monde ne remplit plus exactement ce devoir que moy ni ne s'intéresse plus vivement que je ne le fais à vostre satisfaction.

Et du duc d'Harcourt :

Je me flattois, Madame, d'aller tous les jours à Paris et de me servir de cette occasion pour avoir l'honneur de vous remercier de la part que vous voulez bien prendre aux grâces qui m'arrivent à tous moments. Cette dernière vous procurera une meilleure place aux spectacles : pour dans mon cœur vous sçavez comme vostre mérite et vos bontés pour moy vous y ont placée de longue main et comme je ne prévois pas qu'il est personne qui vous puisse disputer cette place.

Et du duc de Boufflers, qui lui écrit de Lille, le 14 février 1692 :

A Lille, ce 14ᵉ février 1692.

Les marques que vous avez la bonté, Madame, de me donner de l'honneur de vostre souvenir et de vostre estime à l'occasion de la grâce distinguée que je viens de recevoir de la bonté infinie du roy, me sont si précieuses et si honorables que je ne puis vous exprimer à quel point j'en suis pénétré, ny assez vous dire tout ce que je voudrois faire pour m'en rendre digne. J'ay toute ma vie désiré très ardemment d'estre honnête homme et d'en remplir tous les devoirs, mais les louanges que vous me donnez et dont je me trouve si esloigné, me redonnent encore sur cela un tel degré de vivacité pour tascher de les mériter que si je puis jamais parvenir à valoir quelque chose, je vous en auray en partie l'obligation, connoissant, comme je le fais, le prix de l'honneur de vostre approbation, et ayant autant de désir que j'en ay de m'en rendre digne. Je vous supplie très humblement, Madame, en attendant, de me regarder avec un peu d'indulgence et de vouloir bien m'accorder quelque part dans l'honneur de vostre amitié et de vostre estime en faveur de mes bonnes intentions. Je vous asseure que vous ne pouvez avoir des bontés pour personne qui les ressente plus vivement que moy, ni qui soit avec une plus parfaite reconnaissance ni avec plus de respect, etc.

BOUFFLERS.

Et du duc de Villero :

Le 11º may 1710.

Je suis sensible comme je le dois, Madame, à toutes les bontés dont vous voullés bien m'honorer. Je vous supplie d'estre bien persuadée que si le peu de moments que j'ay à moy, et les difficultés de me faire porter, m'avoient permis d'aller vous faire mes très humbles remerciements, j'aurois esté vous asseurer de ma parfaite reconnaissance, et de l'attachement respectueux avec lequel j'ay l'honneur d'estre, Madame, vostre très-humble et très-obéissant serviteur.

Jusqu'à son dernier moment on peut dire que la marquise d'Huxelles resta fidèle au rôle qu'elle s'était tracé et qu'elle mourut la plume à la main. Elle s'éteignit à plus de quatre-vingt-cinq ans, à Paris, le 29 avril 1712. Voici le dernier billet que Pique, son secrétaire, adressa au marquis de la Garde :

Vendredi, 29 avril 1712.

Il n'est plus question que de l'éternité pour Mme la marquise d'Huxelles. Elle n'a besoin que des prières de ses amies, ne pouvant quasi plus faire aucune fonction, ni prendre que de la boisson ou quelques cuillerées de gelée. La fièvre allant toujours en augmentant, on compte qu'elle ne pourra aller loin. Ainsi, si lundi on n'a pas l'honneur de donner de ses nouvelles à monsieur le marquis de la Garde, ce sera un mauvais signe [1].

Mme d'Huxelles mourut le soir même. Nous n'avons aucun détail sur sa fin ; mais, d'après le billet que nous

---

[1] Mais fidèle à son rôle, bien que Mme d'Huxelles fût à l'agonie, Pique ajoute en *post-scriptum* : « Les bruits de Paris (à propos de la paix) n'ont jamais esté meilleurs, sans qu'on ne sache rien de particulier. »

venons de citer, il est probable qu'elle s'éteignit doucement et soudainement, car il semble que, sans avoir aucun espoir, on ne pensait pas à une fin aussi immédiatement prochaine. Saint-Simon, dans les additions publiées par les éditeurs du *Journal de Dangeau*, ajoute quelques traits au croquis précédemment tracé par lui : « Cette marquise d'Huxelles étoit fille, sœur et tante de MM. le Bailleul, tous présidents à mortier, et grand'tante du dernier qui vendit sa charge. Elle avoit de la beauté, et avoit été galante; c'étoit une femme de beaucoup d'esprit, fort du grand monde et qui jusqu'à sa mort avoit conservé l'un et l'autre. C'étoit chez elle un concours de gens d'esprit, de lettres, et un reste de vieillards du monde et de l'ancienne cour, qui formoient un tribunal où l'on jugeoit de tout. Elle avoit conservé de la considération et cette hauteur libre et décisive que donnent la beauté et l'esprit quand ils se trouvent joints. » Nous ajouterons que tout indique que Mme d'Huxelles persévéra sincèrement dans son retour à Dieu, manifesté à l'occasion de la mort de son fils. Mlle d'Épernon, à propos de la mort de sa belle-mère, Marie de Camboust, duchesse d'Épernon, — arrivée le 22 février 1691, — écrivait à la marquise : « Vous prenez bien aussi le chemin d'arriver à cette céleste patrie et j'ose vous encourager encore à ne rien négliger pour ce grand dessein. » Dans une de ses lettres, Callières lui dit, le 8 novembre 1696, qu'il remarque dans son dernier billet, « des sentiments d'une humilité exquise, motivés sans doute parce que vous me disiez que vous alliez à confesse en me quittant ».

Mme d'Huxelles eut, en résumé, une vie heureuse : mariée trop peu de temps à son premier époux pour le pouvoir regretter, elle n'aima pas assez le second pour voir autre chose dans sa mort glorieuse qu'un danger pour sa vie mondaine, et elle y trouva au contraire un lustre nouveau. Elle regretta sincèrement son fils aîné, dont la perte servit au moins à la ramener aux idées religieuses et à mettre fin à une vie galante qui menaçait de se prolonger trop longtemps. Son second fils lui était antipathique, et Mme de Sévigné nous le prouve quand, dans sa lettre du 21 octobre 1688, elle dit, à propos de la blessure reçue par M. d'Huxelles au siège de Mayence : « La marquise d'Huxelles est assez insensible à la joie d'une légère blessure que son fils a reçue. Ils ne sont ni parents ni amis. » Mais plus tard il lui procura la plus grande satisfaction qu'elle pût désirer en parvenant à la dignité de maréchal de France, qui fit rejaillir sur sa mère un brillant éclat. Mme d'Huxelles sut se créer un salon qui jouissait d'une incontestable autorité : elle comptait pour amis et pour correspondants tout ce que la cour et la ville avaient de plus considérable. Ses nouvelles étaient recherchées et lui créaient une situation réellement exceptionnelle. Jusqu'à son dernier jour on compta avec elle, parce qu'on redoutait évidemment sa plume et ses jugements. Ajoutons aussi que, dans cette longue vie prolongée au delà des bornes ordinaires, elle ne fut qu'une seule fois malade. « Vous ai-je mandé, » écrit Mme de Sévigné le 30 septembre 1676, « que la bonne Mme d'Huxelles a la petite vérole? On espère qu'elle s'en tirera : c'est un beau miracle à son âge. »

CHAPITRE VI.

Mme de Bernières. — La famille Maignard de Bernières. — La famille Faulcon de Ris. — Lettre du duc de Saint-Simon. — Mme de Bernières élevée avec Mme de Louvois. — Sa correspondance avec Coulanges et Mme d'Huxelles. — La marquise de Rochefort. — La comtesse de Hamilton. — Situation de Mme de Bernières à Rouen. — Le château de Quevillon. — Mort de Mme de Bernières.

Nous avons dit que nous devions la découverte des lettres de Mme d'Huxelles à Mme de Bernières, car c'est en recherchant dans les papiers laissés par celle-ci que nous avons été amené à désirer connaître la vie de la marquise. Il est donc juste de donner place ici à cette femme évidemment distinguée qui, du fond de sa province, entretenait des relations suivies avec les plus grandes dames de la cour, occupait évidemment un rang considérable à Rouen et était fêtée à Paris, où de nombreux amis ne se lassaient de l'appeler. A une époque, comme nous l'avons dit, où les journaux n'existaient pas, on en était réduit aux correspondants à gages ou de bonne volonté pour être tenu au courant de la chronique du grand monde. Mme de Bernières était exceptionnellement favorisée à ce point de vue, car elle recevait régulièrement chaque semaine des lettres de ses trois amis les plus intimes, les marquises d'Huxelles et de Louvois, et le marquis de Coulanges. Il ne nous en est resté malheureusement qu'un nombre restreint, et nous les avons trouvées dans les archives du château de Quevillon, qui appartenait autrefois à M. de Bernières et est actuellement à Mme la princesse de Montholon-Sémonville, à l'affectueuse bienveillance de laquelle nous en devons communication.

Étienne Maignard de Bernières était fils de Charles Maignard, seigneur de Bernières (1612-1662), conseiller au parlement de Rouen, puis conseiller d'État et intendant de Flandre, et de Anne Amelot. Son frère aîné, le marquis de Beautot, procureur général au parlement de Rouen en 1692, n'eut qu'un fils, président au même parlement, et qui ne laissa pas d'enfants, et deux filles, la marquise de Flavacourt et Mme de Moncel de Lourailles [1]; sa sœur épousa Charles de Faulcon de Ris, marquis de Charleval, premier président du parlement de Rouen [2].

Ce fut à l'occasion de la nomination du fils du procureur général comme président au parlement de Rouen, à l'âge de vingt-six ans, que son père reçut du duc de

---

[1] M. du Moncel, seigneur de Lourailles, était président au parlement de Rouen. Il hérita de la terre de la Rivière-Bourdet ou Quevillon : son arrière-petit-fils, M. du Moncel, marquis de Torcy, épousa Mlle de Choiseul-Gouffier, fille de l'ambassadeur et sœur de la dernière duchesse de Saulx-Tavannes ; Mme de Torcy se remaria au duc de Fitz-James et mourut, sans enfants, à Quevillon, le 5 mai 1862 ; elle légua la terre à sa nièce, la princesse de Montholon-Sémonville. Voltaire a daté plusieurs lettres du château de la Rivière-Bourdot.

[2] C'est au sujet de Françoise Puchot, fille de M. de la Vaupallière, maître des comptes, et femme du président Maignard de Bernières, aïeul d'Étienne, que Tallemant raconte l'anecdote suivante : « Le maistre d'hôtel d'une présidente de Rouen, appelée Mme de Bernières, voyant qu'elle faisoit servir trop longtemps un poulet d'Inde froid, luy dit : « Si vous ne le mangez pas, Madame, les vers le mangeront. » Elle le demanda au repas suivant. « Je l'ay laissé, dit-il, au bas de l'escalier : il est venu icy tant de fois qu'il en doit savoir le chemin. Il y viendra bien tout seul, s'il luy plaist. »

La famille Maignard remontait à Richard, gouverneur de Vernon en 1442 pour le roi Charles VII : son fils, seigneur de Bernières, entra au parlement de Rouen où siégèrent constamment ses descendants. Un frère de l'intendant de Flandre forma la branche de la Vaupallière dont les chefs siégèrent à la même cour souveraine, jusqu'à Pierre, marquis de la Vaupallière, brigadier des armées et lieutenant des mousquetaires, qui, en 1767, épousa Diane de Clermont-d'Amboise, veuve du comte de Gacé.

Saint-Simon le billet suivant, conservé dans les mêmes archives :

En passant hier par Versailles pour venir passer cette semaine en ce lieu, je crus, Monsieur, qu'il estoit à propos de parler à M. le chancelier de ce que vous désirez et il me promit d'en parler ce matin au Roy. Dans ce moment M. le chancelier me mande que S. M. accorde à monsieur votre fils l'agrément de la charge de président à mortier, et j'en ay une joye d'autant plus sensible que, n'ayant que vingt-cinq ans d'aage et trois de services, et peu de présidents aagés dans le parlement, cette affaire avoit quelque difficulté.

Vous me faites justice, Monsieur, de compter sur moy comme sur un homme très désireux de vous estre bon à quelque chose, qui vous honore infiniment et madame la procureuse générale, et qui ne perd point le souvenir de tout ce qu'il vous doit à l'un et à l'autre. Je vous en rends donc mil grâces et je vous supplie tous les deux d'estre bien persuadés, Monsieur, que je vous suis parfaitement dévoué.

De Dampierre, ce 12e juillet 1707.

Mme de Saint-Simon, qui est bien, me charge de vous témoigner sa joye et de vous faire à tous deux et à madame votre belle-fille mil très humbles complimens, j'y joins les miens à cette nouvelle présidente[1].

---

[1] M. de Bernières fut reçu au parlement le 27 juillet : sa femme fut cette

Cette lettre suffit, croyons-nous, pour donner l'idée de l'importance sociale de Mme de Bernières, car le duc de Saint-Simon était passablement avare de protestations aussi chaleureuses. Elle était liée d'ailleurs avec les femmes les plus considérables de Paris. Outre Mmes d'Huxelles et de Louvois, ses amies particulières, nous avons retrouvé des lettres qui témoignent de l'amitié et même de la déférence que portaient à Mme de Bernières la comtesse de Flamarens, la maréchale de la Mothe-Houdancourt, la comtesse de Praslin, la duchesse de la Roche-Guyon, l'abbesse de Maubuisson (Louise-Marie de Bavière), la duchesse de Brancas, la marquise d'Harcourt-Beuvron (fille de Fabert), la comtesse de Créquy [1], les duchesses d'Aumont et de Villars, etc.; ces trois dernières étaient ses parentes, la première par elle-même, les deux autres par son mari.

Mme de Bernières était fille de Jean-Louis de Faulcon de Ris, premier président du parlement de Rouen, et de Bonne Royer, fille elle-même d'un conseiller d'État, secrétaire des finances : elle se maria le 28 avril 1666, et, deux ans après, son frère, le marquis de Charleval, épousait la sœur de M. de Bernières [2]. Elle fut élevée à Rouen

présidente de Bernières si gracieusement célébrée par Voltaire, qui vint plusieurs fois chez elle à Quevillon, Madeleine du Moutier, morte en 1757, à soixante-neuf ans.

[1] Sœur du père de M. de Bernières : veuve depuis 1702 du comte de Crégny-Bernieulles.

[2] La famille de Faulcon, originaire de France, s'établit à Florence à la suite de Charles d'Anjou, frère de saint Louis : un de ses membres repassa les Alpes avec Charles VIII et se fixa à Montpellier. La conduite de Claude de Faulcon, président au parlement de Paris pendant la Ligue, fixa l'attention du roi, qui donna à son fils la première présidence de Rouen. Du mariage du marquis de Charleval avec Mlle de Bernières naquirent quatre fils : l'un, maître d'hôtel de Monsieur, l'autre, capitaine aux gardes françaises, qui ne laissèrent chacun qu'une fille, Mme de Gasville et la marquise de Rochechouart; un autre, chevalier de Malte; le dernier, chanoine de Saint-Victor à Paris, et une fille unie au marquis de Seuil.

probablement dans l'abbaye de Saint-Amand où se trouvait Mlle de Souvré, et elle se lia intimement avec elle. Nous n'avons malheureusement rien découvert de particulier sur sa vie, et nous en sommes réduit à supposer chez elle une grâce remarquable et un esprit supérieur pour expliquer la position que, tout en habitant presque constamment la province, elle sut prendre et conserver à Paris. Il faut aussi en reporter la principale part à Mme d'Huxelles et à Mme de Louvois, les plus dévouées de ses amies, car les noms que nous venons d'énumérer se retrouvent sans cesse autour d'elle et constituent sa société particulière [1].

Mme de Bernières mourut le 25 décembre 1716 : Dangeau mentionne ce fait en ajoutant : « amie intime de

---

[1] Parmi les lettres adressées à Mme de Bernières, nous extrairons les deux suivantes :

« De Fontainebleau, ce 4° d'octobre.

« Je vous suis trop obligée, Madame, de la bonté que vous avez eu de prendre part à la perte que j'ay faite de mon frère. Je vous supplie d'estre persuadée que vous ne sauriez aymer personne qui vous soit sy véritablement acquise que moy. Je souhaite vostre retour avec impatience et trouve vos arrangements trop lens. Donnez-moy quelquefois de vos nouvelles et me croyez bien véritablement vostre très humble et très obéissante servante.

« La maréchale DE ROCHEFORT. »

« Le 6e de février.

« En vérité, Madame, je croys que c'est l'intérêt que je prends à tout ce qui vous regarde et l'envie que j'ay de vous revoir en ce pays icy qui vous porte malheur, car sans cela seroit-il possible qu'il vous arrive une affaire aussy ridicule que celle dont m'a parlé Mme de Louvoy ? Je vous conjure de croire que le moindre déplaisir que vous pourriez avoir me seroit toujours très sensible malgré l'irrésolution. Je l'ay priée de ne l'estre plus pour quoi que ce soit dans le monde ; je ne suis pas non plus philosophe sur vostre retour. C'est pourquoy mandez-moy, je vous prie, que cela sera bientost, et faites-moy la justice de croire que personne ne le souhaite avec plus d'impatience que vostre très humble et très obéissante servante.

« La comtesse DE HAMILTON. »

« Je ne vous parle point de mes affaires parce qu'elles n'ont pas pris aucune forme encore. »

Mme de Louvois ». Saint-Simon ne prononce pas son nom, non plus que Mme de Sévigné.

Mme d'Huxelles mourut avant son amie, mais elle était plus âgée qu'elle. Nous avions espéré, grâce à la volumineuse correspondance qu'elle entretint constamment, trouver beaucoup de détails sur la vie de Mme de Bernières. Elle paraît avoir été exempte d'aventures ; s'occupant peu ou point de politique, fuyant, ce semble, l'intrigue, avide seulement d'être informée la première des nouvelles, aimant à les apprendre à ses amies, Mme de Bernières paraît avoir préféré à tout une vie tranquille, consacrée à ceux qui lui plaisaient. Son nom par contre se trouve rarement mentionné dans les lettres et les mémoires du temps, où l'on ne s'occupait guère que des gens rompus aux intrigues de la cour, y tenant leur place et pouvant y jouer un rôle. Telle n'a pas été la marquise d'Huxelles : elle a préféré une existence exclusivement mondaine, comme nous allons en juger.

CHAPITRE VII.

Mme de Sévigné et Mme d'Huxelles. — Ancienneté de leur liaison. — Leurs relations communes. — Soupers de Mme d'Huxelles. — La petite société. — Le chapitre des sages veuves. — Mmes de Lavardin, de Moucy, de Vins, du Plessis-Bellière. — M. de Rouville. — M. de Villars-Orondate. — Mlle de la Rochefoucauld. — Mme d'Huxelles liée avec le chevalier de Sévigné. — Correspondance entre Mmes de Grignan et d'Huxelles. — Mme de Sévigné fait ses visites avec Mme d'Huxelles, va aux sermons. — Refroidissement de leurs relations. — Jalousie de Mme de Sévigné causée par les gazettes de Mme d'Huxelles. — Elle ne la mentionne même plus dans ses lettres.

Mme de Sévigné était l'une des plus anciennes amies de Mme d'Huxelles et elle demeura longtemps la plus intime : elle la mentionne sans cesse dans sa correspondance, et nous allons voir que leurs relations mondaines étaient absolument communes. C'est dans les lettres de la spirituelle marquise qu'il faut rechercher les éléments qui permettent de reconstituer la société de Mme d'Huxelles et de donner quelques éclaircissements sur sa manière de vivre.

Mme de Sévigné nous apprend elle-même, dans une lettre du 26 août 1676, qu'il y avait « bien des années » qu'elle aimait Mme d'Huxelles, et nous avons en effet un billet italien très affectueux qu'elle lui adressa le 19 août 1653 [1].

---

[1] En voici la traduction, d'après l'édition de M. Regnier : « Je suis indignée contre Votre Illustrissime Seigneurie, pour avoir pris une médecine sans me dire de venir l'aider à faire cette opération. Je ne puis croire que le remède ait pu opérer sans le secours de votre amie. Il faut que nous nous voyions, pour faire la

Cette liaison se resserra de plus en plus, et il est permis de croire que Mme d'Huxelles s'appuya sur son amie pour se créer surtout les relations féminines qui jouèrent un rôle si considérable dans son existence : d'un autre côté Mme de Sévigné recherchait certainement volontiers une femme particulièrement liée avec Mme de Longueville, avec messieurs de Port-Royal et avec les Carmélites. Ce n'est cependant qu'à partir de l'année 1671 que Mme de Sévigné commence à mentionner fréquemment Mme d'Huxelles, mais on sent dès lors qu'il existait entre elles des relations à peu près quotidiennes. « Je reviens de Saint-Germain, » écrit-elle le 21 avril 1671, « avec les d'Arpajon et la d'Huxelles : toute la France y étoit. » A cette époque Mme de Sévigné voyait aussi tout Paris : dans ses lettres défile tout ce que la France en effet comptait de personnages illustres et considérables : Mademoiselle, qui portait, nous l'avons vu, une affection particulière à Mme d'Huxelles ; les Condé, pour lesquels nous ferons la même remarque ; Gourville ; les duchesses de Rohan, d'Arpajon, de Verneuil, de Gesvres ; les Lavardin, la duchesse de Chaulnes, les d'Albret, les Beringhem, les Richelieu, les Charost, les Duras, les Villeroy, les Sully, les Castelnau, les Louvigny : il ne faut pas oublier ensuite Bouillon ; l'abbé Tétu, un des précieux émérites du temps ; Dangeau, le comte de Sault, le comte de Guiche, les d'Ormesson, le président Amelot, les de Mesmes, les d'Avaux, le cher abbé de Coulanges et tous les autres Coulanges, les Colbert, les Pomponne, les

paix entre nous. Je dirai, en attendant, à V. I. S. que je suis allée au bal hier soir. Les beaux yeux de la présidente, dont la taille est si gracieuse, jetoient de merveilleux éclairs. Je ne sais en vérité si tous les traits lancés par elle étoient dirigés dans le but, mais je sais bien qu'elle n'avoit pas la pensée de les décocher en vain. J'ai reçu la visite de M. le comte de Bussy, qui espère que V. I. S. ira à une petite fête qui sera donnée au Temple dans peu de jours. Je la prie humblement de me faire connoître sa volonté à ce sujet et surtout sur la passion avec laquelle je la conjure de m'honorer et de taire le contenu de ce billet. »

Louvois, Retz, Guilleragues, Benserade, Corbinelli, Haronys, Langlade, l'abbé de la Victoire, le duc de la Rochefoucauld, et bien d'autres encore. Et parmi les femmes, Mme de la Troche, Mme de la Fayette, la maréchale d'Humières, Mmes de du Puy du Fou, du Plessis-Bellières, de Thianges, de Fiesque, de Vauvineux, d'Olonne, de Vins, de Courcelles, de Puisieux, les Créquy, les Guiche, les d'Entragues, les Verneuil, l'abbesse de Fontevrault, et d'autres que nous allons plus particulièrement citer. Tous ces noms, remarquons-le en passant, figurent dans la correspondance de la marquise de Sévigné de 1671 à 1674.

Ce beau monde se réunissait souvent, formant deux camps principaux : la société du faubourg, où dominaient le duc de la Rochefoucauld avec Mme de la Fayette; la société de l'Arsenal, présidée par la comtesse du Lude, composée principalement des nobles personnages habitant en grand nombre ce quartier, les plus anciennes connaissances d'ailleurs de Mme de Sévigné. Mais Mme de Sévigné aimait encore plus les coteries moins nombreuses et elle avait son monde à elle dont elle parle souvent avec complaisance. Mme d'Huxelles y brillait au premier rang. Le 12 novembre 1671, elle nous apprend qu'elle avait vu dans la journée Mmes de Pomponne, — sœur du maître des requêtes Lavocat, femme pieuse, dit Saint-Simon, retirée, qui aimoit ses écus, n'ayant jamais fait grande figure dans les ambassades ni pendant le ministère de son mari, quoique dans une grande union ensemble.; — d'Huxelles, de Villars, — tante du maréchal de Bellefond, femme du marquis de Villars, l'ami de Conti[1], « ayant de l'esprit infiniment,

---

[1] Villars, petit-fils d'un greffier de Condrieu, était, au dire de Saint-Simon, « l'homme le mieux fait et de la meilleure mine, » qui par son habileté comme tireur, fit oublier sa modeste origine. Sa carrière fut rapide et brillante, et dans le monde galant, où il eut de nombreux succès, on ne l'appelait qu'*Orondate*, surnom qui ne lui déplaisait pas. Un jour Mme de Choisy était chez la comtesse de Fiesque, où il y avait nombreuse compagnie : se

plaisante, salée, ordinairement méchante, pauvre du reste, toujours à la cour avec beaucoup d'amis et d'amies considérables; » — de Raray [1], l'abbé de Pontcarré, le « gros abbé, » qui était un des correspondants fidèles de Mme de Grignan; Bezons, qui devait devenir maréchal de France, et elle ajoute en s'adressant à sa fille : « Tout cela vous fait mille compliments. » Mais Mme d'Huxelles voyait aussi beaucoup une amie de Mme de Sévigné et formait une sorte de petite coterie avec elle : « Les amis de Mme de Lavardin, sont Mme d'Huxelles, l'abbé de la Victoire, Longueil et quelques autres [2]. » Mme de Lavardin était fille du marquis de Rostaing et d'une Hurault de Chiverny, veuve depuis 1644 de Henri de Beaumanoir, marquis de Lavardin, maréchal de camp, tué au siège de Gravelines. C'était d'ailleurs une singulière originale, dont l'avarice dépassait toute imagination : sans Mme de Moucy, elle ne se serait jamais déterminée à donner des cadeaux convenables à son fils, quand il se remaria, en 1680, avec une fille du duc de Noailles : « Mme de Moucy dit que je me pâmerois de rire, écrit Mme de Sévigné, de voir les convulsions de Mme de Lavardin quand, par la puissance de son exorcisme, elle fait sortir de chez elle le démon de l'avarice. Mme d'Huxelles m'en écrit aussi agréablement [3]. »

L'abbé de la Victoire était frère du célèbre diplomate Lenet, et Mme de Sévigné lui avait fait une grande réputation

---

sentant obligée de sortir du salon, elle dit qu'elle allait monter au premier, chez Mlle d'Outrelaise, fille de beaucoup d'esprit, que Mme de Fiesque avait avec elle et qu'on avait surnommée « la divine ». Elle monta rapidement et trouva Mlle de Bellefond, jeune et jolie personne, près de laquelle était un homme qui se sauva promptement. Mme de Choisy redescendit bientôt en racontant son aventure et ajoutant que l'inconnu ne pouvait être qu'Orondate, personnage de *Cyrus* qui charmait tout le monde par sa bonne mine. On savait que Villars était alors près de Mlle de Bellefond, qu'il devait prochainement épouser. Le surnom lui en demeura.

Mlle d'Angennes, femme de M. de Lancry, créé marquis de Raray en 1653.
Lettre du 10 novembre 1675.
Lettre du 3 juin 1680.

d'esprit pour ses bons mots : quant à Longueil, il était président au parlement et fils de l'opulent magistrat, un moment surintendant des finances, qui fit construire le magnifique château de Maisons.

Mme d'Huxelles recevait souvent à sa table ses amis, et Mme de Sévigné mentionne sans cesse les dîners et les soupers auxquels elle assista chez elle. Une de ses lettres nous fournit à ce propos d'intéressants détails en nous faisant pénétrer dans le salon de Mme d'Huxelles. Mme de Sévigné était alors à Livry, parcourant volontiers les environs de Paris [1]. « Cependant la bonne marquise d'Huxelles que j'aime il y a bien des années, m'avoit priée de ne pas manquer de revenir pour un dîner qu'elle donnoit à M. de la Rochefoucauld, à M. et à Mme de Coulanges, à Mme de la Fayette. Je crus voir dans son ton tout ce qui mérite que l'on prenne cette peine. Il se trouva que c'étoit lundi, de sorte qu'étant revenue dimanche, je retournai d'ici matin chez la marquise. C'étoit chez Longueil, son voisin, qu'elle donnoit son dîner. La maison de Longueil est fort jolie, ses officiers admirables et nous approuvâmes fort ce changement. La compagnie y arriva et me trouva tout établie, grondant de ce qu'on venoit si tard ; au lieu de M. et Mme de Coulanges qui ne purent venir, il y avoit Briole [2], l'abbé de Quinçay [3], Mlles de la Rochefoucauld [4]. Le repas et la con-

---

[1] Lettre du 26 août 1676.

[2] Le comte de Briolle ou Briord, souvent cité par Mme de Sévigné : Retz et Mademoiselle en parlent dans leurs mémoires.

[3] Armand de Quincé, fils du lieutenant général comte de Quincé, nommé en novembre 1685 à l'évêché de Poitiers, mort en octobre 1686, après avoir refusé ce siège à cause de sa santé : il était l'ami particulier de la Rochefoucauld.

[4] L'aînée des sœurs du duc, « ayant, dit Saint-Simon, de l'esprit, et beaucoup de mérite, des vertus et du maintien. C'est elle qui étoit la plus comptée dans le monde et dans sa famille. » Elle mourut sans alliance en 1711. Mlle de la Rochefoucauld habitait avec ses deux sœurs dans un coin à part de l'hôtel : l'une d'elles épousa secrètement Gourville ; mais, quoique la famille le sût, « à le voir on ne s'en seroit jamais aperçu : il étoit toujours un domestique de la maison. »

versation, tout fut très digne de louanges : on en sortit tard. »

Quand Mme de Sévigné revint à Paris en 1677, l'une des premières personnes qu'elle vit fut Mme d'Huxelles, avec laquelle elle alla au salut le lendemain [1] ; et plus tard, dans une circonstance analogue, elle écrit à Mme de Grignan son étonnement d'être rentrée, d'avoir vu M. de la Rochefoucauld, Mmes de la Fayette, de Lavardin et de Moucy, et de ne pas être encore allée chez la marquise d'Huxelles : elle s'en excuse presque [2]. Les dîners ne chômaient pas. Un jour, c'est M. d'Harouis qui reçoit Mmes de Sévigné, d'Huxelles et de Coulanges, le cardinal d'Estrées, « la case Brancas [3] ». D'Harouis était un riche financier, trésorier des États de Bretagne et grand ami de Mme de Sévigné, de plus, au jugement de Saint-Simon, le meilleur homme du monde et le plus obligeant, prêtant facilement son argent et n'en réclamant jamais le remboursement : en agissant ainsi, il s'était fait de nombreux amis, mais il dérangea ses affaires et tomba en faillite, ce qui lui valut d'être mis à la Bastille où il mourut, en 1685, après une dizaine d'années de détention, plaint de tout le monde, même de ceux auxquels il avait fait le plus perdre : « La déroute de notre pauvre d'Harouis, » mande Mme de Sévigné à sa fille, « est bien facile à comprendre : passionné de faire plaisir à tout le monde, sans mesure, sans raison : cette passion offusquant toutes les autres et même la justice. »

Une autre fois, c'est encore chez Mme d'Huxelles que soupait Mme de Sévigné avec le marquis de Rouville [4], sous-lieutenant des gendarmes de la Reine, qui jouissait d'une position exceptionnelle dans le monde, où ses décisions avaient une grande autorité ; son caractère était passablement rude, et nous savons qu'il eut à diverses occasions des prises avec

---

[1] Lettre du 18 juin 1677.
[2] Lettre du 8 novembre 1679.
[3] Lettre du 22 juin 1677.
[4] Lettre du 18 août 1677.

Mme de Sévigné, une fois notamment en faisant preuve du plus absolu manque de mesure envers elle.

Nouveaux dîners mentionnés dans la correspondance de Mme de Sévigné. Le 1er décembre 1675 : « Je m'en vais dîner chez Mme d'Huxelles : MM. de Pile, de Tréville, de la Rochefoucauld y seront : cela s'appelle la petite société. Mme de Lavardin est enrhumée à crever ; elle est au lit et Mme de Moucy[1] à son chevet : la marquise et moi sur les ailes, car nous sommes dix degrés plus bas. » Le 7 février 1680, chez Mme de Plessis-Bellière où Mme d'Huxelles était installée en attendant l'arrangement de sa nouvelle maison, rue Sainte-Anne, auprès du couvent des Nouvelles-Catholiques, et où M. de la Garde était venu passer deux jours. Le 26 avril, chez la marquise avec « des hérétiques », probablement quelques fervents de Port-Royal.

La lettre du 1er décembre 1679 nous paraît indiquer qu'à cette époque Mme d'Huxelles avait un salon à elle, et les noms des principaux membres « de la petite société » en donnent suffisamment le ton sans que nous ayons à le rechercher davantage. D'autres lettres nous nomment les principales habituées du salon à cette époque : c'étaient Mmes de Lavardin et de Pomponne, dont nous avons parlé, Mme de la Fayette, qu'il suffit de nommer, Mlle de la Rochefoucauld, « la Lillebonne ».

Mme de Lillebonne était fille du fameux Charles IV, duc de Lorraine, et de Mlle de Cantecroix, une de ses nombreuses femmes : dotée de tout l'amour-propre des Guises, avec lesquels elle faisait cause commune à cause de son mariage avec le frère cadet du duc d'Elbeuf, elle avait beaucoup de vertus, de dignité, une grande bienséance, de l'esprit et « du manège ». Sa fille aînée, — la seconde épousa le prince d'Espinoy, — « avec un air tranquille et indifférent au dehors, avec beaucoup de politesse, mais choisie et mesu-

---

[1] La marquise de Moucy était sœur du président de Harlay.

rée, avoit les pensées les plus hautes, les plus vastes, et tout le discernement et la connoissance nécessaire pour ne la rendre pas châteaux en Espagne, avoit naturellement une grande hauteur, de la droiture, savoit aimer et haïr, moins de manège que de ménagement et de suite, infatigable avec beaucoup d'esprit, sans bassesse, sans souplesse, mais maîtresse d'elle-même pour se rabaisser quand il étoit à propos, et assez d'esprit pour le faire même avec dignité et en faire sentir le prix à ceux dont elle avoit besoin, sans les blesser, et se les rendre favorables. » Sans beauté du reste, mais pleine de dignité, toujours très simplement mise, grande, bien faite, pas méchante dans l'ordinaire de la vie, « mais terrible quand il y alloit de son intérêt » ; enfin « l'odeur de la Ligue lui sortoit par les pores ». Elle passait pour secrètement mariée au chevalier de Lorraine.

Mais Mme d'Huxelles était encore l'âme d'une coterie plus particulière, celle des sages veuves, comme la nomme Mme de Sévigné ; les veuves étaient Mmes de Lavardin, de Moucy et d'Huxelles, et probablement d'autres, avec la spirituelle marquise[1]. « Nous tînmes hier chapitre, » écrit-elle le 20 décembre 1688, « chez Mme de Lavardin : toutes les veuves y étoient et Mlle de la Rochefoucauld fut reçue dans le corps. Comme je vous l'ai dit, il sembloit que nous ne fussions assemblées que pour parler de vous. Vous connoissez la solidité de ton de Mme de Lavardin : nous y demeurâmes d'accord sur les choses présentes que chacun conserveroit sa place, les grands sans être rabaissés et les autres sans être rehaussés, au contraire. »

Quand Mme de Sévigné était absente, Mme d'Huxelles était une de ses correspondantes : « La marquise m'écrit aussi fort agréablement, » mande Mme de Sévigné à sa fille, le 12 juin 1680 ; « ces veuves font des merveilles. » Nous avons déjà parlé d'une de ces veuves, Mme de Lavardin, mais il y en

---

[1] Mme de Sévigné commence à parler souvent des « sages veuves » dans des lettres en date de 1679.

avait une autre qui mérite de ne pas être passée sous silence. La marquise de Moucy était sœur du président de Harlay et veuve du dernier représentant de l'antique race des le Bouteiller de Senlis. Grande amie de Mme de Sévigné, celle-ci en parle sans cesse dans ses lettres et nous la montre très liée également avec Mme d'Huxelles. « C'est une âme toute extraordinaire, que cette Moucy [1], » elle avait une influence absolue sur Mme de Lavardin, au point, comme nous l'avons dit, de la décider à marier son fils et à lui faire des cadeaux considérables : « Son cœur se venge par des bienfaits ; sans elle c'étoit une noce de village. » Mme de Moucy, en effet, aimait ce brillant marquis de Lavardin : « Elle m'étale avec plaisir sa belle âme, écrit encore Mme de Sévigné, et j'admire par quels tours et quels arrangements il faut qu'elle serve au bonheur de M. de Lavardin [2]. » Et encore : « Mme de Moucy ne me paraît pas chercher d'autre avantage que d'être la plus admirable et la plus romanesque personne du monde [3]. » Saint-Simon est moins favorable, mais on sait qu'il n'aimait pas les Harlay : « Grande dévote, dit-il, avec tous les apanages de ces milices et tout aussi composée que lui, ayant son guindé, son affecté et toutes ses manières [4]. »

Une autre lettre de Mme de Sévigné nous fait connaître les personnes qui composaient évidemment sa plus particulière intimité, et par conséquent celle de Mme d'Huxelles. Comme elle partait pour les Rochers au mois de mai 1689, elle nous cite ceux qui accoururent pour lui faire leurs adieux, Mmes de Coulanges, du Lude, de Verneuil, venant de leurs couvents, de Vins, d'Huxelles, de Lavardin, de Moucy, MM. de Pomponne, de la Rochefoucauld et l'académicien du Bois. Il ne faut pas oublier non plus Mme du Plessis-Bellière, chez laquelle Mme d'Huxelles allait quelquefois à la campagne.

---

[1] Lettre du 3 juin 1680.
[2] Lettre du 3 juin 1680.
[3] Lettre du 30 juin 1680.
[4] Morte à la fin d'août 1709.

Suzanne de Bruc, veuve de Jacques de Rougé, mère de la maréchale de Créquy, était, suivant Saint-Simon, « une des femmes de France qui, avec de l'esprit et de l'agrément, avoit le plus de tête, le courage le plus mâle, le savoir le plus profond, la fidélité la plus complète et l'amitié la plus persévérante. » On sait qu'elle fut emprisonnée à l'occasion de l'affaire de Fouquet et ne démentit pas un instant le dévouement qu'elle lui avait voué. Un souvenir aussi à la marquise de Vins, la grande amie de Mme de Grignan, qu'on surnommait à la fois le « fagot d'épines révolté » et le « fagot de plumes ».

Mme d'Huxelles était aussi en très bons termes avec les enfants de Mme de Sévigné. « Mon fils est à Rennes, » écrit celle-ci le 12 octobre 1689, « agréable au maréchal qu'il connoît fort et qu'il a vu cent fois chez Mme d'Huxelles contestant hardiment Rouville. » Quant à Mme de Grignan, elle paraît avoir été dans les meilleures grâces de l'amie de sa mère. Cette dernière dans un grand nombre de ses lettres lui transmet les souvenirs de celle-ci. Elle s'empresse de lui annoncer une fois que Mme d'Huxelles a donné des ordres pour qu'elle soit reçue « dignement » en passant à Châlon [1]. Dans une de ses letttres à M. de la Garde, Mme d'Huxelles lui dit :

J'allai voir hier soir le chevalier de Grignan que je trouvais d'une beauté exquise négligemment couché sur un canapé, en robe de chambre couleur de feu et or, dans le plus court appartement, mais le mieux décoré qui fut jamais. J'admirois la beauté de Mme de Grignan, la bonne physionomie du petit marquis et je convoitois une estampe de M. le comte, pendu au-dessus de son portrait afin de la mettre avec les

---

[1] Lettre du 15 septembre 1679.

miennes; cette curiosité étant devenue un de mes amusemens[1].

La lettre suivante, d'ailleurs, constate l'existence d'une correspondance réglée entre Mmes d'Huxelles et de Grignan :

Marseille, le 12 février 1703.

Je me plains hautement de MM. de Grignan, Madame, ses honeste gens, ses gens sy incapables d'une mauvaise action, ont fait celle de me trahir, ils ont l'honneur de vous escrire et ne vous disent rien de moy qui nay eu qu'un cry pour vous faire recevoir mes complimens par ces deux messieurs. Jestois, Madame, dans la bonne foy et persuadée qu'une de mes lettres dans ces occasions n'adjoute rien à ce quils vous diroient de moy connoissant comme ils font, Madame, mes sentimens et combien je vous honore. Je contois donc quils vous lauroient dit et je vois dans vostre lettre tout le contraire. Joignés vous a moy je vous suplie pour les accabler de reproches. Chargés les du soin de se justifier auprès de vous et recevés ma justification avec les assurances de ma vivacité sur tout ce qui vous touche. Et je sçais que rien ne doit toucher davantage qu'un honneur sy singulier et sy bien mérité que la dignité de mareschal de France. C'est une restitution que la fortune vous fait en la personne de M. vostre filz dont vous deviés jouir plus intimement encore. Mais enfin on ne conte guère ric à ric avec la fortune et quand elle veut bien resparer ses torts, on les oublie. Je suis en

---

[1] Lettre du 18 décembre 1690.

vérité ravie du soin quelle a pris de se racomoder avec vous. Je ne suis ny déesse, ny légère comme elle, jespère cepandant, Madame, que vous me pardonnez mes fautes et que sy vous refusés d'en charger MM. de Grignan, vous ferés grâces aux sentimens tendres et respectueux avec lesquels je vous honore et vous suis attachée depuis que je suis au monde.

La comtesse DE GRIGNAN [1].

Nous savons que la marquise était en coquetterie avec le comte de Grignan et qu'ils échangeaient des vers [2]. Cependant vers la fin il semble que la liaison se soit refroidie entre les deux marquises. Mme de Sévigné laisse échapper un jour une boutade qui le prouve : « La marquise d'Huxelles reprend tous les ordinaires les nouvelles qu'elle a mandées : appelle-t-on cela savoir ce qui se passe ? Je hais ce qui est faux [3]. » Puis elle continue sa critique dans des lettres assez rapprochées. « Je ne prétends pas vous apprendre des nouvelles. M. de la Garde est toujours si bien instruit par la marquise d'Huxelles, que vous en savez plus que ceux qui sont à Paris [4]. » Il y a certainement de l'amertume dans ces lignes, comme dans ce dernier passage :

« Vous dites ne plus avoir de nouvelles ! Mme d'Huxelles n'écrit-elle plus à la Garde [5] ? » Puis le silence se fait et Mme de Sévigné ne mentionne même plus le nom de celle qu'elle appelait son amie depuis tant d'années. On a lieu d'être quelque peu surpris des termes employés dans les dernières lettres que nous venons de citer, et elles donnent, ce nous semble, à penser que Mme d'Huxelles froissa Mme de

---

[1] Bibl. Nat., fonds fr. 24987, f° 262.
[2] Lettre du 14 janvier 1689.
[3] Lettre du 28 août 1689.
[4] Lettre du 4 janvier 1690.
[5] Lettre du 22 janvier 1690.

Sévigné par son bureau de nouvelles avec lequel elle primait probablement la spirituelle marquise. Il dut y avoir entre elles une rivalité de ce genre, car nous ne pouvons douter que Mme de Sévigné ne tînt essentiellement à paraître bien renseignée et à être la première à communiquer à ses amis les nouvelles et les cancans qu'elle savait si bien raconter. Mais les extraits que nous venons de rassembler permettent du moins de constater que pendant plus de trente ans les deux marquises vécurent de la même existence, entourées des mêmes amis et passant presque chaque jour de longues heures ensemble, quand elles étaient à Paris. Nous les voyons aisément l'une chez l'autre se communiquant leurs nouvelles, se montrant les lettres qu'elles recevaient et seulement disposées à se gagner de vitesse pour arriver à les faire connaître. Nous les voyons dans les salons de la société du faubourg et de celle de l'Arsenal, faisant des visites ensemble, allant exactement à la messe des Minimes de la Place-Royale, qui était celle du grand monde, et au salut, quand il y avait quelque prédicateur en vogue, ne manquant jamais d'aller entendre Bourdaloue et Mascaron, assistant aux plus belles fêtes, comme au mariage de Mlle d'Harcourt et du duc de Cadaval, en 1671, aux grandes représentations théâtrales, quand par exemple la Champmeslé jouait dans *Bajazet*, assistant aux pompeuses cérémonies funèbres qui furent si nombreuses alors. Mme de Sévigné ne se séparait guère de son amie que quand celle-ci avait des conférences avec les docteurs du jansénisme et recevait ses « hérétiques », encore avoue-t-elle avoir dîné une fois avec eux. Nous les retrouvons dans le cénacle de « sages veuves » où bien certainement elles tenaient les premières places. L'intimité d'une femme comme Mme de Sévigné suffit pour donner une idée favorable de l'esprit et de la valeur de Mme d'Huxelles, si nous n'étions pas d'ailleurs nettement fixé d'autre part à ce sujet.

CHAPITRE VIII.

M. de Coulanges. — Sa vie. — Ses voyages. — Ses œuvres. — Mme de Coulanges. — Chansons inédites de Coulanges. — Lettres inédites à Mme d'Huxelles et à Mme de Bernières.

Coulanges était un des amis fidèles de Mme d'Huxelles, comme il le fut de Mme de Sévigné, de Mme de Louvois, et de Mme de Bernières. Sa vie est facile à raconter. « Toujours aimé, a-t-on dit de lui, toujours estimé, toujours portant la joie et le plaisir avec lui. Toujours favori et entiché de quelques amis d'importance, un duc, un prince, un pape. Toujours en santé, jamais à charge à personne, point d'affaires, point d'ambition. » Et il vécut quatre-vingt-cinq ans comme cela.

Philippe-Emmanuel de la Tour naquit à Paris en 1631 : il était fils de Philippe de la Tour, marquis de Coulanges, et de Marie le Fèvre d'Ormesson, et neveu de Marie de Coulanges, mère de Mme de Sévigné. Pourvu de bonne heure d'une charge de conseiller au parlement de Paris, il reconnut lui-même son inhabileté à débrouiller les questions juridiques dans une circonstance assez plaisante. Chargé de rapporter une affaire où il s'agissait de la propriété d'une mare entre deux paysans dont l'un s'appelait Grapin,

Coulanges s'embarrassa tellement dans l'exposé des faits, qu'il s'arrêta court et dit à ses collègues : « Pardon, Messieurs, je me noie dans la mare à Grapin et je suis votre serviteur. » Et Mme de Sévigné remarque qu'il « réussissoit si bien aux chansons, qu'il étoit juste qu'il s'y donnât tout entier ». Coulanges suivit ce conseil et il s'en trouva bien, ne pensant plus, dit Saint-Simon, qu'à mener « une vie oisive, libre, volontaire, avec la meilleure compagnie de la ville, même de la cour, où il avoit le bon esprit de ne se montrer que rarement, et jamais ailleurs que chez ses amis particuliers. La gentillesse, la bonne mais naturelle plaisanterie, le ton de la bonne compagnie, le savoir vivre et se tenir à sa place sans se laisser gâter, le tour aisé, les chansons à tous moments qui jamais n'intéressèrent personne et que chacun croyait avoir faites, les charmes de la table sans la moindre ivrognerie, ni aucune débauche, l'enjouement des parties dont il faisoit tout le plaisir, l'agrément des voyages, surtout la sûreté du commerce, et la bonté d'une âme incapable de mal, mais qui n'aimoit guère aussi que pour son plaisir, le firent rechercher toute sa vie et lui donnèrent plus de considération qu'il n'en devoit attendre de sa futilité. » Son portrait répond bien à son moral et on aime à se représenter Coulanges petit, gras, la face réjouie et fine, actif, remuant, n'ayant rien à faire et toujours affairé : « au total, du premier coup passablement ridicule : lui-même se chantoit et en plaisantoit le premier. » Un pareil homme devait être un des fidèles de Mme d'Huxelles.

Coulanges accompagna en 1685 le duc de Chaulnes dans son ambassade à Rome : il avait déjà visité cette ville et toute l'Italie septentrionale en 1657 et 1658, à la suite de son voyage en Allemagne, quand il y accompagna le maréchal de Gramont envoyé à Francfort comme ambassadeur extraordinaire à l'occasion de l'élection de l'Empereur. Cette fois, le duc de Chaulnes allait assister aux conclaves qui s'ouvrirent après la mort d'Innocent XI et qui amenèrent coup sur coup l'élection du pape Alexandre VIII et celle d'Innocent XII. Coulanges a laissé le récit de ses premiers voyages, dont M. de Monmerqué a publié les parties les plus curieuses, et une remarquable relation des deux conclaves que nous venons de mentionner, donnée également par le même éditeur. Nous n'avons pas à en parler, et chacun connaît ces pages pleines d'esprit, de verve et en même temps de renseignements curieux et intéressants. Coulanges passa à Rome les années 1689 à 1691, et l'on peut croire qu'il revint avec plaisir à Paris reprendre ses douces habitudes.

Intimement lié avec sa cousine de Sévigné, qu'il appelait « la mère de beauté », et qui avait été sa compagne d'enfance, il était en correspondance suivie avec elle : la marquise lui écrivait régulièrement tous les quinze jours, « sans compter les jours d'exception. » Il lui répondait de même, et nous pouvons constater qu'elle n'exagérait nullement quand elle disait « qu'il avoit un style si particulier pour faire valoir les choses les plus ordinaires, que personne ne sauroit lui disputer cet agrément. » Coulanges reportait sur Mme de Grignan toute l'affection qu'il avait vouée à sa mère et ne lui écrivait pas moins fréquemment. Il allait souvent la voir, plus souvent même qu'il n'allait aux Rochers.

En somme, on ne saurait imaginer une vie plus fortunée que celle du « petit bonhomme ». Jamais il ne se connut d'ennemis et chacun le recherchait à l'envi. Un seul chagrin l'assombrit un moment, et il était bien mince. Ce fut de voir publier sans son autorisation un recueil de ses chansons dont le choix était mal fait. Heureux jusqu'à la fin, « son humeur enjouée, assure Mme de Sévigné, l'empêcha de souffrir sérieusement les douleurs de la maladie et il mourut très doucement et assez promptement le 31 janvier 1716. » Il avait épousé très jeune Mlle du Gué-Bagnol, fille de l'intendant de Lyon, qui fut l'une des femmes les plus remarquables de son temps. « Elle avait dix ans de moins que lui, a dit M. le baron de Walckenaer. Tous deux s'unirent et se désunirent sans vivre moins bien ensemble, sans renoncer à se rejoindre et à se trouver aimables. Créatures légères et frivoles, semblables à deux papillons dans un beau jour de printemps, qui se touchent un instant, voltigent, s'écartent, se rapprochent, sans s'inquiéter de ce que chacun d'eux est devenu pendant cet intervalle. » Mme de Coulanges était particulièrement bien accueillie à la cour, où sa proche parenté avec Louvois lui ouvrait toutes les portes, mais où elle était surtout accueillie à cause de son esprit brillant et aimable. Il n'y avait pas de fêtes sans elle, elle était reçue dans les cabinets particuliers et avait même ses heures réservées. « Son esprit, a écrit Mme de Sévigné, lui tenoit lieu de dignité, » sa grâce, sa vivacité, ses attraits la rendaient nécessaire. Ses bons mots sont demeurés célèbres, et nulle n'obtint plus qu'elle de succès auprès de la reine, des princesses, du Dauphin et du roi lui-même [1]. Elle n'excita jamais ni envie ni jalousie, parce que, comme son mari, elle ignorait l'ambition, détestait l'intrigue, ne recommandait personne, même de ses plus proches parents, et cherchait seulement à plaire et à s'amuser. D'une honnêteté absolue, elle ne donna jamais prise à la médisance et désespéra toujours les nombreux adorateurs que sa beauté attirait autour d'elle. Mme de Sévigné nous fait connaître sous tous ses aspects sa brillante cousine, qu'elle appelait la « feuille », la « mouche », la « sylphide », et elle ne tarit pas sur ses charmes, ses succès et son esprit. Mme de Coulanges elle-même, voulant parler du bon accueil que M. de Sévigné

---

[1] Voir les remarquables études de M. le baron Walckenaer sur Mme de Sévigné (6 vol., Didot, 1845). C'est un des ouvrages qui ont le mieux fait connaître la société du dix-septième siècle en France.

trouva à la cour, écrivait naïvement : « Il est aimé de tout le monde, presque autant que moi. »

Les lettres de la jeunesse de Mme de Coulanges sont peu nombreuses malheureusement. Mais elles permettent d'apprécier l'esprit brillant de leur auteur. M. le baron Walckenaer trouve qu'on y rencontre plus de traits malins, de finesses et de jeux de mots que dans la correspondance de sa cousine, tout en reconnaissant qu'il y a moins d'imagination et de force naturelle. « Ces deux femmes, » dit-il en se résumant, « qui différaient tant par leurs principes, et surtout par leur conduite et par leur genre de vie, avaient entre elles de fortes analogies de talent, d'esprit, de caractère : il leur était impossible d'être attachées l'une à l'autre par des liens de famille sans l'être aussi par ceux de l'amitié. Mme de Sévigné se plut toujours dans la société de la femme de son cousin et celle-ci était charmée de la cousine de son mari. »

En avançant dans la vie, Mme de Coulanges, qui avait acquis une si réelle considération que le pape Alexandre VIII pria son mari de la faire venir à Rome, s'éloigna du monde et prit singulièrement goût à une vie retirée dans sa retraite de Brevannes, aux environs de Paris (1689). Elle s'efforçait d'y attirer son mari et de lui communiquer les sentiments religieux dont elle était sérieusement pénétrée. « Son amabilité n'était pas moins grande, remarque M. Walckenaer, mais elle fut accompagnée de plus de bonté : les lettres qui datent de cette période sont toutes différentes de celles de la période précédente, et on y sent que leur auteur se reprochait probablement l'emploi qu'elle avait fait de son esprit dans sa jeunesse. C'est là qu'elle demeura après son veuvage et où elle mourut en 1723. »

« Mme de Coulanges, a dit Saint-Simon, qui avoit plus d'esprit que son mari, et qui l'avoit plus solide, eut aussi quantité d'amis à la ville et à la cour. Ils vivoient ensemble dans une grande union, mais avec des dissonances qui en faisoient le sel et qui réjouissoient toutes les sociétés. Ils n'eurent point d'enfants. Elle avoit été fort jolie, mais toujours sage et considérée. »

Nous avons retrouvé un assez grand nombre de lettres absolument inédites de M. de Coulanges, adressées à Mme d'Huxelles et à Mme de Bernières. Nous avons cru devoir y ajouter les trois ou quatre publiées déjà, mais qui concernent trop directement la marquise pour être passées sous silence. Un grand nombre sont écrites, si nous pouvons ainsi parler, en collaboration avec Mme de Louvois, et contiennent des passages de la main de celle-ci. Nous avons également trouvé dans les papiers de Mme d'Huxelles deux chansons inédites de Coulanges, lesquelles nous semblent devoir trouver place ici :

CHANSON, sur l'air des *Folies d'Espagne.*

Quel temps fait-il ? quelle heure à mes pendules ?
Sortons du lit, je crois qu'il est bien tard.
Diligemment, et ma robe et mes mules,
Tout est-il prest ? M'entendez-vous, Renard [1] ?

Quand j'auray fait ma petite prière,
A m'habiller ne perdons point de temps ;
La propreté doit aller la première,
Viste, de l'eau pour mes mains, pour mes dents !

Mon chocolat devant le feu mitonne,
Donnez-le-moy, je ne puis m'en passer :
Je le veux chaud, que la dose en soit bonne,
Et que sans art on le fasse mousser.

Quand je l'ay pris, la machine montée
Va rondement jusqu'à midy sonné,
Et puis languit faute d'estre humectée,
Mais se remet après un bon disné.

[1] Valet de chambre.

C'est un secours utile et nécessaire
A qui ne peut souper comme autrefois;
Mais j'ay trouvé l'invention de faire,
En bien disnant, deux repas à la fois.

Ne sçoit-on pas ce proverbe vulgaire
Que par la faim les loups sortent du bois?
Pour moy je dis, pour me tirer d'affaire :
Touche, cocher, à l'hostel de Louvois.

CHANSON, sur l'air des *Folies d'Espagne*.

A madame la duchesse de Lesdiguières la douairière, au dégel, après le rude hyver de 1709.

C'est tout de bon, Madame, qu'il dégelle :
Abandonnez paravents et peaux d'ours;
Incessamment arrive l'hirondelle
Pour annoncer le retour des beaux jours.

Mais ils viendront sans Flore et sans Pomone :
Pourrons-nous voir sans repandre des pleurs
Tous nos fruitiers stériles dans l'automne,
Dans le printemps nos parterres sans fleurs?

Vous serez seule exempte de tristesse;
Vostre jardin aura tous ses appas :
Comment de fleurs manqueroit-il, duchesse,
Quand on les voit qui naissent sous vos pas?

Autres couplets sur le printemps (1709).

Lieux écartez, aimable solitude,
Charmant séjour, pacifique Ormesson,
Faut-il, hélas! pour moy rien n'est plus rude,
T'abandonner dans la belle saison?

En vain chez toy l'hirondelle coquette,
Le rossignol annonce le printemps.
Il faut subir les loix de la disette
Contraires mesme aux plaisirs innocens.

RÉPONSE *à M. de Coulanges dans son* Saint-Alexis, *sur l'air des* Folies d'Espagne.

Pour bien répondre à la reconnoissance
Qui vous inspire un langage si doux,
Mon cher voisin, je vous donne licence
De mettre tout en fenestres chez vous.

De mon pouvoir je me trouve assez fière;
Par moy le jour vous est communiqué.
Au favory du Dieu de la lumière
Auroit-on crû que le jour eust manqué?

Pour vostre esprit, prodigue sans mesure,
Il négligeoit le plaisir de vos yeux.
Mais enfin, grâce à deux pieds d'ouverture,
Vous possédez tous ses dons précieux.

Quant au grand saint dont vous tenez la place,
Vous dérogez à sa simplicité;
De chocolat il ne prit jamais tasse
Et plus que vous il fuyoit la beauté.

Malgré le goust qu'il eut pour la retraite,
S'il avoit eu, tout bien considéré,
Ainsi que vous, une femme parfaite,
Il auroit pris congé de son degré [1].

A M*me* d'Huxelles [2].

De Come, ce 26° juillet.

Comme je crois, Madame, que je ne puis rien faire qui vous soit agréable que de vous escrire des nouvelles de M. et de M*me* de Vaudemont, je vais vous parler de mon passage à Milan. Je n'eus pas

---

[1] Nous croyons pouvoir attribuer cette réponse à M*me* d'Huxelles.
[2] Inédite.

plus tost mis pied à terre chez le président de Savoye que je receus des compliments de M. le prince de Vaudemont[1] qui avoit eu intention de me loger chez luy : un moment après il arriva. Après force embrassades, nous demeurasmes seuls : il fut question du roy duquel il dit des merveilles ; cela est croyable[2]. Il me parut pénétré de reconnoissance pour toutes ses bontés. Nous parlasmes ensuite de M. le mareschal de Villeroy qu'il aime tendrement[3] : j'en suis ravy, car vous savez l'attachement et l'amitié que j'ay pour luy. Nous parlasmes d'autres choses. Il s'en alla. Un moment après je fus luy rendre ma visite. Il vint au-devant de moy autant qu'il put : il me mena dans l'appartement de Mme de Vaudemont qui me parut se souvenir de moy. Je fus longtemps avec eux et je ne m'y ennuyay pas : ils sont de très bonne compagnie, polis et honestes à l'excès. Ils me retinrent à souper avec des dames et des principaux du pays. Je ne les quittay qu'après minuit. Il n'est pas estrange qu'on traite bien l'ambassadeur du roy : on me fit sentir que j'y avois aussy quelque part. Je m'apperceus que vous m'aviez rendu de bons offices auprès de Mme de Lillebonne[4] et vous en remercie. On ne peut rien ajouter à

---

[1] Cette lettre date évidemment de l'année 1691, époque où Coulanges revint à Rome avec le duc de Chaulnes.

[2] Ce prince, fils du duc Charles IV de Lorraine, s'attacha à cause de son père au roi d'Espagne, qui lui procura une brillante et rapide carrière. Il était devenu gouverneur général du Milanais. Il avait épousé une fille du duc d'Elbeuf.

[3] Saint-Simon cependant assure qu'il s'exprimait « très indécemment » sur le compte du roi.

[4] Mme de Lillebonne était femme du frère aîné du duc d'Elbeuf.

leur politesse pour tout le monde, aussy grands et petits les adorent : les dames sont charmées : on les trouve toutes belles et aimables : il s'en faut bien. La cour est très grosse. Il y a des jours où le nombre des dames dépasse deux cents. Tout le régal possible : à l'ordinaire il y a vingt ou trente dames et les principaux cavaliers. Milan est une grosse ville pleine de grands seigneurs et de gens riches : on ne s'en tient pas à la politesse. M. de Vaudemont a déjà rétably l'ordre, la justice et la sûreté publique ; les princes voisins, pour luy plaire, correspondent avec plaisir à ses bonnes intentions : on se loue en tout de luy, mais il fait sy différemment des autres gouverneurs que la jalousie et l'envie luy pourront attirer des ennemis en Espagne qui croiront qu'il avilit l'authorité du gouverneur parce qu'il leur donne l'exemple de bien faire, chose assez peu pratiquée. Tous louent le présent gouvernement : ceux qui aiment la licence tascheront de le blasmer et regretteront ceux qui leur permettoient tout, mais il est beau d'estre blâmé à ce prix.

J'ay promis de retourner par Milan et je me détournerois de bon cœur pour cela, si content je suis de leurs manières. Je fus hier matin incognito et sans cérémonie par la *Scala sancta :* on vouloit m'en faire autant, je le refusay ; le premier jour je me comportay en ministre du roy : le second, en personne privée, sans façon. Je parlay de tout librement et on en fit de mesme avec moy. Je ne finirois si je ne craignois d'en trop dire et peut-estre de vous ennuyer : d'ailleurs je suis en voyage :: il faut dormir, se reposer, recevoir des visites et en rendre. J'ay couché cette nuit en chemin chez le comte Borromeo dans une magnifique maison, régalé de toutes manières. J'attends ce soir S. A. R. et je m'embarqueray demain. Adieu, Madame, je suis un de vos plus fidèles serviteurs.

J'ay receu en chemin vostre lettre du 14e : mille et mille remercîments, Madame : vous me ravissez en m'apprenant ce que vous avez dit de moi en si bon lieu. Ce qui me fera supporter le chaud qui est extrême et le froid de bon cœur. Ma lettre est si barbouillée et escrite si fort en courant que je crains que vous ne la puissiez jamais déchiffrer. Je parle au roy de M. de Vaudemont comme il le mérite.

A Mme de Bernières [1].

Je resteray à Briare pour aller voir ma pauvre sœur qu'il y a cinq ans que je n'ay point veue, et avec qui je pourray bien passer au moins une quinzaine de jours. J'ay esté fort surpris et fort affligé de la mort de la pauvre petite Mlle d'Albret [2]; j'en ai pleuré amèrement. Je ne doute point que Mme de Maneville et tous nos bons Normands n'en ayent été aussy fort affligés. Dites bien des choses pour moy à Mme de Maneville [3], si vous la voyez, et que

---

[1] Inédite.
[2] Deuxième fille de Godefroy-Maurice de la Tour, duc de Bouillon et d'Albret, grand chambellan, et de Marie-Anne Mancini.
[3] Bonne de Mornay-Montchevreuil, mariée à Étienne, marquis de Manneville, gouverneur de Dieppe, en 1635.

soubs le bon plaisir des Louvois, j'espère bien de la revoir encore à Navarre. Adieu, mon aimable camarade, je vous asseure que je suis, toujours sans compliment aucun, mil fois plus à vous qu'à moy-mesme. Mme Galand et M. le chevalier de Tilladet me prient de vous dire mil choses agréables de leur part. Je laisse la plume à Mme de Louvois.

COULANGES.

Puisque Coulange vous fait un si beau détail de mes maux, je vous diray simplement, ma chère Bernières, que je ne parle présentement point et que mon enrouement est accompagné d'une fluxion dans la teste qui me tombe sur les dents, qui me déplaît très fort; c'est ce qui m'a empesché de vous escrire une grande lettre, car vous scavez que lorsqu'on souffre, on n'est bonne à rien. Cela ne m'empesche pas de vous aimer très tendrement et d'estre ravie de trouver les occasions de vous le dire.

A Mme d'Huxelles [1].

Paris, le jour des Roys 1698.

Bon jour et bon an. — Vous aurez cet ordinaire-cy un autre secrétaire que le comte de la Borde; croyez-vous que je ne sois pas très disposé à vous rendre service et toujours prêt à estre l'interpreste de tous les sentiments tendres et aymables que Mme de Louvois

---

[1] Inédite.

conserve pour vous : c'est donc en cette qualité que je vous diray aujourd'huy de sa part, Madame, qu'elle est plus escloppée que jamais : elle s'est mise entre les mains de Chambon[1], ce médecin si renommé qui guérit tout le monde, mais comme il luy demande trois semaines pour qu'elle puisse se louer de l'effet de ses remèdes, elle ne peut vous rendre compte présentement que de l'agitation qu'ils luy donnent, et d'un mal qu'elle sent dans les reins, quy luy fait toujours appréhender sa colique : au reste la sisanie s'est introduite dans nostre société. La mareschale d'Estrées[2], en faisant une donation à son fils[3] d'une terre qui luy appartenoit desjà, l'a substituée à luy et à ses enfants, et à leur défaut à l'abbé d'Estrées[4], et ensuite à Mlle de Tourbes[5] passant par dessus la teste de Mme de Courtanvaux qu'elle deshérite à pur et à plein[6]. Cette do-

---

[1] Joseph Chambon (1647-1733), né à Grignan : une querelle l'obligea à quitter Marseille où il exerçait : il passa alors en Pologne, où il devint médecin du roi Sobieski, puis il alla en Hollande et enfin revint à Paris, où Fagon l'accueillit avec faveur. Il ne fut jamais cependant reçu à la faculté, parce qu'il refusa de prêter le serment de ne jamais donner que des remèdes approuvés, prétendant posséder des spécifiques merveilleux. Le parlement l'autorisa avec le titre de licencié, et il eut une grande vogue. Une mauvaise affaire lui fit passer deux ans à la Bastille. En sortant, il retourna à Marseille.

[2] Marie-Marguerite Morin, fille d'un secrétaire du roi, mariée en 1658 au maréchal-amiral comte d'Estrées, morte le 15 mai 1714.

[3] Victor-Marie, comte puis duc d'Estrées, maréchal de France en 1704, mort sans enfants en 1737.

[4] Jean d'Estrées, frère du précédent, ambassadeur en Portugal et en Espagne, archevêque de Cambrai en 1716. Mort en 1718.

[5] Élisabeth-Rosalie d'Estrées, sœur des précédents, morte sans alliance en 1750.

[6] Marie-Anne, leur sœur, mariée en 1691 à François le Tellier, marquis de Courtanvaux, puis de Louvois, morte en 1731. Par suite de l'extinction de sa famille, ses enfants héritèrent de tous les biens des d'Estrées et l'aîné releva le titre du duc d'Estrées.

nation est faite dès l'année passée, et Mme de Louvois l'ayant descouverte depuis peu, s'est trouvée fort offensée, aussi bien que toute sa famille, d'un pareil procédé, qui marque plutôt la mauvaise volonté de la mareschale que sa prudence, y ayant toutes les apparences du monde que le comte d'Estrées aura beaucoup d'enfants :: le maréchal a esté trompé par sa femme qui l'a fait signer comme un enfant, dont il est fort estonné présentement, mais la chose est faite ; ce que voyant Mme de Louvois, elle a pris le party d'avoir fort peu de commerce avec la mareschale et sa fille ; pour cest effect afin qu'elle n'en prétende cause d'ignorance, elle la receut hier avec un froid à glacer, et la reconduisit jusqu'à la troisième chambre, en ne parlant que par monosyllabes. On est estonné qu'elle se soit exposée à cette froide réception, ne devant pas ignorer le mescontentement bien fondé de Mme de Louvois. Le cardinal [1], le comte et l'abbé d'Estrées sont fort mal contens et sont venus voir Mme de Louvois, et luy ont fait mil honnestetés. Ainsy voyla deux places à table qui reviennent dans le commerce ; il y en aura bientost une de remplie, si le mariage de Mlle de Rebenac se fait avec M. de Souvré [2]. Il est embarqué, mais dans un vaisseau encore si agité, qu'il n'y a que Dieu qui sache s'il fera naufrage ou s'il arrivera heureusement dans le port. Vous croyez bien que s'il y arrive, nous chanterons tous tant que nous

---

[1] Le cardinal d'Estrées, frère du maréchal-amiral.

[2] Charlotte de Pas de Feuquières, fille de M. de Feuquières et de Jeanne d'Esguille, nièce et héritière du vicomte de Rebenac, mariée le 19 février 1698 à Louis le Tellier, marquis de Souvré, second fils de Louvois.

sommes dans l'hostel de Louvois : *Hélas, mon Dieu, que de belles filles nous voyons icy*. Je ne sais si Mme de Louvois fera chorus avec nous, prévoyant une augmentation d'estrennes, car pour cette année, elle en vient d'avoir pour 10,000 fr. d'un seul article en ayant donné huit aux quatre dames et deux à M. de Souvré en considération des dépenses extraordinaires qu'ils ont esté obligés de faire pour les nopces de M. le duc de Bourgogne. Mamour a esté malade depuis quelques jours d'un gros rhume, qui l'a obligée de garder le lit. — Le roy va aujourd'huy à Marly pour jusques à samedy ; au retour on prendra le deuil pour six semaines de la duchesse de Lorraine. Vos enfants sont arrivés heureusement et mon fils n'a pas manqué de me venir voir. J'iray incessamment l'en remercier et rendre mes respects à Caterine de la Motte et lui souhaiter la fécondité de Isabeau Fourvel pour continuer une si bonne race. — Parlez-nous un peu de vostre retour, mon cher camarade. Vous aurez beau vous presser, vous partirez toujours trop tard. J'ay receu une dernière lettre où je n'ay rien trouvé à dire que d'avoir donné la mienne à Mme la procureur générale : pourquoy après l'avoir leue, ne l'avez-vous pas bruslée ? Si à l'avenir vous ne prenez pas ce party, je seray plus circonspect pour vous escrire. — Mais à quoy je trouve à dire encore c'est que vous ne m'ayez pas dit un mot de Mlle de Bernières [1], à qui je prends tant d'intérest. Est-ce qu'elle n'est pas auprès de vous ? Je ne

---

[1] Gabrielle Maignard de Bernières, mariée au marquis de Flavacourt.

doute pas que vous ne voyez Mme de Saint-Geran [1], en repassant, et que vous ne vous fassiez présenter par elle à Mme de l'Isle Marie, si elle y est encore, nommée depuis deux jours par M. l'archevesque de Paris pour le prieuré de Conflans. Voilà un très bon choix, mais je souhaite pour la maison où elle va demeurer qu'elle ne soit pas aussi austère que sa sœur aisnée qui est à Bellefond; pour moy j'ay fort bonne opinion de sa domination, voilà tout ce que je vous puis dire. Il y avoit à Conflans une Mme d'Onsembray qui a bien fait ce qu'elle a pu pour avoir ce bénéfice, mais Dieu ne l'a pas voulu. Adieu, mon cher camarade; Mme de Louvois vous embrasse, et moi je vous assure que je suis plus à vous que jamais. — Madame Galand vous fait mil compliments et dit qu'elle ne manquera pas de faire ce que vous luy ordonnez.

COULANGES.

Je ne me contente pas de l'embrassade que Coulange vous fait de ma part, je veux moy-mesme vous dire que je vous aime très tendrement, car pour les nouvelles, il escrit sy bien que je me ferois scrupule d'y adjouter la moindre chose. Adieu, revenez promptement; je vous attends avec impatience [2].

---

[1] Fille de M. de Blainville, premier gentilhomme de la chambre de Louis XIII, veuve en 1696 du comte de Saint-Géran, lieutenant général : dame du palais de la reine : « Charmante d'esprit et de corps, dit Saint-Simon, elle l'avoit été pour d'autres que pour son mari. Elle ne sortoit point de la cour, et n'avoit point d'autre demeure; c'étoit en tout une femme d'excellente compagnie et extrêmement aimable, et qui fourmilloit d'amis et d'amies. »

[2] De la main de Mme de Louvois.

A la même.

Ce jour de Noël au soir 1698.

Après avoir fait aujourd'hui mon bon jour, s'il a plu à Dieu, avoir assisté aux vespres et au sermon de ma paroisse, et finy ma journée par le triste spectacle de nostre pauvre duchesse de Chaulnes qui est à l'extrémité [1], j'ay cru que je ne pouvois mieux faire, avant que de me retirer chez moy, que de porter à Mme de Grignan et au chevalier un extrait de vostre lettre que je receus hier, pour leur faire connoître l'intérest que vous prenez en Pierre Plumet dit Sans-Soucy, forçat dans la Capitaine Réale, et la lettre en original que ce malheureux vous a escrite, où l'attitude où il sera pour recevoir la bastonnade est si bien désignée, et si bien peinte. Vostre protection, Madame, et le portrait ont fait sur eux tout l'effect que vous pouviez désirer, car comme M. de Monmort n'est point à Marseille, et qu'il est en ce pays-cy, dans une terre à luy, d'où il ne reviendra qu'après ces festes, comme le temps de la bastonnade approche fort, Mme de Grignan et le chevalier se sont chargés d'en-

[1] Élisabeth le Feron, veuve du marquis de Saint-Mégrin, remariée au duc de Chaulnes, ambassadeur à Rome : il mourut le 4 septembre 1698 et elle le 6 janvier 1699. Ce ménage avoit été d'une union exemplaire. Elle avait « pour la figure, dit Saint-Simon, l'extérieur d'un soldat aux gardes et même un peu suisse habillé en femme, elle en avoit le ton, la voix et des mots du bas peuple. Beaucoup de dignité, beaucoup d'amis, une politesse choisie, un soin et un désir d'obliger qui tenoit lieu d'esprit sans jamais rien de déplacé, une grande vertu, une libéralité naturelle... elle étoit comme adorée en Bretagne. »

voyer dès demain par la poste à M. de Grignan qui est à Aix la lettre en original de vostre favory, afin qu'il voye aussy luy-mesme ce portrait si capable d'exciter la charité et la compassion, et j'y ay joint de ma main l'extrait de votre lettre pour qu'il n'ignore aucune des bonnes qualités du galerien, qu'il n'ignore pas le soupçon que vous avez qu'il pourroit estre de quelque chose à M. de Bernières par l'amitié qu'il a pour luy, et que vostre protection va jusques au point de faire espérer quelque argent pour le tirer de l'orage dont il est menacé. Ce paquet partira donc demain : il arrivera à Aix vers le dernier jour de l'an. Ainsy avant le 8ᵉ de janvier qui est le temps marqué pour la bastonnade, vostre amy pourra estre secouru. Voilà de nostre part tout ce qui se peut faire pour son service. C'est à vous à faire le reste pour envoyer effectivement l'argent que vous promettez : sans cela Mᵐᵉ de Grignan et le chevalier ont dit que se fiant à vostre parole, M. de Grignan pourroit bien avancer tout l'argent qui est dû à ce comite pour faire entièrement cesser la noise, et ayant approuvé cet avis, nous avons raisonné jusques à quelle somme M. de Grignan pourroit bien faire cette avance, et nous avons conclu et arresté que M. de Grignan pourroit bien aller jusques à 30 pistolles, mais pas davantage sans vous le faire savoir ; ainsy, mon cher camarade, prenez vos mesures là-dessus et songez qu'il est dit en commun proverbe que les bons rendeux font les bons presteux. Voilà tout ce que j'ay à vous dire sur ce sujet, et vous devez estre contente de toutes les diligences que j'ay faites, car je n'ay esté aux Grignans qu'après avoir esté hier aussitost après vostre lettre receue chercher M. de Monmort à qui je ne laisseray pas de faire la proposition de mettre vostre homme à l'infirmerie des galères, dès que je le sauray de retour à Paris. Il est vray qu'il y a un temps infiny que je ne vous ay escrit, mais je sçavois du moins que vous vous estes allée en vostre pays de Caux, informée de bien des choses par la lettre que Mme de Saint-Géran vous avoit leue et à laquelle elle avoit donné de si bons tons; elle n'a pas manqué, cette oubliée comtesse, de me rendre compte de tous les pas inutiles et utiles que vous avez faits pour la voir, et de me remercier encore sur nouveaux frais de lui avoir procuré une aussi bonne connoissance que la vostre et d'aussi bonnes visites. Il me paroist par tout ce que vous m'escrivez, chacune de vostre côté, que vous estes fort contentes l'une de l'autre, et cela me fait un plaisir sensible par la passion que j'aurai toujours de concilier ensemble tous mes bons amis. J'espère de même que par vos bons témoignages et les rapports avantageux que vous ferez à Mme de Louvois de cette pauvre exilée [1], elle ne se retournera plus sur sa réputation comme elle faisoit du temps

---

[1] Dangeau nous dit, à la date du 25 octobre 1696 : « Le roi, mécontent de la conduite de Mme de Saint-Geran, lui a envoyé ordre à Versailles, où elle étoit demeurée, de s'éloigner de la cour de plus de trente lieues. On lui continuera sa pension. On ne dit point encore le sujet de sa disgrâce, qui apparemment sera longue, et le roi a déjà disposé de son appartement. » Elle ne rentra en grâce qu'au mois de janvier 1700 : « Elle est rentrée dans tous les agréments, dit Mme de Sévigné, qu'elle pouvoit désirer, mais, comme à quelque chose malheur est bon, elle les ménagera plus que par le passé. »

qu'elle estoit à la cour, persuadée qu'il n'y avoit point dans le monde une plus méchante femme, cecy entre nous s'il vous plaist, et c'est précisément ce qu'elle n'est point, et ce qu'elle n'a jamais esté, car la pauvre diablesse n'a jamais fait tort qu'à elle-mesme, et si on a eu quelque sujet de se plaindre d'elle, hélas, cela n'a jamais esté que par quelque imprudence où elle est tombée, car dans le fond elle n'a jamais eu aucune mauvaise intention. Quoi qu'il en soit, voilà une bonne pénitence qu'on lui a fait faire, et ce que je trouve de pis c'est qu'elle ne finit point. Ses imprudences en vérité ne méritoient pas un si rude traitement; elle est bien heureuse d'avoir autant de patience qu'elle en a, car il est à noter que par ses lettres elle ne fait pas entrevoir le moindre chagrin d'estre dans une maison et avec des filles dont elle ne cesse pas de chanter les louanges. Mme de Louvois est plus accablée que jamais de bombes et de tourbillons; elle pleure la liberté qu'elle tient avoir perdue, et donnerait la moitié de son bien pour avoir ses coudées plus franches; elle s'eschappa de chez elle avant hier pour disner chez son fils l'abbé [1], mais encore la chose ne se passa pas si secrètement qu'elle n'y vît arriver sur ses pas son fils de Courtanvaux, dont elle se seroit très bien passée; les convives touchés de la baguette étaient la duchesse de Villeroy [2], Mme Ga-

---

[1] Camille le Tellier (1675-1718), abbé de Bourgueil, chanoine de Reims, membre de l'Académie française, refusa en 1717 l'évêché de Clermont.

[2] Marguerite le Tellier, fille de Louvois, mariée en 1694 au duc de Villeroy, morte en 1711 : « Personne droite, naturelle, franche, sûre, secrète, qui, sans

land, le chevalier de Tilladet ¹ avec le meilleur vin de Champagne que j'ay jamais beu, et moy. Jamais il n'y eut de plus exquis disner ; nous nous y réjouismes fort, nous y beûsmes à merveille des vins de toutes couleurs, et après une fort longue table, nous nous séparâmes, et nous nous dismes un très tendre adieu, car de ce pas Mme de Louvois avec Mme Galand s'en alla dans son couvent, d'où elle ne reviendra que samedy, et la duchesse de Villeroy prit le chemin de Versailles où désormais elle fera son séjour le plus ordinaire : la veille de ce jour-là, c'est-à-dire lundy, je fus encore d'un disner avec Mme de Louvois et Mme Galand chez le maréchal de Villeroy dans une petite maison à bonne fortune qu'il a louée cent escus dans le faubourg, et hors la porte Saint-Honoré, dans le voisinage de la Ville-l'Evesque. La maréchale et la duchesse de Villeroy furent aussy de ce repas, avec l'archevesque de Reims ² et Langlée ³ ; ce fut une très bonne chère et l'on y eut autant de liberté qu'il convenoit à telle compagnie. Il me paroist qu'à l'avenir le maréchal ne doit plus guère songer qu'aux hon-

---

esprit, étoit parvenue à faire une figure à la cour et à maîtriser mari et beau-père. » (Saint-Simon.)

¹ Gabriel de Cassagnet, chevalier de Tilladet, connu par son aventure avec le duc d'Aumont qui le crut l'amant de sa femme, laquelle se retira au couvent de Saint-Marceau.

² Charles-Maurice le Tellier (1642-1710), archevêque de Reims en 1671, frère de Louvois.

³ Fils d'une femme de chambre de la reine mère, qui gagna dans les affaires une fortune immense, prit pied à la cour par sa liaison avec Monsieur et s'y rendit l'arbitre des modes et des fêtes. Il mourut en 1708. « Le monde, dit Saint-Simon, y perdit des jeux, des fêtes, et des modes, et les femmes beaucoup d'ordures. »

nestes femmes, ainsy certaine porte à bonne fortune qui donne dans une rue escartée pourroit bien devenir la moins fréquentée de cette petite maison. Je ne sçay à qui en ont tous mes héros, mais ils ne sont pas les maistres de leurs boyaux. Est-ce que vous ne savez pas encore que le maréchal de Boufflers est sur le grabat et qu'on luy a fait une opération fort douloureuse pour lui remettre le fondement qui étoit tombé, de sorte qu'il a fallu cette fois-cy appeller un chirurgien pour faire rentrer une infinité de guenilles qui estoient sorties. Je dis cette fois-cy, car c'est un mal dont il ne se vantoit pas, auquel il y a plus de vingt ans qu'il estoit subject; mais sans secours il repoussoit luy-mesme tout ce qui luy tomboit : on dit que ce mal s'appelle un *ténèsme*. Ainsi désormais nos généraux feront fort bien d'avoir des chausses plus larges, car voyez combien de meubles ils seront obligés d'y cacher. — Je ne vous diray point beaucoup d'autres nouvelles, parce que je n'en sçay pas : celles qui regardent M. de Barbesieux sont vieilles à l'heure qu'il est et finies : il a rendu sa femme à père et mère à condition qu'ils l'emmeneroient en Auvergne [1], dès que sa santé le pourra permettre, et leur a remis pour la deffrayer les quinze mille livres de rente auxquelles ils étoient obligés pour chacun an, sans en rien retenir

---

[1] Louis-François le Tellier, marquis de Barbezieux, troisième fils de Louvois (1668-1701), remarié en 1696 à Eustochie d'Alègre, morte en 1706. Il traitait sa femme comme une enfant et ne cachait pas ses galanteries. La jeune femme, piquée, écouta les déclarations du duc d'Elbeuf, sans cependant justifier les soupçons qu'imagina la jalousie de Barbezieux : il se dit partout trompé et fit si grand bruit que le roi intervint et décida que la marquise retournerait chez ses parents. Tout le monde blâma Barbezieux.

pour les deux petites filles dont il s'est chargé fort généreusement. Ce procédé honneste est fort approuvé, mais les advis sont fort différents sur le party qu'on a pris. Il s'est dit là-dessus qu'il n'y avoit guère de maris sans cornes, que les sages les portoient dans leurs poches, et qu'il n'y avoit que les fous qui les en tirassent pour en orner leur front. On a voulu donner ce dictum à la marquise de Créquy, mais mal à propos, car on prétend qu'il vient du feu abbé d'Effiat sur le sujet de M. Mazarin ; mais quoi qu'il en soit, il a été assez renouvellé des Grecs. — Quelle nouvelle avez-vous de Flandres : si vostre pacquet y est content, c'est une mesure asseurée qu'on y est content de vostre pacquet. Je luy ay escrit pour un chirurgien qui a besoin de sa protection : il ne tiendroit qu'à moi d'aller en ce païs là, au moins à Lille pour les nopces de Mlle de Bagnols[1] avec le comte de Tillières ; j'en suis fort sollicité par M. et Mme de Bagnols, mais en vérité la saison et les chemins ne m'invitent point à faire ce voyage : c'est par l'advis de toutes les bonnes testes que ces nopces se feront là bas, afin de finir affaire une bonne fois pour toutes, car en les remettant icy, elles iroient aux kalendes grecques. M. de Bagnols ne peut pas demander honnestement son congé à cause de l'affaire des limites, et il est si sujet à la goutte d'un autre costé que ce seroit une fillerie de parfait amour qui ennuieroit tout le monde.

---

[1] Fille de M. du Gué-Bagnols, conseiller d'État et intendant à Lille.

S'il y a longtemps que je ne vous ay escrit, ma chère camarade, au moins méritai-je quelque pardon pour cette lettre-cy d'un volume assez considérable, si tant est qu'elle ne vous tourne point à importunité, car quelques fois les longues lettres produisent fort bien cet effect. Dans cette crainte je ne l'allongeray pas davantage quoique je ne la puisse finir sans vous embrasser très tendrement, si vous me le voulez bien permettre, et vous asseurer, sans compliment aucun, que je suis, ma chère camarade, mille fois plus à vous qu'à moy-mesme. Donnez-moy, je vous en conjure, quelque signe de vie sur vostre retour, si vous voulez prendre soin de la mienne, et trouvez bon que je fasse icy mil complimens à M. de Bernières, et que je l'exhorte à ne pas abuser encore longtemps de vostre docilité. Je ne verray Mme de Louvois que lundy, que j'iray disner avec elle; il y a une pièce de bœuf sous la presse pour ce jour là : je ne manqueray pas de luy montrer vostre lettre, mais je seray bien fachée de n'avoir point à luy montrer la peinture de vostre amy, qui ne luy auroit pas esté indifférente. Mais adieu.

A la même.

A Choisy, le 7e novembre 1701.

Vos réponses sont arrivées à bon port, mon aimable camarade, et ont esté receues selon leur mérite; mais il n'y a pas moyen de rire aujourd'hui avec vous; nous connaissons vostre bon cœur, nous sçavons comme vous estes pour vos amys, or c'en est assez pour vous faire des complimens de condoléance très sincères sur la mort de M. le président de Crevecœur, car c'est une perte publique. Voylà une belle succession pour madame sa sœur et qui va bien faire regretter Tonnerre et ses dépendances au comte qui n'en a plus que le nom [1]. Voilà une nouvelle qui vous va bien jetter encore dans de tristes réflexions, et la solitude de la campagne par le temps qui va faire ne vous resveillera pas. Au nom du ciel, mon cher camarade, hastez le pas pour revenir, il y va de vostre vie. J'en advertis M. de Bernières. Nous possédons la belle duchesse de la Roche-Guyon, et dans ce moment M. l'evesque de Rennes [2], mais il n'est venu que disner avec nous. Nous attendons vendredy une grande recreue de Fontainebleau, et de ce jour-là jusque au lundy au moins, il y a apparence que nous aurons cour plénière. Voilà tout ce que je vous puis dire de ce pays-ci. Mme de Louvois n'a pas encore fixé le jour de son départ; elle dit tousjours que le temps en décidera, persuadée avec raison que plus on retourne tard à la ville et plus on en trouve l'hyver plus court. Adieu, mon très aimable camarade; nous n'avons rien à nous reprocher sur la petite incommodité que Mme de Scudéry a contractée à

---

[1] Adrien de Hannivel, marquis de Crèvecœur, président au parlement de Paris, secrétaire des commandements du duc d'Orléans, marié à Marie le Camus; leur fille Marie avait épousé en 1688 Joseph, comte de Clermont-Tonnerre; veuve en 1705, elle mourut en 1727. Son frère, président à la même cour, mourut en novembre 1701, et laissa à sa sœur une grosse fortune.

[2] Joseph de Beaumanoir de Lavardin, nommé en 1676, mort en 1711.

Choisy, Mme la comtesse de Belin m'ayant asseuré que le voir et le voir faire n'estoit qu'une mesme chose, mais cela ne touche en rien son bon esprit ni tout son mérite. — Voilà M. l'abbé de Caumartin tout à propos pour vous dire par moy que l'abbé du Creux est à Paris et qu'il n'en sait pas davantage. — Mme de Louvois est bien en peine pourquoy vous le demandez avez tant d'impatience.

Est-ce parce que il est beau, qu'il chante bien, qu'il joue à l'hombre et qu'il est homme de bien? Cette dernière qualité est bien nécessaire à présent que l'on meurt si promptement. Sérieusement, ma chère Berniolle, je suis bien fachée de la perte de M. de Crevecœur : c'en est une véritable pour ses amis et pour nous dans les affaires de la succession de mon fils dont il estoit un des arbitres. Je croys que vous pressentiez cette affliction par le chagrin que vous me paroissiez avoir dans vostre campagne. Ne vous avisez pas d'y demeurer si longtemps et il faut avoir de la vie quand il nous en reste. Sur ce adieu, ma chère, je vous embrasse de tout mon cœur.

Mme Galand vous fait mil complimens sur la mort de M. de Crevecœur.

Les *turlure* ne sont-ils pas allés jusques à vous? En voicy un qu'on chante dans nos campagnes :

> Le céleste amour, Louvois,
> Pour peu que ton zèle dure,
> Comme à Thérèse autrefois, turlure!
> T'embrasera la fressure, turlure!

CHAPITRE VIII.

Et naguère celuy-ci dans la ville :

> A l'église Crevecœur,
> En très dévote posture,
> Minaude le Créateur, turlure !
> Et lorgne la créature, turlure [1] !

A la même.

A Bourbon, ce 27 septembre 1702.

Boire, manger............ depuis le matin jusqu'au soir, voilà ce que nous faisons icy, mon aimable camarade, et dès que cette occupation nous donne un peu de relâches, nous jouons au lansquenet qui n'est point si petit que les escus et demy pistoles ne trottent sur les cartes, et les 7 et 8 pistoles aux réjouissances. Cette saison à Bourbon n'est pas aussi florissante que l'estoit le printemps, mais cependant nous avons encore icy plus de compagnie que nous n'en voudrions par l'obligation où l'on est d'envoyer et de recevoir des compliments tous les matins de gens dont on ne se soucie guère, et de s'entre-rendre régulièrement des visites toutes les après-dîners ; il faut cependant vous dire quelle est notre compagnie. Mme la duchesse d'Elbeuf-Navailles [2], Mme et Mlle de Sore [3],

---

[1] De Mme de Louvois.

[2] Françoise de Montaut, fille du duc de Navailles et de Suzanne de Baudouin, troisième femme du duc d'Elbeuf, morte en 1717, mère de la duchesse de Mantoue.

[3] Mlle de Bournonville, mariée au comte de Croy-Solre, lieutenant général : elle se brouilla avec lui à cause de leur fils, qui voulait diriger la maison : elle saisit l'occasion d'aller en Espagne, en 1713, pour marier, avec le comte de Ro-

Mme d'Olonne [1] et Mlle de Boislot, la délicate Mme de Toisy [2], Mme du Basset votre amie, le procureur général, sa femme, sa fille et Mme Tubeuf [3], M. et Mme Lefèvre de Versailles avec Mlle de Souches, beauté qui autrefois esgratigna le cœur de M. de Souvré, M. le comte d'Aubigny [4], M. Stouppe et M. Vacquer, officier suisse, avec quatre dames qui regardent les pistoles comme de la paille; Mme la marquise de Sachet, fille de Mme de la Jonchère [5], M. de Creil, maître des requêtes, M. de Charny, conseiller du grand conseil, l'abbé de la Chesnaye, toute une couvée des Chastelet de Bretagne, le marquis de Ponbriant, Mme Gelée, M. de Bannes, un bon Flamand, M. de Beaucousin et Mme de Lespau de Moulins.

Le reste ne vaut pas l'honneur d'estre nommé, mais enfin nos journées se passent insensiblement; c'est

becque sa fille qui n'était plus jeune et avait toujours été laide, mais qu'elle aimait trop passionnément pour s'en séparer.

[1] Marie de la Trémoille-Royan, mariée à M. de Montmorency, duc d'Olonne et de Châtillon, en 1696, veuve en 1731.

[2] Mlle Jappin, mariée à François Chaillou de Thoisy, conseiller à la cour des comptes : « Femme de très peu, » dit Saint-Simon dans ses additions au *Journal de Dangeau*, « mais de beaucoup d'esprit et d'honnête galanterie, qui avoit trouvé moyen de voir la compagnie la plus choisie, et quand elle eut vieilli, de la voir avec autorité. On ne laissoit pas de s'en moquer. Mais avec tout cela elle tenoit son petit tribunal dans Paris où l'élite de la cour ne dédaignoit pas d'aller. » Elle voyait beaucoup le cardinal d'Estrées et sa famille et les Noailles, auxquels elle donna presque toute sa fortune. Elle mourut au mois de mars 1703.

[3] Marie de Caradas du Héron, baronne de Tubœuf, mariée à Pierre le Marchand de Bardouville, conseiller au parlement de Rouen.

[4] Est-ce le frère de Mme de Maintenon?

[5] Marguerite Colbert, mariée à M. de la Jonchère, puis à Louis Bautru, dit le chevalier de Nogent, veuve en 1708; son mari laissa tous ses biens aux enfants de sa femme. « C'étoit une espèce de brutal, favori de Louvois et de Saint-Pouange, ancien aide de camp du roi, avec qui il étoit assez familier. »

une très belle cérémonie que de nous voir tous les matins, Mme de Louvois, Mme Galand et moy, autour d'un grand chaudron, prendre à qui mieux mieux nos dix grands verres d'eau. Mme de Louvois n'est jamais bien contente quoiqu'il soit constant au moins que les eaux bien loing de luy faire du mal luy font faire les plus belles foirades qui furent jamais, et toujours ornées de mil petites babioles qui font espérer que la colique ne reviendra pas : mais tantost on ne dort guère, tantost point du tout, tantost on a mal au cœur, tantost on rote des œufs durs, tantost on a mal à la gorge, tantost on a une douleur dans l'estomac, tantost on a une exstinction de voix. Enfin tout va assez bien en gros, mais en détail la satisfaction n'est jamais entière. Nous serons icy jusque au dix de mai prochain et puis nous reprendrons [1].

---

[1] Voici deux chansons de Coulanges qui se rapportent trop directement à cette lettre pour ne pas trouver place ici :

A madame de ***, sortant de Bourbon.

A qui peut vivre sans maladie,
Que Bourbon est un triste séjour !
Quand pourrois-je à ma fantaisie
Boire frais, mener joyeuse vie,
Courir la nuit, et dormir tout le jour ?
D'eau chaude vous n'avez que trop pris :
Laissez en repos votre derrière.
Renoncez à Griffart, belle Iris.
Ramenons la pauvre Bernière,
Nous avons tous besoin de Paris.

LES BUVEURS D'EAU DE BOURBON.

Le chapelet est défilé :
  Monsieur de la Vrillière,
Le maréchal de la Ferté,
  La belle Rivière,

A la même.

A Paris, ce 5 octobre 1702.

Encore faut-il, Madame, que mon escriture aille à la Rivière [1] puisque je ne suis pas assez heureux pour y pouvoir aller moy-mesme et que « privé de mon vray bien, ce faux bien me soulage, » sera-t-il dit qu'aucun coup de vent ne m'y jettera jamais, quand il vient précisément de me jetter dans Rheims où je n'avois jamais cru voir de mes deux yeux le grand prélat qui y réside et y passer quatre jours avec autant d'attention et d'application qu'il a eu à me tesmoigner la joie qu'il avoit de me voir dans son magnifique palais et à sa

> Kerjan, Tubeuf et Harouïs,
>   Charlet, Tonnay-Charente
> Ont déjà quitté le pays :
>   Leur fortune est charmante.
>
> Nous avons encore à Bourbon
>   Rabele et Sapeville,
> Tilly, Pomereuil, et Bezon,
>   Doujat et Quedreville,
> Duker, Bouligneux, Valavoir,
>   Du Canal et Langlée ;
> G..... seroit fort bonne à voir,
>   Tresme la tient cachée.
>
> Quant à la divine Louvois,
>   Comme elle est grande dame,
> Elle boira cinq ou six mois
>   Pour purger corps et âme !
> Ainsi le veut monsieur Griffet,
>   Ainsi le veut Baudière,
> J'en mourrai ; c'en est déjà fait
>   De la pauvre Bernière.

[1] Le château de la Rivière-Bourdet (aujourd'hui Quevillon), où demeurait Mme de Bernières.

magnifique table ¹. Est-ce que Mme de Louvois, Madame, ne vous a pas rendu un fidèle compte de tous ses voyages, et de toutes ses prospérités, sans vous laisser ignorer pourtant tous les œufs durs, tous les rapports, tous les aigres, toutes les crudités, toutes les indigestions, toutes les chaleurs, tous les chemins de traverse et toutes les montagnes qui luy ont causé de mauvais jours et encore plus de mauvaises nuits, véritables troubles-festes pour le voyage de long cour, principalement. Cependant ce dernier s'est fait et accomply fort heureusement. Mme de Louvois, depuis jeudy dernier que nous sommes arrivés, a resté icy pour s'y donner à ses amys et amyes, et hier seulement elle partit pour Choisy, où elle restera apparemment jusque après la Toussaint, comme elle a accoustumé. Elle doit envoyer icy lundy le corbillard pour y charier le père Gaillard ², son compagnon, Mme de Coulange et moy, où quand j'auray bien establi toute la compagnie, je m'en reviendray icy pour, sans perdre de temps, m'en aller planter, arracher, arranger mon Ormesson pour le mettre en estat d'estre habité sans scrupules au printemps prochain, et que vous mesme toute la première, Madame, veniez manger une fricassée dans cette antique maison. J'en vis hier qui ne l'est en aucune façon, qui est celle de M. Amelot ³,

---

[1] Coulanges accompagna Mme de Louvois plusieurs fois dans ses voyages au château de Louvois, situé entre Épernay et Reims. Il a parlé de ces contrées dans deux chansons.

[2] Jésuite, bon prédicateur.

[3] Michel Amelot, marquis de Gournay, conseiller d'État, ambassadeur en Espagne, mort en 1724, marié à Mlle le Pelletier de la Houssaye.

conseiller d'Estat; elle estoit autrefois au Sr Munle qui suivant la métode de ses confrères, a trouvé le moyen en cinq arpents de terre de dépenser plus de cinquante mille escus, et M. Amelot aura le plaisir d'avoir ce raccourcy de toutes merveilles et de toutes les modes présentes selon toutes les apparences pour moins de vingt mille francs; il m'y donna hier un très joly disner où il ne manquoit que Mme de Vaubecourt[1] qui est depuis plusieurs jours à Mauregard[2] chez sa cousine et la votre, Mme la présidente Amelot, qui passe aussy pour un raccourcy de toutes les merveilles; mais à propos de maison, Madame, et pour cause, faites moy l'honneur de me mander promptement, si cela ne tourne point à importance, si vous voudriez vendre votre maison de Rouen où loge M. le président de la Ferté et le prix que vous l'estimez. Je suis prié par des personnes très solvables de vous faire cette demande. Mais voilà assez parler maisons. Mandez moi ce que vous faites, ce que vous dites, quelle est votre compagnie, et si quelquefois il ne s'y rencontreroit pas de ces bons Normands pour qui vous sçavez que je conserve tant d'estime et tant d'amitié. Mignonette a bien la mine d'estre au fond de son puits à Varangeville[3], que je sçois estre la pièce la plus considérable de sa maison, car voicy une saison où

---

[1] Catherine Amelot, sœur du précédent, mariée en 1680 à M. d'Haussonville, comte de Vaubecourt.

[2] Terre avec titre de marquisat appartenant à Charles Amelot, marquis de Combronde, président au parlement en 1687, marié à Antoinette de Brion, fille du marquis de Combronde, conseiller au parlement, et de Marie de la Barde, morte en 1726.

[3] Terre de Pierre Roque de Varangeville, ambassadeur à Venise, qui avait pour filles la maréchale de Villars et la présidente de Maisons.

chacun est volontiers dans sa chaumière. L'on dit que le roy pourra bien avancer son retour de Fontainebleau dès qu'il y aura un jour favorable pour ramener Mme de Maintenon qui après avoir donné quelques apparences de guérison est retombée de plus belle. Cette obstination de fluxion et de fièvre fait faire bien des almanachs ; je ne vous parleray point des grandes ou des petites choses qui se passent sur le théâtre de de l'Europe, j'en laisse le soin à Mme de la Rocheguyon [1] qui en est mieux informée que moy, et qui apparemment ne vous les laisse point ignorer. Adieu, Madame, c'est trop long temps vous conter des riens, mais qu'importe pourvu que j'en vienne à mon but principal qui est de vous protester sur nouveaux frais, mon très aimable camarade, que je vous honore et que je vous révère et que je suis plus à vous que jamais.

COULANGES.

Mme de Coulanges qui vous fait mil complimens, est fort attristée de la prison de son médecin Chambon qu'on a mis à la Bastille pour un prétendu commerce avec un prince napolitain qui estoit à Vincennes, et qu'on y a mis aussy [2]. Mais cependant les infirmes qui ont confiance en luy patissent fort de l'absence de leur médecin.

---

[1] Madeleine le Tellier, fille de Louvois, mariée en 1679 à François, duc de la Roche-Guyon, puis de la Rochefoucauld.

[2] Chambon avait voulu faire évader ce Napolitain pour lequel il avait été appelé.

A la même.

Octobre 1705.

.... de la duchesse douairière de Lesdiguières[1], quoique Mme la mareschalle de Villeroy[2] garde en cette occasion une conduitte si sage et si désintéressée qu'on ne découvre en elle que des sentimens de tendresse et de commisération pour la perte que vient de faire sa cousine germaine[3] ; le roy a donné, et je ne doute pas que vous ne le sachiez, le régiment de Lesdiguières au marquis de Tessé, mais sçavez-vous qu'il a donné celuy de Tessé à mon neveu le comte de Sanzai[4] qui en a une telle reconnaissance qu'il a obtenu permission de S. M. de courir à Landau qui est assiégé pour y joindre ce régiment en qualité de volontaire seulement, parce que le colonel y est encore, et qu'il a voulu absolument dans une conjoncture aussi chaude aller faire connoissance avec les gens qu'il commandera apparemment à la fin de ce siège. Le roy a loué hautement un aussi valeureux procédé, j'en reçois des compliments de tous les en-

---

[1] Paule-Marguerite de Gondy, fille unique du duc de Retz, mariée en 1675 à Emmanuel de Bonne de Créquy, duc de Lesdiguières, veuve en 1681.

[2] Marguerite de Cossé-Brissac, mariée au second maréchal de Villeroy, était fille de Madeleine de Créquy, sœur du duc de Lesdiguières.

[3] Jean-François de Paul, fils unique du duc de Lesdiguières, mourut sans enfants à Modène, le 6 octobre 1703, servant comme brigadier dans l'armée d'Italie : il était aussi colonel du régiment de Sault.

[4] La sœur de Coulanges avait épousé le comte de Sanzey : leur fils fut un officier des plus brillants ; Mme de Sévigné parle surtout de lui. Il fut fait brigadier des armées au mois de mai 1704.

droits du monde, mais à tout cela je ne respons qu'un mot, savoir qu'il ne seroit pas le neveu d'un oncle comme moy qui n'en aurois pas moins fait, si Dieu l'avoit appelé à cette vocation. Au reste, mon cher camarade, le bruit court que Mme de Coulanges, avec ses cohéritiers dans la succession de feu son père, va avoir un très grand procès au parlement de Rouen contre la princesse de Montauban [1], je vous en advertis de bonne heure, mon camarade, afin que tant vous que tout ce qui porte le nom de Bernière se nourrissent de bonne heure de préservatifs contre les charmes de cette Circé. Il faut absolument que vous nous rendiez bonne justice et que je trouve en tous les Bernières qui ne seront pas nos juges au moins nos solliciteurs pour maintenir notre bon droit, car, comme vous savez, bon droit a toujours besoin d'ayde, et par le bon usage que Mme de Coulange fait de son bien, il est d'un grand intérêt pour moy de n'en point voir la diminution. Signalez-vous donc pour nous, mon divin camarade, et professez hautement que vos intérêts ne vous sont pas plus chers que ceux de celuy qui vous honore autant que je le fais, et qui est avec autant de respect et très tendre amitié, votre très humble et très obéissant serviteur.

---

[1] Charlotte de Beautru, fille du comte de Nogent, mariée en 1682 à Armand de Rohan, frère du prince de Guémenée, qui l'avait épousée pour avoir de quoi vivre : « Homme obscur et débauché que personne ne voyoit, » dit Saint-Simon, ajoutant pour elle : « C'étoit une bossue toute de travers, fort laide, pleine de rouge, de blanc et de filets bleus pour marquer les veines. Rien de si effronté, de si débordé, de si avare, de si étrangement méchant que cette espèce de monstre. » Elle était toute-puissante au Palais-Royal et à Saint-Cloud auprès de Monsieur.

P. S. — Mme Galand cy présente vous embrasse de tout cœur ; comme apparemment Mme de Louvois viendra elle-mesme vous faire ses amitiés, je ne vous dis rien de sa part quoique vous escrivant par ses ordres, c'est toujours vous dire beaucoup.

Je donne [1] volontiers la commission à Coulanges de vous mander les nouvelles parce que sa plume vaut mieux que la mienne, mais je garde pour moy les assurances de mon amitié, parce qu'il me semble que lorsque l'on les sent, on les exprime mieux que les autres. Recevez-les donc icy, ma chère Berniolle, et croyez que je vous souhaite mille fois par jour, estant persuadé qu'ennuy pour ennuy Choisy vaudroit mieux que la Rivière. Je compte d'y demeurer le plus longtemps qu'il me sera possible, c'est une tranquillité où je m'accoutume à merveille et dont je me porte mieux.

A la même.

A Paris, ce 22 décembre 1705.

Du 12 décembre au 22 ce sont dix jours, et c'est estre trop pour répondre à une aussi obligeante lettre que celle que vous m'avez fait l'honneur de m'escrire ; mais, mon cher et très aimable camarade, c'est à Versailles d'où j'arrive que je l'ay receue, et voilà ce qui est cause d'un aussy grand retardement. J'ay donc passé

---

[1] De Mme de Louvois.

dix jours entiers à la cour, dans mon manège ordinaire et c'est le second voyage que j'y ai fait depuis le retour de Fontainebleau ; il faut bien rendre ses hommages et ses devoirs à ses amys de tout pays, et faire en sorte de ne s'en point laisser oublier, quoique de la plupart bien souvent il n'importeroit guère. Je suis toujours heureusement sur mes pieds, ma bonne humeur et la liberté me soutiennent toujours, mais je commence à n'aimer plus tant à aller et venir, et sans les bienséances qui tiennent toujours de cour, Paris et Ormesson borneroient toutes mes courses à l'avenir. Quand je dis Paris et Ormesson, j'entends bien aussy Choisy, où je n'ai point moins de liberté que chez moy, mais à Paris j'y retranche tous les jours beaucoup de visites, et entre nous, je me passerois à merveille de Versailles, quoyque j'y sois toujours fort accueilli et fort carressé de ceux que j'y cherche ou que j'y rencontre. Mais cependant je suis toujours plus ayse d'en revenir que d'y aller. Je disnay hier chez Mme de Louvois dont la santé est toujours fort incertaine. Elle me fit le détail de la plus mauvaise nuit du monde qu'elle avoit passée et il y paroissoit bien à ses yeux et à son visage, mais, cependant sur le soir elle prit courage et s'habilla de velours noir depuis les pieds jusques à la teste, et avec Mme de Courtanvaux qui m'avoit ramené de Versailles la veille, je la suivis à l'hostel de Beauvilliers pour la solennité du mariage de Mlle de Beauvilliers avec le duc de Mortemart, son cousin germain, qui s'estoit célébré jeudy. Nous trouvasmes en vérité la plus belle maison du monde et la mieux esclairée, des appartemens d'un bon air, remplys de toutes personnes de distinction, et autres d'un moindre estage et enfin une mariée assez jolie, fort bien faite et très richement estallée. Nous luy fismes nos complimens sur le choc qu'elle avait soutenu la nuit et elle nous parut se porter assez bien de ses légères blessures. Toute la famille nombreuse et illustre faisoit les honneurs, et toutes les dames qui la composoient estoient à l'envy fort parées et fort bien estoffées, mais je ne fus jamais plus surpris que d'y trouver dans le nombre la bonne Notre-Dame du Puys, qui ayant emprunté le visage, tous les traits, la taille et l'embonpoint de Mme de Bousole, et joint à cela un habit tout d'or et brillant de mille nuances différentes, avec une coiffure à l'équipolant, me confirme bien dans la vérité du proverbe que ceste bonne Notre-Dame, *plus elle est parée, plus elle est laide*. Pour moy, j'admireray toujours qu'on ne se connoisse point et qu'une femme de bon esprit comme Mme de Bousole, et pœnitente du père Massillon, c'est-à-dire, qui fait profession d'estre au moins régulière, si elle n'est pas rigidement dévotte, ne prenne pas plutôt le party d'un bon habit noir, d'une coeffure point estalée, et de se donner enfin pour ce qu'elle est, que de me fournir par son ridicule estallage de quoy faire le principal sujet de cette lettre. Je sortis si remply de cette crevée que je ne cessay point d'en parler hier tout le soir, et ce sera bien hazard si je n'en parle pas encore bien aujourd'hui, quoique j'en aye le cœur fort deschargé par la peinture que je viens de vous en faire. — Mais parlons d'autre chose, vous ne nous annoncez point encore votre retour, mon aimable camarade; est-ce que vous voulez attendre que les chemins soient impraticables pour périr dans quelque bourbier? Est-ce, parce que M. le marquis de Mouy a esté conduit par son serf jusques aux pieds de vos murailles, que vous vous flattez que quelque seigneur d'un plus haut estage pourra avoir la mesme destinée et qu'estant plus galand, il s'adressera à vous-mesme pour vous supplier de soulager ses besoins? Croyez-moy, mon cher camarade, renoncez aux avantures romanesques, et venez tout à la franquette vivre icy parmy tous vos amys ordinaires, et renoncez comme moy aux nouvelles connoissances. Vous n'en seriez guère mieux quand vous auriez eu M. d'Elbeuf en propre personne et mesme le prince Emmanuel, son frère [1], quoyque plus jeune et l'objet, dit-on, de l'ambition de Mlle de Monjeu [2]. Vous avez donc veu Mignonette plus charmante que jamais, et voylà l'affaire du panier de pommes bien desmeslée. J'avoue mon tort et m'en prends à ma mémoire, car franchement les canards m'estoient eschappés, mais je repareray ma faute et pour cela j'ai déjà escrit au païs des canards

---

[1] Henri de Lorraine, duc d'Elbeuf, gouverneur de Picardie (1661-1748), avait épousé Mlle de Rochechouart-Vivonne; son frère cadet était Emmanuel, prince d'Elbeuf (1677-1763). Le marquis de Mouy était le fils unique du duc d'Elbeuf, tué à Chivas le 18 juin 1705.

[2] Marie-Louise de Castille, dite la marquise de Montjeu, fille unique du marquis de Montjeu et de Diane Dauvet des Marets, née en 1675, épousa le 3 juillet 1705 Anne-Joseph de Lorraine, prince d'Harcourt, mort en 1736. « Elle étoit, dit Saint-Simon, jaune, noire, laide en perfection, de l'esprit comme un diable, du tempérament comme vingt dont elle usa bien dans la suite, et riche. » Son père avait été gravement compromis dans la chute de Fouquet; il fut emprisonné, déchu de son rang et exilé en Bourgogne.

pour savoir quelle route je dois leur faire prendre, ou celle de Paris pour Rouen dans la rue de la Ganterie, ou celle d'Amiens tout droit à Rouen. Je ne doute point qu'elle n'ait pris part, cette Mignonette, à la joie de toute la maison de Bouillon pour la belle charge du comte d'Évreux [1], assaisonnée de tous les agrémens du monde, grâces à Sa Majesté, et au bon brevet de retenue du roy, 150,000 livres! Tout le monde marie déjà ce bienheureux comte avec Mlle de Guiscard [2] ou Mlle Bouchu [3], ou Mlle de Mascarany [4], car voici le temps que les mariages prennent la place des principales nouvelles. Vous sçavez celui du chevalier de Roussy avec Mlle du Cas, et que M. le duc de Mantoue s'est adressé à M. de Vaudémont pour demander sa sœur, Mlle d'Elbeuf [6]. Mais ma lettre est assez longue, et je ne veux

---

[1] Henri-Louis, fils du duc de Bouillon, et de Marie-Anne Mancini, comte d'Évreux (1679-1753) : il épousa en 1707 une fille de Crozat du Châtel.

[2] Catherine, fille du marquis de Guiscard-Magny, lieutenant général et ambassadeur, et d'Angélique de Langlois, mariée en 1708 au duc d'Aumont, morte en 1723.

[3] Élisabeth, fille d'Étienne Bouchu, marquis de Lessart, intendant du Dauphiné, et d'Élisabeth Rouillé du Meslay, mariée en 1706 au comte de Tessé. Son père avait fait une grande fortune assez peu honnêtement dans l'intendance des armées : du reste, dit Saint-Simon, « homme fort galant et de bonne compagnie. » Il vivait peu avec sa femme; à la fin cependant il désira revenir à Paris et se décida au voyage : en passant à Paray-le-Monial, il s'y arrêta, demeura deux mois dans une auberge, puis y acheta un terrain, bâtit une maison et n'en sortit jamais. Sa femme se remaria sur le tard avec le duc de Châtillon, cul-de-jatte, « pour la rage d'être duchesse ».

[4] Charlotte, fille de Françoise Mascranny, marquis de Paray, mariée en 1712 au marquis de la Roche-Aymon, mort en 1767.

[5] Louis de la Rochefoucauld-Roye, chevalier de Roucy, puis marquis de Roye, sixième fils du comte de Roye, et d'Élisabeth de Durfort, lieutenant général des galères, épousa en 1704 Marthe du Casse, fille de Jean du Casse, lieutenant général des armées navales, et de Marthe Baudry; veuf en 1743, il mourut en 1751. Elle n'était plus de la première jeunesse quand elle se maria.

[6] Suzanne-Henriette, fille de Charles de Lorraine, duc d'Elbeuf, et de

pas entrer dans la légende de mil historiettes qui ne vous manqueront pas; je finis donc, mon adorable camarade, par toutes mes protestations ordinaires de vous honorer toute ma vie et d'estre toujours sincèrement plus que personne du monde votre très humble et très obéissant serviteur.

COULANGES.

Permettez-moy d'assurer icy M. de Bernières et Mlle de Rys [1] de mes obéissances très humbles. Le marquis de Villeroy est ressuscité et la duchesse est à Versailles. La mareschale, à qui j'ai bien fait part de toutes vos inquiétudes et qui vous en est fort obligée, y seroit aussy, sans qu'elle est restée à Paris pour l'opération qu'on a faite à sa cousine de Brissac [2] en un lieu loin du museau. L'on pourroit encore traiter icy le chapitre des vapeurs, mais il seroit trop long. Notre pauvre abbé Testu [3] s'en meurt, et ce n'est plus le temps des

---

Françoise de Montault, sa troisième femme, épousa à Milan, le 8 novembre 1704, Charles de Gonzague, duc de Mantoue; veuve sans enfants en 1708, morte à Paris en 1711. Ce prince avait recherché la veuve du duc de Lesdiguières, fille du duc de Duras, mais elle ne voulut jamais y consentir. Les princes lorrains l'entourèrent si bien qu'ils le décidèrent à demander Mlle d'Elbeuf. Il quitta Paris à cheval le 21 septembre 1704. En même temps Mme d'Elbeuf et sa sœur, Mme de Pompadour avec Mlle d'Elbeuf, « suivirent leur proie jusqu'où leur chemin fourchoit pour aller, lui par terre, elles par mer, de peur que le marieur ne changeât d'avis. En chemin leur frayeur redoubla. Arrivées à Nevers dans une hôtellerie, elles jugèrent qu'il ne falloit pas se commettre plus avant sans de plus efficaces sûretés, » et le mariage eut lieu séance tenante. Saint-Simon consacre une page très amusante à cette piquante aventure.

[1] Fille de Charlotte Maignard, sœur du procureur général, et de Charles Faulcon de Ris, marquis de Charleval, premier président du parlement de Rouen.

[2] Le duc de Brissac était frère de la maréchale de Villeroy.

[3] Jacques Testu, membre de l'Académie française, l'un des hommes les plus

éteignoirs. Mme de Coulanges, qui vous fait ses compliments, s'est avisée depuis deux nuits d'en avoir aussy, mais bien différentes de celles de l'abbé ou de M. de la Chastre, car il est des vapeurs de plus d'une manière. J'oublie le chapitre de mon cousin de Lezeau, mais comme c'est celuy de l'avarice, je vous renvoie à tous les gens qui en ont traitté.

A la même.

Décembre 1704.

Attendez-vous, Madame, que vous ayez fait choix d'un secrétaire pour me répondre? Il y a un temps infini que je n'ay entendu parler de vous : mes lettres auroient-elles eu le sort de bien d'autres qu'on a prises pendant cet été, car il n'en a pas passé une de l'armée de Bavière, à ce que tous ces messieurs ont mandé, mais ils espèrent que M. de Marsin ne sera pas si curieux. M. de Vilars est arrivé d'hier et Mme de Vilars est accouchée d'un fils [1], elle va peupler le monde de héros : elle a envoyé guérir son aîné chez madame sa belle-mère qui ne l'a pas envoyé sans regret. La présidente est arrivée et je n'ai pas trouvé de changement en sa personne qu'une dent de moins : son mari est plus président que jamais. Mme de Soubise fait tout ce

---

recherchés de la société de Mme de Sévigné, qui parle souvent dans ses lettres de « ses vapeurs », causées, dit-on, par les ennuis d'un esprit faible et ambitieux. Il ne mourut qu'au mois de juin 1706.

[1] Ce fils, né le 8 décembre 1703, mourut au mois d'août suivant : c'était le second né du maréchal de Villars et de Mlle de Varangeville.

qu'elle veut et veut l'aller voir. Le roy a permis à M. de Soubise de se démettre de sa charge entre les mains de M. le prince de Rohan, lequel tiendra compte à sa famille de 600,000 livres, et il a un brevet de retenue de 400,000 livres¹. M. de Harlay de Bonneuil² est assez mal de la fièvre avec crachement de sang. Mme Galant nous a dit ce matin une nouvelle que je ne vous garantis pas, qui est que M. le duc d'Arcos a été assassiné en Espagne par le mary d'une femme qu'il alloit voir un peu trop souvent. On croyoit le petit duc de Villeroy sauvé, mais la fièvre l'a repris hier avec un grand mal de costé et des vomissements. Les médecins ne savent plus où ils en sont³. Ce sont des animaux à qui on est bien malheureux d'avoir affaire : Falconnet⁴ s'est blessé hier et il a eu bien peur pour sa peau : il avoit sauté un degré et tous les chirurgiens étoient occupés auprès de luy. M. le maréchal de Villeroy fait grande pitié : il croit déjà son petit mort et il en est inconsolable. On attend tous les jours M. le cardinal d'Estrées qui vient fort lentement, ne pouvant souffrir les carrosses ; il est très fâché qu'on lui ait loué l'hôtel de Richelieu : il se trouve par là trop éloigné de tous ses amis : on

---

¹ Le prince de Soubise céda, au mois de novembre 1708, à son fils Hercule-Mériadec, duc de Rohan-Rohan, sa charge de capitaine-lieutenant des gendarmes de la garde du roi.

² Nicolas de Harlay, comte de Bonneuil, conseiller d'État, plénipotentiaire à Ryswick, mort le 2 octobre 1704.

³ Né en 1695 : il ne mourut pas ; devint lieutenant général et ne laissa pas postérité de Mlle de Luxembourg.

⁴ Noël Falconnet, fils et père de médecins, né à Lyon (1644-1734) : élève de Guy Patin, il exerça à Lyon, puis vint à Paris en 1678, comme médecin des écuries du roi, et obtint plus tard la charge de médecin consultant du roi.

luy rendroit un très grand service si on vouloit y mettre le feu. M. de la Feuillade va commander en Dauphiné et en Savoye à la place du maréchal de Tessé, qui va remplacer M. de Vaudemont qui ne peut plus servir. Mme la duchesse de Bourgogne, toujours grosse[1], a été saignée hier, quoique Clément n'en fût pas d'avis : si cela continue, on va être dans la nécessité de choisir une gouvernante et l'on parle de Mme de la Motte et de Mme de Ventadour. Mme de Ventadour dit qu'on luy feroit cet honneur-là, que sa santé ne lui permettroit pas de l'accepter. On parle aussi de Mme la maréchale de Créquy, on prétend qu'elle y fait tout ce qu'elle peut et que c'est M. le duc du Mayne qui s'en mesle. M. le comte de Toulouse est arrivé. Toutes nos dames en vont estre transportées de joye : je crois que mon frère arrivera aussi incessamment. Mandez-nous, Madame, si nous vous verrons bientôt.

A la même.

Octobre 1704.

Nostre pacquet bien fermé et presque envoyé à la poste, nous envoyons courir après pour adjouter à nostre lettre la mort de Mme d'Aiguillon[2], sœur de M. le

---

[1] Du duc de Bretagne, né le 25 juin 1704, mort quelques semaines après sans avoir été nommé.

[2] Morte le 18 octobre 1704. Elle n'avait pas été mariée. Très originale et très spirituelle, « mélange de vanité, de grand monde et de retraite, » dit Saint-Simon. Elle prit plusieurs fois le voile aux Filles du Saint-Sacrement de la rue Cassette, qu'elle dirigeait, sans cependant s'être jamais décidée à faire profession.

duc de Richelieu; commé elle a vescu folle[1], on luy fait dire un trait de folie à sa mort, qui est d'avoir dit au notaire qui escrivoit ses dernières volontés qu'elle laissoit par testament 100,000 escus au Saint-Sacrement, et qui, sur ce que le notaire luy avoit représenté qu'elle laissoit plus de dettes que de bien, elle luy avoit respondu qu'il n'importoit pas et que le Saint-Sacrement estoit un assez grand seigneur pour se faire payer. Par cette mort voilà le marquis de Richelieu duc d'Aiguillon[2], sans taster le pavé, ny le faire taster : aussitôt cette mort arrivée, il alla trouver le duc son oncle qu'il trouva dans un si bon moment, qu'en pleurant ils s'embrassèrent tous deux tendrement et que sans plus d'esclaircissement ils demeurerent bons amys. C'est présentement à ce marquis à faire ses diligences pour la duché à laquelle on dit qu'il se pourra trouver quelque obstacle. Si vostre nouvel intendant ne fait pas son devoir sur tout ce qui vous peut regarder, vous n'avez qu'à parler à moy : c'est luy qui désormais s'est chargé de ma provision de pommes ; mais qu'est-ce que j'entends,

[1] La duchesse d'Aiguillon fut une des femmes les plus dignes d'estime du XVIIᵉ siècle par sa piété, ses vertus et son dévouement à sa famille. (Voir sa Vie, publiée récemment par M. Bonneau-Avenant.)

[2] Le marquis de Richelieu, fils d'un frère de la duchesse d'Aiguillon qui le fit son héritier, « homme obscur, ruiné, débauché, enterré dans la crapule et la vile compagnie, quoiqu'avec beaucoup d'esprit, » et qui enleva du couvent de Chaillot une fille du duc de Mazarin, accourut sur l'heure à Marly pour revendiquer le duché d'Aiguillon. Le roi fit examiner l'affaire immédiatement, et, après examen des lettres créatives du duché et un mémoire de Saint-Simon, défense lui fut faite de prendre ce titre. Un nouveau refus fut formulé en 1711, mais M. de Richelieu intenta un procès qu'il gagna, et son fils obtint un arrêt du parlement, le 10 mars 1731, pour être reçu duc et pair au titre d'Aiguillon.

quelles tristes clameurs, c'est que le serin de Mme de Louvois vient de rendre l'âme. Il est mort comme un César, c'est-à-dire sur son baston ; je vous quitte pour consoler Mme de Louvois qui avoit toujours bien cru qu'il ne passeroit pas la journée. Choqué de la mauvaise grâce de Mlle Bernard que je recognois toujours quand elle entre aux Minimes, quelque cachée qu'elle soit, voilà un couplet que je luy ay envoyé, sur l'air de *Joconde*.

> En vain la divine Bernard
> A mes yeux se desguise,
> Je reconnois son traquenard
> Quand elle entre à l'église,
> Et dis, la voyant traverser,
> Quelque pas qu'elle fasse,
> N'est-il point de maistre à danser
> Sur le mont de Parnasse ?

Mme Galant vous mande que Mlle de Kerlouet a loué l'entresol de Mme de Fontana. Voylà une joueuse pour le quartier.

A la même.

A Paris, de la toilette de Mme la marquise de Courtenvaux [1]
ce 22e décembre 1704.

Il ne sera pas dit que vostre campagne entière se soit passée sans que vous ayez veu l'escriture de vostre

---

[1] Catherine d'Estrées, fille du maréchal et de Marguerite Morin, mariée en 1691 à Michel le Tellier, marquis de Courtanvaux, secrétaire d'État, veuve en 1721, morte en 1741.

ancien camarade, qui pour vous rendre sa missive plus agréable va de point en point vous rendre compte de tout ce qu'il plaira à Mme la marquise de luy dicter. Elle commence par se plaindre de vostre silence, Madame, après vous avoir escrit plusieurs fois, et de n'avoir reçu de vous qu'une seule lettre, encore si mal escrite qu'elle ne l'a leue qu'avec une extrême difficulté. Elle vous mande que vostre cousin de Flavacour espouse Mlle de Rouxel-Grancé, cadette de M. de Hautefeuille [1], et qu'il faut que ce mariage soit bien agréable, car il fait mourir de rire tout le monde. Vous devez savoir que Mlle Bruslart, fille de la duchesse de Choiseul, espousa jeudy dernier le marquis de Charost [2], et que le marquis de Vieuxpont devoit espouser aujourd'huy Mlle Desmaret [3] à qui Mme de Vauvineux [4], comme une bonne tante, donne pour deux ans la table et son logement. La renommée doit aussy vous avoir porté la nouvelle de bien

---

[1] Marguerite de Rouxel-Médavy, mariée en 1705 à Michel de Fouilleuse, marquis de Flavacourt, lieutenant du roi au gouvernement de Normandie, morte en 1748; sa sœur avait épousé en 1699 Gabriel Texier, marquis d'Hautefeuille, lieutenant général : toutes deux filles de François, marquis de Grancey, lieutenant général, et d'Aimée de Rabodanges, et petites-filles du maréchal de Médavy-Grancey.

[2] Marie Brulart, fille de Nicolas, marquis de la Borde, premier président du parlement de Bourgogne, et de Marie Bouthillier de Chavigny, remariée en 1699 à César, duc de Choiseul, — épousa, le 18 décembre 1704, Louis de Béthune, marquis de Charost, tué à Malplaquet : elle se remaria en 1712 au duc de Luynes et fut dame de la reine.

[3] Christine Dauvet, fille du comte de Marck, grand fauconnier de France, et de Jeanne de Bouexe de Villemor, mariée à Alexandre, marquis de Vieuxpont, maréchal de camp, veuf en 1707 : il se remaria à une fille du marquis de Rannes.

[4] Angélique Aubry, femme de Charles de Cochefilet, comte de Vauvineux : leur fille unique épousa en 1679 le prince de Guémenée, duc de Montbazon.

d'autres mariages, mais les voyez-vous? Madame, non, ni vous ni moy non plus. C'est aujourd'huy encore que se devait faire l'entrevue du marquis de Nangis et de Mlle de la Hoguette[1] : de vous dire comment elle se sera passée, ce ne sera qu'après que cette lettre aura esté portée à la poste. A la tracasserie qui est survenue entre les abbés de Polignac[2] et de Caumartin[3], qui est blanche et noire comme le comporte la livrée de la maison de Bouillon, succède une aventure d'un laquais au prince de Léon[4] qui donne une grande matière de discourir et qui ne fait pas d'honneur à son maistre : on prétend donc que ce jeune seigneur à la prière de Mlle Florence, sa maistresse, pour se deffaire de ce laquais qui lui avoit déplu, n'a pas trouvé d'autre moyen que de le charger d'un billet à certaine heure, pour porter au faubourg Saint-Marceau, qui ne portoit

---

[1] Le 5 juin 1705, le marquis de Brichanteau-Nangis, maréchal de France, épousa Marguerite Fortin, fille du marquis de la Hoguette, lieutenant général, et de Marie Bonneau de Rubelles : il mourut sans laisser de postérité. C'était une riche héritière, nièce de l'archevêque de Sens. M. de Nangis, « le favori des dames, » fut aimé à la fois de la duchesse de Bourgogne et de Mme de la Vrillière : Saint-Simon raconte de plaisantes scènes à ce sujet. Du reste très mauvais mari, mais très brave soldat.

[2] Ambassadeur en Pologne, négociateur à Gertruydemberg et à Utrecht, membre de l'Académie.

[3] Membre de l'Académie, évêque de Vannes après une querelle fameuse avec l'évêque de Noyon, laquelle lui valut une longue disgrâce.

[4] Fils aîné du duc de Rohan. « C'étoit un grand garçon, élancé, laid et vilain au possible, qui avoit fait une campagne en paresseux et qui, sous prétexte de santé, avoit quitté le service. On ne pouvoit d'ailleurs avoir plus d'esprit, de tournant, d'intrigue, ni plus l'air et le langage du grand monde. » Il eut pour maîtresse la comédienne Florence, longtemps entretenue par le duc d'Orléans, et en eut des enfants. Il se montrait avec elle en Bretagne, où il présidait les états par délégation de son père, qui, craignant un mariage, finit par obtenir du roi qu'on enlevât la Florence de son hôtel des allées du Roule. Le roi dut ensuite intervenir pour raccommoder le père et le fils. Celui-ci finit par enlever la fille du duc de Roquelaure et l'épousa.

CHAPITRE VIII.

aucun ordre à celluy à qui il s'addressoit que de faire assassiner le laquais pour qu'on ne le revît jamais ; mais que ce laquais ayant esté arresté en chemin par un soldat aux gardes de sa connoissance pour boire un coup ensemble, et que luy ayant confié l'ordre de porter au plus vite ce billet, le soldat heureusement se chargea de le rendre luy-mesme pour luy espargner la peine d'aller si loin, parce qu'il connoissoit cette adresse, à quoy le laquais ayant consenty ils se séparèrent après avoir bu ; mais le soldat n'eut pas plutôt frappé à la porte de cette maison dans ce faubourg, qu'il vit sortir sur luy quatre hommes l'épée à la main dont en ayant recognu deux il leur demanda s'ils ne le connoissoient pas et s'ils vouloient l'assassiner ; eux surpris répondirent que non, mais qu'ils croyoient que c'estoit une autre personne qui devoit venir à pareille heure. Sur quoy le soldat, bien instruit, revint au plus vite chercher le laquais pour luy dire qu'il songeât à sa sureté et qu'il estoit perdu s'il eût porté le billet, et qu'il luy conseilloit mesme d'aller rendre sa plainte à M. d'Argenson et pour preuve de luy montrer le billet qu'il luy rendit. Sur cela M. d'Argenson a escrit à M. de Pontchartrain et luy a envoyé la définition, et voilà où l'on en est. Le prince de Léon ne se justifie point, parce qu'il dit qu'il est fort au-dessus de ces discours-là, mais bien qu'il a voulu faire enroller son laquais parce qu'il n'en estoit pas content. Voilà, Madame, grossièrement le sujet de la pièce qui n'est point du tout comique comme vous voyez. En relisant cecy à Mme la marquise, elle dit que le billet ne portoit point positivement l'ordre d'assassiner, puisqu'il s'est trouvé blanc, mais que c'estoit le signal pour recongnoistre l'homme qu'ils devoient assassiner. Le siège de Vérone va toujours bien et l'on compte qu'il sera pris devant les Roys ; les juifs de vos amys ne vous ont-ils pas confié la proposition qu'on dit qu'ils ont fait de donner au roy 50 millions d'argent comptant et 50 millions payables en deux ans si l'on leur promettoit dix synagogues dans le royaume. Si avec cela nos amys les Turcs et les mécontents de Hongrie nous veulent favoriser, nous voylà les maistres du monde. Il ne reste plus à Mme la marquise qu'à vous demander des nouvelles de vostre retour et à vous asseurer qu'elle le souhaite passionnément. Permettez-moy, mon camarade, de vous dire la mesme chose et que je suis tousjours très absolument à vous. Avant que je cachete cette lettre je m'en vais descendre sur l'orizon, c'est-à-dire chez M de Louvois qui arrive du salut, pour sçavoir si elle n'a rien aussy à me dicter pour rendre cette lettre digne du port qu'elle vous coûtera.

Après[1] une sy belle relation, je n'ay plus rien à vous dire sinon que de vous assurer de mon amitié qui est assurément aussi vive que jamais pour vous, ma chère Berniolle. Sy je ne vous le répète pas souvent ce n'est que la paresse qui m'en empesche, car la mienne est ogmentée à un tel point que si cela con-

---

[1] De Mme de Louvois.

tinue je ne seray plus bonne à rien. Vous debvriez bien prendre ce temps de gelée pour revenir : vous ferez comme les autres années et attendrez d'estre assiégée par les crottes. Qu'importe d'avoir de l'argent? personne n'en a plus, avec du papier l'on vivra à la légère et Coulanges vous mande que tout le monde va venir à son point : pour moy je m'en vais retrancher les dépenses superflues, comme vous diriez les serins, car au moment que je vous escris, j'en ay un qui se meurt, qui me coûte 45 francs. Dieu veuille que mes chevaux n'ayent pas la mesme destinée, car la maladie de l'armée commence violemment à Paris. Adieu, que dites-vous du prince de Léon? Je suis très persuadée qu'il n'a jamais songé à faire assassiner son laquais, mais il est bien triste d'avoir à se disculper d'une si terrible médisance.

A la même.

Janvier 1705.

La noce de M. de Nangis se fait pendant Marly. Elle se fera à midy : on va diner chez Mme de la Hoguette et il n'y aura que trois ou quatre personnes, et le soir M. le cardinal de Coislin donne un fort soupé où Mme de Louvois devra estre. Je ne say pas le reste des convives. M. de Nangis trouve Mlle de la Hoguette assez passable pour une femme.

Mille compliments pour moy, s'il vous plaît, à M. de Bernières, et mille amitiés à Mlle de Ris.

Sur l'air de *Joconde*.

Je ne veux point mal à propos,
   Critiqueur incommode,
Blasmer le traité des bons mots,
   Et des mots à la mode :
Mais je sçay qu'il seroit heureux
   Pour nous et pour les nostres
Que celuy qui les fit tous deux
   N'en eust jamais fait d'autres.

A la même.

A Paris, ce 7ᵉ novembre 1705.

Vous estes donc résolue, Madame, à ne donner jamais de vos nouvelles qu'on ne vous ait attaquée de conversation. Vous y perdez beaucoup, car Mᵐᵉ la mareschale de Crequy, qui garde son rang dans cette seule occasion-là, a pris le parti de ne point commencer la première. Elle ne se porte pas trop bien, elle a des vapeurs. Je crois que l'ennuy cause ses maux, et quoique sa nièce soit fort aimable, elle ne luy remplace pas la marquise. — Mᵐᵉ de Louvois est à Saint-Mandé d'où l'ennuy n'ose approcher. Sa maison ne désemplit point de bonne et nombreuse compagnie. — Mᵐᵉ la marquise de Bellefond a eu le bal à Vincennes[1]. C'étoit M. Lenglée qui le donnoit : c'est un homme qui aime fort le plaisir et qui y contribue vo-

---

[1] Anne Hennequin, fille du marquis d'Ecquevilly et de Madeleine de Marillac, mariée le 18 février 1706 à Louis Gigault, marquis de Bellefond, mestre de camp de cavalerie, petit-fils du maréchal, mort en 1710.

lontiers, quand on luy en fournit les occasions, car il ne sçait nullement les imaginer. — Mme de Barbe-Blanche, sa sœur, faisoit les honneurs de la feste. — Mme de Bellefond et Mme de Barbesieux étoient les dames priées et nombre des masques venues de Paris. On a dansé jusqu'à 3 heures de la nuit. Mme de Louvois n'en est sortie qu'après le bal finy. Le petit homme est demeuré si charmé du succès de son bal, qu'il en a fait une fondation qui s'exécutera même après sa mort. La collation fut magnifique, il tira de sa poche un grand sac plein d'amendes de Poitiers qu'il distribua à la compagnie fort libéralement, à quoy il adjousta quelques pommes d'api, qu'il tira de son autre poche. Après vous avoir entretenue des plaisirs, il faut vous parler un peu de politique. Il arriva à Marly, le 5, un officier de marine qui a rapporté que M. le chevalier de Saint-Pol avec son escadre composée de quatre vaisseaux et une frégate, ayant rencontré une flotte anglaise de 3 vaisseaux de guerre et 13 vaisseaux marchands, l'avoit attaquée, qu'il avoit pris les 3 vaisseaux de guerre et 11 vaisseaux marchands, mais qu'il avoit esté tué sur la fin du combat [1]. M. de Rocquefeuille [2], capitaine, a commandé

---

[1] Ce combat eut lieu le 81 octobre. Marc-Antoine, chevalier de Saint-Pol-Hécourt (1665-1705), passa sa vie sur mer et y fut constamment heureux. En 1703, il enleva près des Orcades ou coula quatre bâtiments de guerre hollandais et dans la Manche plusieurs navires anglais : en 1704 il s'empara d'un convoi dans la mer du Nord. Dans le combat du 81 octobre, dans les mêmes parages, il fut tué à la première bordée.

[2] Jacques Aymar, comte de Roquefeuil (1675-1744). Il devint lieutenant général des armées navales. Le roi lui donna, en février 1744, une escadre de dix-neuf bâtiments pour protéger la descente du Prétendant en Angleterre : il mourut quelques jours après son embarquement.

l'escadre après luy. — Il y a une chose singulière, c'est qu'on a trouvé dans la poche de M. de Saint-Pol une lettre de sa main au roy dans laquelle en finissant, il souhaitoit au roy toute sorte de bonheur. Il a esté tué dans le mois d'octobre et sa lettre est escrite dès le mois de juin. Il n'y a point encore de nouvelles d'Espagne, mais on compte toujours Barcelone pris. Il arriva avant-hier au soir un courrier de M. de la Feuillade, qui a pris auprès de Turin un petit château qui a coûté bien du monde. M. de Tilladet, fils de Mme de Fimarcon[1], y a esté blessé avec plusieurs autres officiers dont je n'ay pas retenu les noms. La faveur de Mme la duchesse de Villeroy continue toujours auprès de Mme la duchesse de Bourgogne au grand desplaisir de toutes celles qui y prétendent. Elle se conduit fort bien et Mme de Maintenon en est très contente[2]. Il arrive tous les jours beaucoup d'officiers de l'armée de Flandres; on ne parle point encore du retour de ceux de l'armée d'Allemagne. On attend incessamment M. le maréchal de Villars à Paris, et quand on voit la gloire, le héros n'est pas loin. Mme de la Rocheguyon m'a dit que vous luy aviez mandé des merveilles de mes lettres. On ne peut pas en faire beaucoup quand on veut

---

[1] Jean-Jacques de Cassagnet, marquis de Fimarcon (1628-1708), colonel du régiment d'Anjou, marié 1° à une fille du maréchal de Roquelaure; 2° à Denise de Polastron : il eut quatre fils au service. Charles-François, dit le marquis de Tilladet (1682-1708), servait en 1705 comme colonel de dragons.

[2] La duchesse de Villeroy passa les premières années de son mariage dans la retraite : très liée avec la maréchale de Rochefort, dame de la duchesse d'Orléans, elle entra en relations très intimes avec cette princesse. Plus tard son beau-père, par l'entremise de Mme de Maintenon, la fit entrer chez la duchesse de Bourgogne où elle devint favorite en titre.

les faire éloquentes. Je croy que vous voudrez bien me tenir compte du temps que j'y mets.

A la même.

A Paris, ce 26ᵉ novembre 1705.

Voicy donc cette bonne plume qui s'en va vous faire réparation de s'estre mise si tard en œuvre pour vous donner toutes sortes de nouvelles. Je viens de voir une de vos lettres entre les mains de Mme de Louvois, ainsy par plus d'une raison je dois commencer par les siennes. Tous ces jours passés elle a esté assez incommodée d'un gros rhume de cerveau qu'il y a quatre mois qu'il lui dure et qui vouloit prendre le chemin de sa poitrine, mais enfin l'en voilà deffaite, et comme elle s'en prend un peu à l'air de Paris, elle médite, comme elle ne le peut pas quitter tout à fait, de s'aller establir dans quelque maison de la montagne Sainte-Geneviève; la difficulté est de la trouver, et vous serez assez tost icy, quoiqu'on dise que vous ne soyez pas encore preste à revenir, pour nous aider à la luy chercher. Pour moy je n'ay qu'à me louer de tous les airs que je respire. Celuy de Bourgogne, deux grands mois durant, m'a esté très salutaire, et si bien que j'ay reparu icy sur l'orizon plus beau, plus frais et plus jeune que jamais. Ce fut mon séjour en Bourgogne, mon aimable camarade, qui m'empescha de vous faire mes compliments sur le changement d'intendance de monsieur vostre fils [1] : j'en ressentis toute la joie par l'intérest que je prens en tout ce qui vous regarde l'un et l'autre, mais je ne pus vous le témoigner par le peu de commerce que le château où j'estois avoit avec la poste qui en estoit à neuf ou dix grandes lieues : ainsy franchement pendant que j'ay esté en ce pays-là, j'ay assez volontiers laissé reposer ma plume et je n'ay escrit que pour le purement nécessaire. Encore ai-je de si bonne heure mandé qu'on ne m'escrivit plus, croyant partir tous les jours, que j'arrive, le 4 d'octobre à Fontainebleau, ce qui s'appelle dans une ignorance parfaite. Je ne fus pas plus tost à Paris, mon cher camarade, que je volois dès le lendemain à Ormesson où je suis demeuré tranquillement avec Mme de Coulanges jusques après la Saint-Martin. Présentement me voicy, ma très chère camarade, où je ne demande pas mieux que d'estre vostre gazetier, mais hélas je n'ay que de tristes nouvelles à vous apprendre et dont je donnerois volontiers à qui la voudroit la commission de vous les apprendre, car déjà la mort du pauvre Gillot vous va affliger, et je n'ay d'autre consolation à vous donner sur ce sujet que de vous dire qu'il estoit dans sa 80e année; celle de l'abbé de Scudéry, par rapport encore à sa pauvre mère, vous va desplaire beaucoup, mais l'estat où vous l'avez, je crois, veu et laissé, vous empeschera peut-estre d'en

---

[1] Charles-Étienne Maignard, né le 1er août 1667, reçu conseiller au grand conseil le 25 septembre 1690, maître des requêtes le 30 avril 1694, intendant à Maubeuge (1698), à Dunkerque (1705), à Lille, mort le 20 décembre 1717, sans hoirs d'Esther de la Motte, qui mourut en 1727.

estre bien surprise [1]. La pauvre Mme de Scudéry [2] s'est reffugiée pendant tout le triste appareil de l'enterrement chez Mme la maréchale de Créquy où Mme de Louvois fut hier la voir ; pendant qu'on meurt d'un costé l'on se marie de l'autre : ainsy va le monde. M. le premier président de Nicolay a espousé ce matin à midy, en plein Saint-Paul, Mlle de Lamoignon [3]. La mort de Mme la première présidente de Lamoignon [4] a finy enfin cette affaire qui paraissoit depuis longtemps estre faite au ciel ; mais il falloit que la terre fournit 200,000 francs comptant, et qu'elle asseurast 100,000 francs sur la première succession à eschoir. Voilà donc M. de Nicolay remarié : Dieu luy donne de beaux enfants! Le jeune la Berchère espouse Mlle Voisin, fille du conseiller d'Estat [5] ; ce mariage est approuvé de tout le monde, mais la cérémonie ne s'en fera que vers les Rois, parce que la parenté qui

[1] Dangeau nous apprend qu'en 1699 la duchesse de Chaulnes avait choisi pour légataire universel l'abbé de Scudéry, « fort ami du marquis de la Frette, » frère de la duchesse, mais à qui elle ne pouvait rien laisser, ayant été jadis condamné pour s'être battu en duel.
[2] Marie-Françoise de Martinvast, veuve en 1667 de Georges de Scudéry, l'auteur d'*Alaric,* morte en 1711. C'était l'une des plus actives correspondantes de Bussy-Rabutin.
[3] Jean Aimar de Nicolaï, marquis de Goussainville, premier président de la chambre des comptes, mort en 1737, se remaria le 28 novembre 1705 avec Elisabeth de Lamoignon, fille du marquis de Basville et de Jeanne Voisin, morte en 1733.
[4] Madeleine Potier, fille du seigneur d'Ocquerre et de Marie Barré, mariée en 1640 au marquis de Basville, premier président du parlement, morte le 18 octobre 1705, « dans une longue et grande piété, » laissant une fortune considérable.
[5] Charlotte Voisin, fille du chancelier et de Charlotte Trudaine, mariée le 25 janvier 1706 à Urbain le Goux de la Berchère, comte de la Rochepot, conseiller d'État, morte en 1729.

est entre les parties contractantes, les a obligées d'envoyer à Rome, et que la dispense n'en arrivera qu'en ce temps-là. La petite vérole continue toujours à faire des siennes : voilà Mme du Harlay-Boucherat avec toutes ses précautions qui en est enfin attaquée [1]. Jusques icy la maladie va son chemin, mais il n'en a pas esté de mèsme pour le second fils de M. le duc de Beauvilliers qui en mourut hier [2], c'est une grande affliction dans sa famille et d'autant plus que l'aisné est aussy fort malade et que ce pourroit bien estre de la mesme maladie. Dieu vous conserve, mon cher camarade, et tout ce que vous aimez, mais ce vilain mal ne finit point encore. Par un quiproquo nous avons perdu la ville d'Asti en Italie, mais une autre fois M. de la Feuillade s'expliquera mieux [3]. Nous avons cependant perdu de ce costé-là quarante bons officiers au moins, nous avons aussi levé le siège de la citadelle de Nice. Du costé de la Catalogne on dit que Cercles et l'évêque de Saragosse ont levé des troupes et qu'ils ont si bien fait que déjà ils ont deffait une grande partie des miquelets et des révoltés de ce païs-là, et que le roy d'Espagne marche pour joindre M. de Cercles et

---

[1] Françoise Boucherat, fille du comte de Compans et d'Anne de Loménie, mariée en 1670 à Nicolas de Harlay, comte de Bonneuil, conseiller d'État et ambassadeur : elle ne mourut qu'en 1731.

[2] Louis, fils du duc de Beauvilliers, chef de conseil des finances, et de Louise Colbert, mort le 2 décembre 1715.

[3] La Feuillade, ou son secrétaire, manda au gouverneur d'Acqui de venir le joindre avec sa garnison : on écrivit Asti : cet officier obéit, et aussitôt le duc de Savoie occupa cette place abandonnée et rançonna le Montferrat. La Feuillade voulut reprendre Asti, mais il échoua et perdit beaucoup de monde.

achever de les exterminer; qu'on rappelle aussy le maréchal de Tessé des frontières du Portugal pour grossir l'armée et qu'on n'est pas sans espérance de recoigner si bien l'archiduc dans Barcelone, qu'il n'osera pas mettre le nez dehors[1]. Voilà tout ce que je sçay, mon cher camarade, et que j'ay fort bien disné chez Mme de Louvois avec Mmes de Villeroy et de Courtanvaux et Mme Galant, qui dit que vous ne criez contre elle que pour avoir l'honneur de crier plus haut, car elle vous a escrit, et elle est encore à attendre la response. Vous souciez-vous beaucoup de Mme d'Asse? La voilà qui sort d'icy et qui veut que je vous parle de la passion qu'elle conserve pour vous. Mme la duchesse de la Roche-Guyon a eu ces derniers jours une colique espouvantable. Si la fièvre s'y fût jointe, elle estoit perdue. J'eus hier l'honneur de la voir dans le chemin de la convalescence. Adieu, mon cher camarade. Je suis prié ce soir au souper de nopces chez M. de Lamoignon : cela n'est-il pas bien honorable pour moy? J'aimerois bien mieux assister au souper de nopces de Mlle de Rys[2]. Je voudrois la marier avec un cadet Fieubet[3] qui vient d'acheter la charge de président des comptes de M. Rossignol, et qui vient de recueillir en partage de 800,000 fr. une belle terre et

---

[1] En 1705, le maréchal de Tessé avait fait une triste campagne. Forcé de lever le siège de Barcelone le 12 mai, il ne put opérer sa retraite sur les Pyrénées qu'au prix de pertes considérables.

[2] Elle épousa, le 30 mai 1711, Pierre de Chertemps, marquis de Seuil, colonel du régiment de Bigorre.

[3] Gaspard de Fieubet, second fils d'Anne de Fieubet, conseiller au parlement de Paris, et d'Élisabeth Blondeau. Il mourut sans alliance en 1722.

bien bastie à vingt-cinq lieues de Paris, belle et bonne maison à Paris sur le quay des Célestins, beaux et bons meubles pour tout, et du linge en telle quantité qu'il en a mesme pour ses voisins, au surplus un bon homme que Mme de Rys conduiroit à merveille et qui en auroit un extrême besoin. C'est par où je finis et par vous embrasser, mon cher camarade, si vous me le voulez bien permettre, avec toutes mes protestations ordinaires de vous révérer toujours comme vous le méritez. Permettez-moy aussy de faire mil complimens et mil amitiés à M. de Bernières et de le prier instamment de vous ramener tous au plus tost.

> Le désert est-il fait pour des talents si beaux ?
> Venez faire à Paris esclatter leurs merveilles.

COULANGES.

Voilà une si belle relation que malgré mon éloquence je ne paraitrois rien si je voulois me mêler de vous dire autre chose que de vous asseurer de la tendresse que je conserveray toute ma vie pour vous. Revenez bientôt pour que j'aye le plaisir de vous en assurer de vive voix, et ne demeurez pas plus longtemps dans un lieu où vous ne voyez que de la misère. Au moins à Paris est-elle plus cachée et l'on a la consolation de s'en plaindre avec ses amis. Que dites-vous de la petite vérole de Mme de Harlay? Les précautions sont bien inutiles : il est déclaré que c'est la petite vérole qu'a le fils de M. de Beauvilliers [1].

---

[1] De Mme de Louvois.

CHAPITRE VIII.

A la même.

À Choisy, ce 25ᵉ d'octobre avant 1706.

Je ne sçays, mon très aymable camarade, si cela vous desplaira que je serve de secrétaire à Mme de Louvois pour vous escrire, mais je sçay bien pour moy que rien ne me fait plus de plaisir que cette commission. Me voicy enfin à Choisy après avoir passé un temps infiny dans ma solitude d'Ormesson dont Mme de Coulanges se trouve si bien, éloignée du monde et du bruit, qu'elle a supplié très humblement Mme de Louvois de luy rendre la parole qu'elle luy avoit donnée de venir en ce temps cy passer une quinzaine à Choisy, comme elle avoit fait les années précédentes, mais en récompense, elle a envoyé de bons résidans auprès d'elle, à sçavoir le père Gaillard et moy qui l'un portant l'autre sommes d'assez bonne compagnie. Le père Gaillard est icy depuis jeudy dernier, et y sera jusque à vendredy, et moy j'y suis depuis dimanche avec la belle duchesse et j'y resteray jusques à la veille de la Toussaint, que je reprendray le chemin de ma gentilhommière. Mais la belle duchesse de Villeroy, cela s'entend, pourroit bien dès ce soir s'en retourner à Paris sur la nouvelle qu'elle a receue de quelque petite fièvre survenue à M. son fils. Mais sçavez-vous, mon camarade, qui nous avons eu dimanche au soir et qui ne nous a quittés que ce matin à notre très grand regret? Les évesques de Troyes, père et fils [1], qui chacun en leur espèce ont en vérité beaucoup de mérite. Le père a fait ses preuves il y a longtemps, mais la belle retraite qu'il a faite et si bien soutenue, y adjouste une doze qui le rend très respectable et très digne de vénération. Il est toujours avec cela d'aussy bonne compagnie, il paroit aussy libre dans sa taille, mais est-il question de parler et de parler solidement, il n'y a pas un mot qui ne porte, et si j'avois l'honneur de le voir souvent, il seroit plus capable de me retirer de la vie mondaine et libertine où ma jeunesse éternelle me fait passer mes jours, que tous ces saints qui affectent un air si rigidé et qui prétendent nous imposer par leur guillaumet et par leurs cheveux gras. A la bonne compagnie de ces deux prélats se joignirent encore hier à disner le père Bourdaloue, venant de Villeneuve, et l'abbé Testu, plus jeune et plus allant et venant que jamais, venant de Paris. Mais après vous avoir estallé tout ce qui s'est passé icy

---

[1] Mgr de Bouthillier, fils du comte de Chavigny, secrétaire d'État, aumônier du roi, prélat qui avait beaucoup d'esprit et le goût du monde, où les dames, paraît-il, le recherchaient volontiers. Un jour, après un souper chez le duc de Lorges où il n'avait jamais été si gai, il rentra chez lui, mit ordre à ses affaires, et le lendemain il alla prier le roi d'accepter sa démission, étant résolu à se consacrer à la pénitence : il demanda la nomination de son neveu de Chavigny, ce qui lui fut accordé. Au sortir du cabinet, le prélat gagna Paris, n'y vit personne et partit le lendemain pour Troyes, où il tint très exactement tout ce qu'il s'était proposé sans vouloir voir qui que ce soit que son neveu et ses prêtres, encore pour affaires, et sans écrire, ni avoir aucun commerce avec personne, entièrement consacré à la prière, à la pénitence et à une entière solitude (1697). Plus tard, Saint-Simon, qui l'estimait excessivement, le fit nommer au conseil de régence en 1715, « comme évêque sans diocèse et sans rapport à aucune cabale. » Il mourut à Paris en 1731.

depuis que j'y suis sans oublier, dont bien me cuit, que j'ay perdu quatre bonnes pistolles à l'ombre avec dix-huit sols entre la belle duchesse de Villeroy et le jeune Troyen en quatre séances, je vous diray que nous sommes tous sur le sujet de M. le duc de Savoye, comme on dit que vous l'estes en Normandie pour moy : je mets mon espérance que le ciel ne laissera pas une conduite si dénaturée et si ingrate sans une punition visible et qu'il luy viendra au moins un crapaud entre les deux yeux, comme il en arriva autre fois à un homme qui eut un pareil procédé au sien, ainsy que je l'ay leu dans une histoire rapportée dans le *Pédagogue chrestien*, qui m'est tousjours demeurée dans l'esprit, et qui me fait tousjours frissonner toutes les fois que j'y pense : vous n'ignorez pas, ma chère camarade, la triste scène de l'hostel de Lesdiguières et d'une si grande consolation cependant pour les Canaples et les présomptifs héritiers.

A la même.

Paris, ce 20e janvier 1706.

Enfin mes vœux sont exaucés,
Adieu, crotte importune,
Voilà tous les chemins glacés,
Voilà le clair de lune !
Abandonnez vostre château,
C'est un fort triste asyle,
Et profittez d'un temps si beau
Pour regaigner la ville !

Voylà tout ce que j'ay à vous dire de la part de Mme de Louvois et de la mienne. Elle est tousjours sur le grabat pour un mal fort loin du museau, et moy je suis tousjours sur mes pieds soutenu de quelques traits de vin de Champagne : c'est une folie de croire qu'on vieillisse : cela est faux, je le soutiens. Si l'on vouloit vous débiter, charmante Bernières, toutes les pétaffes et toutes les tracasseries de la cour, l'on n'en finiroit jamais ; si l'on vouloit vous débiter toutes les médisances atroces, qui se débitent dans la ville, l'on ne finiroit jamais aussy. Les voulez-vous apprendre? estes-vous curieuse? Partez et venez heurler avec les loups, car pour moy je ne vous en escriray aucune. Vous savez comment s'est passé un des articles du procès de la maréchale de Créquy? La maréchale est condamnée à tenir compte de 500,000 francs par an, tant pour le passé que pour l'avenir : et ce n'est contentement ny pour la mareschale, ny pour M. de Lédiguières, qui s'en plaint hautement : ils en sont à dire tous deux qu'ils ont perdu leur procès. M. l'archevesque de Reims se faisant raconter hier par Mme la duchesse de la Roche-Guyon tout l'argent qu'elle est obligée de desbourser pour faire sa fille religieuse aux filles de Sainte-Marie de Saint-Denys, luy promit 500 escus pour les frais de la prise d'habit afin qu'elle ne débourse rien. Voilà tout ce que je sais et que je vous honore et vous aime de tout mon cœur. Je voudray bien marier Mlle de Rys, mais je n'ay aucun mary en ma disposition. Mme de Louvois vous souhaitte et vous embrasse, et

Mme Galand vous fait mil amitiés. Je salue tendrement M. de Bernière : je pleins bien vostre intendant et vostre intendante : ils ont perdu le plus joly enfant du monde.

Pour moy je n'ay perdu que ma santé : je suis sur le grabat depuis huit jours par le plus vilain mal du monde, qui jette dans une mélancolie profonde : il n'y a que vous qui m'en puissiez tirer : dites à M. de Bernières que l'on guérit mieux icy qu'en Normandie : l'on y meurt aussy fort bien, car la pauvre princesse d'Isanghien[1] a décampé en une heure de la petite vérole : sa mère, la princesse de Furstemberg, est désolée. Je finis en vous embrassant de tout mon cœur[2].

A la même.

A Paris, ce 11ᵉ de febvrier 1706.

Mlle de la Roche-Guyon prit l'habit avant hier très gaillardement ; on ne peut pas douter présentement de sa vocation[3]. Elle a prudemment fait de prendre ce party, car en vérité elle est bien laide. — Rien

---

[1] Louise, fille du prince de Furstemberg et de Marie de Ligny, mariée en 1700 à Louis de Gand-Mérode, prince d'Isenghien, maréchal de France ; remariée en 1710 à Louis de Pot de Rhodes.

[2] De Mme de Louvois.

[3] Madeleine, fille de François VIII de la Rochefoucauld, duc de la Rochefoucauld et de la Roche-Guyon, et de Madeleine le Tellier de Louvois, née en 1689, religieuse aux Filles Sainte-Marie de Saint-Denis, morte le 22 avril 1717.

n'est encore décidé sur le mariage de Mlle de Guise avec M. le prince Charles [1]; une partie de la maison de Lorraine le veut et l'autre ne le veut pas. Comme M. le Grand n'est pas encore déclaré, comme Mme d'Armagnac le souhaite, on ne doute quasi pas qu'il se fasse. Mme de Guiscard et M. de Lenglée sont comme deux âmes en peine. Ce sera bien pis quand il sera fait. M. de Vendôme arrive dimanche. Le dernier courrier arrivé d'Italie l'avoit laissé à Milan avec M. de la Feuillade. Le roy a donné 100,000 escus à M. le maréchal de Villeroy à prendre sur Lion, à 50,000 francs par an; 10,000 escus à Jeannette et 20,000 à une femme de Mme de Maintenon. — Antoine Hamilton a fait beaucoup de chansons pendant le dernier voyage de Marly [2]. Il y en a plusieurs à la louange de Mme de Saint-Pierre [3], mais les louanges en sont si outrées qu'on les a prises pour de contre-vérités. Il y a plusieurs autres que je vous garderai pour vostre retour. Je connois vostre aversion des ports de lettres. Je vous en envoye seulement une que M. de Malézieux a faite pour Mme la duchesse du Mayne, le jour des Roys, et la réponse que Mme la duchesse du Mayne y fit à table :

---

[1] Ce mariage n'eut pas lieu : le prince Charles, comte d'Armagnac, fils cadet du comte d'Armagnac, grand écuyer de France, et de Catherine de Villeroy, épousa en 1717 une fille du duc de Noailles et de Françoise d'Aubigné, dont il se sépara promptement contre l'aveu de tous les princes lorrains, qui continuèrent à la voir.

[2] L'auteur des *Mémoires du chevalier de Gramont* (1646-1720) et de contes justement célèbres.

[3] Mme de Renel, sœur de M. de Torcy, épousa en 1703 le duc de Saint-Pierre, de la maison de Spinola, très vieux et très jaloux.

C'est sur l'air de *M. de Metz prélat insigne :*

> Laurette, Azanette, Celimène,
> Je vous ay fait ma souveraine,
> Longtemps avant le jour des Rois :
> Pour devenir vostre conqueste
> Et ranger mon cœur sous vos lois,
> Je n'ay pas attendu la feste.

Réponse.

> Crotesias, Dorante, Champagne,
> J'ay bu trois coups de vin d'Espagne,
> Pour répondre à des vers si doux.
> Des amis le parfait modèle,
> Un misanthrope comme vous,
> Rendroit Celimène fidelle.

Il ne me reste plus, Madame, qu'à vous asseurer que personne n'a plus d'impatience de vous voir que moy.

A la même.

Paris, ce 18 janvier 1708.

Vous voilà, Dieu mercy, en pays de connoissance, ma très aymable camarade, mais quand serez-vous dans un autre qui l'est plus encore; vous ne m'en dites pas un mot. Au nom de Dieu, ne comptez pas sur la gelée pour vostre retour dans la bonne ville; il y faut renoncer pour cette année et se préparer, mesme en beuvant bien chaud cet esté, à les regretter encore plus que nous ne faisons présentement, car on s'en console pour se promener comme en printemps, et pour voir naistre les fleurs et boutonner tous les autres. Il n'y a que Mme de Louvois qui ne jouit point de ce plaisir pour s'estre regrimpée dans un appartement haut, qui luy oste tout l'usage de son jardin. J'arrive de Versailles où j'ay passé huit jours entiers avec toutes les personnes qui m'honorent particulièrement de leurs bonnes grâces et dont je suis bien aise de conserver l'amitié, et quand elles ont eu autre chose à faire qu'à m'entretenir et qu'à me caresser, j'ay profité du beau temps pour renouveller connoissance avec toutes les statues, toutes les fontaines, tous les bosquets, en un mot avec tous les jardins de Versailles, que j'ay parcourus avec autant de plaisir que si je ne les avois jamais vus. Je n'ay point fait la presse chez les princes, ny chez les ministres, mais cependant je n'ay pas pu m'empescher de fréquenter la grande gallerie le jour que nostre aymable duc de Villeroy presta le serment de la charge de capitaine des gardes : il falloit bien que son beau-père eût la satisfaction de le voir avec le baston et rangé auprès de son maistre : il s'acquitta à merveille ce jour là de toutes les fonctions de sa charge, et avec une joye et un applaudissement public qu'on ne peut assez représenter. Voilà pour cette année les deux filles de Mme de Louvois assez bien traittées, car l'abbaye du Bec n'a pas encore été un mauvais morceau pour l'abbé de la Roche-Guyon [1] :

---

[1] Roger de la Rochefoucauld, fils du duc de la Rochefoucauld et de Madeleine le Tellier de Louvois (1687-1717), abbé du Bec et de Fontfroide : un bref du pape l'autorisa à servir en Hongrie sous le nom de prince de Marcillac ; il y mourut.

il n'a esté question à Versailles que des marquises de Cany [1] et de Seignelay [2] auxquelles on a rendu tous les honneurs deus à leur nouvelle condition, à la première principalement. Pour moy je n'en ay veu aucune, car je suis revenu le jour qu'on la devoit installer, et le jour encore qu'il devoit y avoir le soir un grand bal et masque, tant je suis revenu des honneurs et des plaisirs de ce monde. J'ay laissé en ce pays là tous les princes lorrains bien intrigués pour la terre de Commercy érigée en principauté souveraine par le duc de Lorraine avec le consentement du roy, en faveur de M. de Vaudemont qui par là marchera à la teste de toute la maison de Lorraine et immédiatement après le duc et ses enfans [3]. Tous les Lorrains se sont, dit-on, assemblés pour voir ce qu'ils avoient à faire pour détourner cet orage, mais j'ignore le party qu'il ont résolu de prendre : à dire le vray, il est rude pour eux que celuy qui selon les loys en est

---

[1] Marie de Rochechouart, fille du duc de Mortemart et de Marie-Anne Colbert, épousa le 12 février 1708 Michel Chamillart, dit le marquis de Cany, fils du ministre, mort en 1716 ; sa veuve se remaria en 1722 avec le prince de Chalais.

[2] Marie de Furstemberg, sœur de la princesse d'Isenghien, mariée 10 janvier 1708 à Jean-Baptiste Colbert, marquis de Seignelay, brigadier des armées; veuve en 1712.

[3] M. de Vaudemont, dont Saint-Simon trace le plus fâcheux portrait moral, avait obtenu une patente de prince de l'Empire : il tenait le comté de Vaudemont du duc Charles IV, son père, qui lui donna aussi Commercy, acquis par lui du cardinal de Retz. Plus tard M. de Vaudemont céda cette terre au duc Léopold de Lorraine, en en conservant les revenus. A force d'intrigues, il obtint du duc de Lorraine, au mois de janvier 1708, sa reconnaissance comme souverain de Commercy avec le consentement du roi, en dépit de l'évêque de Metz qui y avait la directe et la suzeraineté : en échange, il renonça à la prétention peu fondée au trône de Lorraine et il se fit encore reconnaître aîné de la maison de Lorraine après la postérité du duc, ce qui lui donna le pas sur tous les princes lorrains et amena sa brouille avec eux.

le dernier, marche le premier, cela se fait principalement pour le cordon bleu. Le prince Camille sera encore plus embarrassé que les autres, car comme grand maréchal de Lorraine, il a du duc 24,000 livres de rente, et pour un point d'honneur renonceroit à un point aussy essentiel pour sa subsistance. Dieu les bénisse tous! On ne parle que des bonnes fortunes de M. l'évesque de Strasbourg et que de ses progrès dans l'empire amoureux : on ne chante que chansons qu'on ne devroit pas chanter [1]. Enfin! le monde, chère Agnès, est une estrange chose. — Vous avez très bien fait d'apprendre à escrire.

A la même.

A Quévilli [2], ce 25 juillet 1704.

Il n'y a pas moyen d'estre plus longtemps en ce pays-ci sans vous donner quelque signe de vie, ma très aimable camarade, et sans vous supplier de ne pas me dédire, quand il vous reviendra que je publie hautement pour me faire valoir que non seulement

---

[1] Armand-Gaston de Rohan, cinquième fils de François de Rohan et d'Anne de Chabot, coadjuteur en 1701, évêque titulaire le 10 avril 1704, cardinal en 1712, mort en 1749. Il prit une part active aux négociations tentées à la fin du règne de Louis XIV pour ramener la paix religieuse en France, et, en dépit du cardinal de Noailles, il décida l'accommodement du 13 mai 1720 qui amena peu après un apaisement général. On connaît son faste et son goût pour le monde : Saint-Simon en parle avec les plus curieux détails.

[2] Village près de Rouen, chef-lieu d'un marquisat appartenant à M. de Bec de Lièvre, marquis de Cany, dont le fils, président au parlement de Rouen, veuf de Mlle Bouchard de Blosseville, se remaria en 1728 à Henriette du Moncel, fille de M. de Lourailles et de Mlle de Bernières.

j'ay l'honneur d'estre connu, très connu de vous, mais que je suis encore de vos meilleurs amis et de vos plus anciens. Ayez donc la bonté de trouver moyen de ratifier tout ce que j'ose avancer pour me conserver dans ma bonne forme et renommée. Je suis icy dans une très agréable maison et auprès d'un cardinal qui me comble d'honnestetés et de bonne chère, mais cependant si j'en croyois toute la bonne compagnie de Rouen, ce seroit le lieu où je serois le moins, et ce n'a point du tout esté le but de mon voyage. J'ay fait pourtant quelques courses jusques à la ville avec sa permission; j'y ay disné deux fois avec luy, l'une chez M. de Courson et l'autre chez le premier président [1], et de mon chef j'y ai passé un jour entier chez l'intendant où je couchois, et j'y disnay avant hier chez la présidente de Motteville [2]. J'ay donc vu tous mes bons Normands, que j'aime plus que jamais, et mon amour-propre m'y engage par tout l'empressement qu'ils font paroistre pour me posséder et pour me faire bonne part de toutes leurs viandes exquises, car je n'ay point d'autres termes pour les célébrer. J'ay beaucoup veu Mignonette et l'aimable la Vaupallière [3]; je luy ay confié mes intentions d'aller revoir la procession de la Ligue et le bichon de Mlle Audace, il a taupé à cette promenade,

---

[1] Nicolas Camus, seigneur de Pontcarré, nommé le 28 août 1703, mort en 1734.

[2] Fille de M. de la Haye du Puy, conseiller au parlement de Rouen, mariée à Bruno de Motteville, reçu président au même siège le 3 juin 1692.

[3] Étienne Maignard de la Vaupalière, conseiller au parlement de Rouen en 1681, mort en 1731, cousin germain du procureur général de Bernières.

mais je ne sçois pas bien quand nous l'exécuterons. M. le procureur général [1] que j'ay eu l'honneur de voir chez luy avec deux petites beautés ses filles, la cadette particulièrement, n'a qu'un cry pour me donner à disner ou à souper; mon cousin de Lezeau par la parenté veut avoir la préférence, Mignonette le veut avoir aussy du chef de l'ancienne connoissance, enfin je suis bien embarassé. J'ay fort visité mes filles de Bellefond, mais j'ai entré dans Saint-Amand dont je suis tout esmerveillé [2]; je n'ay jamais veu un plus beau bastiment, et le frère Nicolas a grand honneur en la construction tant pour le dehors que pour le dedans. Cependant ces pauvres dames auroient un très grand besoin de Saint-Yon pour prendre l'air, car celuy de la ville est pernicieux à la plupart. J'ay rendu un fort bon compte de cette entrée à Mme de Louvois, et je n'ay pas manqué de luy exposer qu'elle leur pourroit faire une grande charité, mais que croyez-vous du bon ou du mauvais succès de ma requeste? c'est le plus habile et le plus grand homme du monde que le premier président, mais sur la joie il n'y a point moyen de prendre pied avec luy. Je suis assez content de sa femme, elle au-

[1] Louis-Charles Maignard de Bernières, marquis de Beautot, procureur général au parlement de Rouen le 8 mars 1691, mort en 1710. Il avait obtenu en 1678 l'érection de sa seigneurie de Bernières en marquisat. De sa première femme, Marie le Cornu de Bimorel, il eut un fils, président au même siège, mort sans hoirs, en 1757, de Marguerite du Moutier; de sa seconde femme, née Durand de Bonneville, il eut la marquise de Flavacourt et Mme de Lourailles.

[2] Abbaye sise à Rouen, dont l'abbesse de 1692 à 1721 fut Marie de Barentin, fille d'Honoré, président du grand conseil, duquel la sœur épousa : 1º le marquis de Souvré, d'où Mme de Louvois; 2º le marquis de Boisdauphin.

roit bonne intention, mais elle n'est point la maistresse : sa sœur est un parti de 500,000 fr. et la personne du monde qui fait mieux les honneurs d'une table : il n'y eût aucune saulce dans laquelle elle ne trempât ses engageantes pour s'en acquitter. Elle ressemble à Faustine comme deux gouttes d'eau, et nous autres qui avons esté à Rome, nous n'aurons pas moins de vénération pour elle, que si elle avoit esté en chair et en os la femme d'Hadrien, mais est-il vray qu'à 17 ans elle a esté fouestée par son propre père? Cette aventure m'a fait pleurer. Je suis charmé de la voix de Mme de Garnetot [1], et nous avons bien reparlé ensemble de la jolie feste que M. vostre fils nous donna à Joplet. Voilà un mot qui n'est peut-estre pas bien escrit, mais la reconnoissance pour une telle feste est bien escrite dans mon cœur par rapport à cet aimable intendant. Estes-vous toujours à Paris, ma chère camarade? Ne mettez-vous pas le pied à Choisy? Cependant c'est un beau séjour et j'y crois Mme de Louvois assez solitaire. Je voudrois bien aller bientôt grossir sa cour, mais où la chèvre est liée, il faut bien qu'elle y broutte.

« Ce proverbe en ce lieu se peut bien alléguer. » Comme je suis venu pour M. le cardinal de Bouillon [2], vous jugez bien que tant qu'il voudra bien de moy, je ne dois pas le quitter légèrement ; je ne vois

---

[1] Héloïse Durand, fille d'un conseiller au parlement, morte le 13 octobre 1705.

[2] Le cardinal de Bouillon était abbé de Saint-Ouen de Rouen : il était déjà en disgrâce.

donc point encore précisément le temps de mon départ, mais il ne peut pas estre fort esloigné. Si je puis en ce païs vous rendre quelque service, mon aimable camarade, vous n'avez qu'à ordonner, vous pouvant asseurer que par tout pays je vous honore selon vos mérites, c'est tout dire, et que je suis toujours plus que personne du monde sans compliment aucun vostre très humble et très obéissant serviteur.

COULANGES.

Oserai-je faire passer par vostre canal mil complimens à Mlle de Rys? J'ay rencontré Mme sa belle-sœur dans les rues de Rouen, et l'on m'a dit qu'elle estoit retournée à Charleval. Je vous demande une pareille grâce pour M. de Bernières, et qu'il veuille bien toujours se souvenir que sa grand'mère et mon grand-père avoient un grand penchant l'un pour l'autre.

A la même.

A Quevilly, ce 22 juillet.

Croyez-vous, Madame, que ce ne soit pas sans un extresme chagrin que je n'ay pu accepter le bon repas qui m'a esté offert par M. le procureur général et par madame sa femme : j'eus l'honneur de leur rendre visite lundy dernier, de me réjouir avec eux de voir revivre un président de Bernières et de leur faire ensuite tous mes remerciemens de toute leur bonne volonté, dont je ne puis estre assez reconnaissant ; mais, mon cher camarade, je suis à une lieüe de la ville, c'est une affaire de s'y rendre principalement sur le midy, par le cruel chaud qui nous brusle depuis le matin jusques au soir, et c'en est une plus grande encore que de quitter un cardinal qui paraît content de ma petite compagnie et qui m'a paru ne me donner congé d'aller à Rouen que parce qu'il me veut laisser ma liberté. Je suis donc résolu de le quitter tout le moins que je pourrois et d'autant plus que je commence à toucher au but que je me suis proposé pour mon séjour auprès de luy. Je seray mesme déjà party s'il ne vouloit pas me renvoyer plus commodement et plus honorablement que je ne suis venu, il veut que je prenne l'occasion d'un vieux carosse qu'il envoyra vendre à Paris dès que les chevaux qui l'y meneront pourront ramener une berline qu'il y fait faire et dont de moment en moment il attend qu'on luy mande qu'elle est en estat de marcher, et vous jugez bien que je ne suis pas assez ennemy de moy mesme pour refuser une aussi bonne occasion. Cette incertitude dans le temps de mon départ me fit prendre congé de tous mes bons Normands dès lundy dernier. J'y dynay chez mon petit cousin de Lezeau que j'avois remis à ce jour, qui m'a esté d'un secours admirable depuis que je suis icy : il est très joly homme, il sçoit vivre, et c'est tout vous dire que la force du sang s'est si bien fait sentir en moy que je l'ayme fort et que je l'ay tout à fait pris en ma protection. Il me donna le meilleur disner du monde et du meilleur air, et sceût fort bien en prier la compagnie qu'il jugea qui me conviendroit le plus. C'estoit

Mignonette, c'estoit M. et Mme de Garnetot, Mme la présidente de Bernières, sa belle-sœur, Mme de Lezeau sa propre femme, l'abbé d'Anfreville et un conseiller au parlement, homme du monde, dont j'ay oublié le nom. Le marquis de la Londe et l'intendant devoient estre aussy de ce repas; ils en étoient priés, mais l'un s'estoit trouvé obligé d'aller à une partie de chasse, et l'autre à Forges pour y visiter Mme de Pontchartrain et M. l'évesque de Senlis. Le repas fut très gay, nous chantâmes à l'envy, Mme de Garnetot et moy, et chascun eût ses partisans; comme il arrive assez ordinairement après une très longue table et une courte digestion, chacun prit son party; mon cousin me mena chez M. le procureur général, comme je l'ay déjà dit, et ensuite chez Mme la première présidente et la présidente de Motteville que je n'avois point veues depuis leurs disners, et je finis par le Cours qui est selon moy l'une des plus belles promenades qu'on puisse fréquenter. Oncque depuis n'ai-je esté à Rouen. Dans ma première lettre j'oubliay à la vérité de vous parler de l'abbé de l'Epine qui est toujours la fleur des pois : il est venu icy une après-disnée ; je l'ay veu une autre après-disnée chez M. de Courson, où il ne voulut pas venir disner, et j'ay disné une seule fois avec luy chez Mme de Motteville. Voilà tout ce que j'ay veu, mon cher filleul, qui me paraît encore un peu abattu, mais qui n'en est pas moins de bonne compagnie. Nous avons icy depuis mardy soir les pères Gaillard et de la Rue qui sont venus obligeamment faire une visite à monsieur le cardinal, mais nous ne les garderons pas longtemps ; ils s'en retourneront dès samedy, car ces grands directeurs et prédicateurs-là n'ont pas tant de temps à perdre : monsieur le cardinal n'a pas esté insensible à la peine qu'ils ont prise. Quel plaisir de revoir ses amys un peu et de pouvoir leur descharger son cœur après sept ans d'une disgrâce aussy obstinée! Je ne vis point Mlle de Beautot chez madame sa sœur, mais je la trouvay chez madame la procureuse généralle. Dites à Mlle de Rys, je vous supplie, que j'ay autant de vénération pour son amye que si elle n'avoit pas esté fouettée à l'âge de 17 ans. Je suis persuadé mesme qu'elle en est devenue plus sage pour en avoir la mémoire plus récente ; mais c'est une belle récompense que cinq cent bons mil francs qu'on dit qu'elle aura pour son partage. Pour peu qu'elle cherche une anguille elle la trouvera facilement. Vous avez donc esté une bonne semaine à Choisy ; je crois que Mme de Coulanges y est présentement : pour moy je n'y seray jamais si tost que je le désire, mais je vous supplie, mon cher camarade, que vous vous y trouviez en mesme temps. Je ne suis pas de si bonne compagnie que MM. les abbés de Langlée et Morel pour payer d'esprit et de jeu, mais au moins je vous parleray normand, et cette langue peut-estre ne vous sera pas indifférente. Je souhaite fort que Mlle de Rys vous accompagne dans ce voyage pour avoir l'honneur de faire un peu plus connoissance avec elle, car la campagne est le vray théâtre à faire une bonne connoissance. Hélas! je vois bien que je retourneray à Paris sans voir la procession de la Ligue, mais je m'en consoleray par vous voir, mon cher camarade, et par vous bien répéter que je suis l'homme du monde qui vous honore le plus et le plus constament. Votre très humble et très obéissant serviteur.

COULANGES.

Mil compliments pour M. de Bernières.

A Tournus [1], samedy au soir 1er aoust.

Je ne doute point que le fidèle M. Gallois ne vous ait rendu compte de la diligence que je fis, il y eut précisement hier huit jours, pour avoir l'honneur de vous voir. Ainsi, Madame, vous n'avez point de reproches à me faire sur le secret de mon voyage que j'avois dessein de vous communiquer si j'eusse esté assez heureux pour vous trouver chez vous. Mais les dieux ne l'ayant point permis, je ne puis, ce me semble, mieux faire que de vous offrir mes services en ce pays cy, et que de vous dire que je suis à la joye de mon cœur auprès d'un grand cardinal, auquel je voudrois bien donner des marques plus solides de la fidélité de mes sentimens sur tout ce qui le regarde, et de ma tendre amitié, si j'ose parler de la sorte, que de m'embarquer courageusement, comme j'ay fait moy huitième dans un carrosse de diligence par une chaleur excessive, une poudre insupportable et des cahots qui peuvent estre de vostre connoissance, et qui mettent dans

---

[1] Abbaye de Bourgogne où était exilé le cardinal de Bouillon, qu en était abbé.

un mouvement fort éloigné encore d'apporter quelque rafraischissement ; mais en vérité, Madame, me voicy bien recompensé de toutes mes peines, et je ne pouvois mieux, ce me semble, employer la parfaite santé, et le regain de jeunesse dont je fais profession et que je pousseray le plus loin qu'il me sera possible. Ma destinée présentement est entre les mains de monsieur le cardinal qui me veut faire voir plus d'une solitude qu'il habite en ces pays-cy, selon les saisons, et qui pour mon retour à Paris, me jettant du costé de la rivière de Loire m'a fait prendre la précaution de ne point passer par Chalon sans aller un moment rendre mes respects à Caterine de Baufremont. Je m'acquittay donc de ce devoir jeudy matin et je trouvay par vos soins, Madame, une chapelle magnifique ; le tombeau que vous avez fait élever à feu M. le marquis d'Uxelles est d'un très bon air, et très bien exécuté, le dessein très beau, les figures très proprement taillées, et les inscriptions sur les marbres très à propos et très bien gravées. Je pris d'autant plus de plaisir à les lire, que je cognus par elles que Marie de Bailleul n'avoit fait toute cette dépense que parce qu'elle avoit esté mariée dans la maison d'Uxelles, et point du tout pour estre enterrée dans cette chapelle, ce qui me fut d'une très grande consolation. Comme je n'ay pas manqué, Madame, de me bien vanter icy de l'honneur de votre amitié, monsieur le cardinal a esté tout le premier à m'en estimer davantage, et sur cela, combien m'a-t'il demandé de vos nouvelles, et m'a-t'il chargé de vous faire des compliments de sa part. Je l'ay trouvé en parfaite santé, et si fort au-dessus des malheurs qui luy sont arrivez qu'il ne veut pas seulement qu'on luy en parle. Il est tranquile, il se repose sur sa bonne conscience, et il ne veut de moy que des propos qui le puissent divertir. Il a icy une couvée de Montrevel qu'il aime fort, et dont il s'accomode à merveilles. Il m'a desjà fait boire et chanter avec l'abbé [1], et j'aurois esté présenté à ses sœurs, si elles n'estoient point malades. Il a encore l'abbé Bouchu [2]. Enfin Tournus n'est pas sans quelque sorte de compagnie, voilà, Madame, tout ce que je vous puis dire ; après avoir pris la liberté de vous informer aussi amplement de mes nouvelles, j'espère que vous me ferez l'honneur de me donner des vostres, et de me confirmer que vous êtes très persuadée que je sçay vous honorer comme vous le méritez, et que je suis toujours plus que personne du monde, avec beaucoup de respect, vostre très humble et très obéissant serviteur.

COULANGES.

A Paray [3], ce 26 aoust [4].

J'ay receu, Madame, sur les bords de la dormante Saône, la première lettre que vous m'avez fait l'hon-

---

[1] Esprit de la Baume, fils du marquis de Montrevel et de Claire de Saulx-Tavanes-Lugny, abbé de Saint-Cernin au diocèse d'Autun, mort en 1721. La couvée devait se composer de ses deux sœurs, Mlle de la Baume et Mlle de Montrevel, mortes sans alliances en 1749 et 1714, cette dernière en odeur de sainteté.

[2] Fils et frère du marquis de Lessart, intendant en Dauphiné.

[3] Petite ville près de Tournus.

[4] Inédite.

neur de m'écrire, dont mon amour-propre n'a pas esté peu satisfait. Car quel plaisir de faire voir adroitement en province qu'on est cogneu de certaines personnes de mérite et de considération, et que par elles-mesmes on en a quelquefois des nouvelles. Jugés donc combien je me suis paré de vostre lettre, Madame, dans une province principalement où vous avez brillé si longtemps. J'en ay fait part, comme de raison, à notre grand cardinal tout des premiers qui m'a paru très touché de votre souvenir, et qui répond aussi agréablement que vous le pouvez désirer à tous vos complimens, et à les bons et tendres sentimens dont vous les assaisonnez, fondez sur une aussi ancienne connoissance. Votre lettre ensuite, comme vous pouvez bien le croire encore, n'a point esté lettre close pour toute cette couvée de Montrevel. Elle a esté très aise de s'y voir solennisée avec autant d'amitié et de bonne souvenance de la bonne chère que vous dites avoir faite autrefois à Lugny [1], aussi bien que du baptesme du chevalier [2] dont vous avez la bonté de vous tenir toujours pour marrainne. Enfin j'ay fait très honorable commémoration de vous partout, Madame, et j'ai la satisfaction mesme de l'avoir faite le verre à la main. Car outre que vostre santé m'est très précieuse, vous ne sauriez croire encore combien on est aise d'y boire la vostre avec les meilleurs vins et les plus sains de Bourgogne. Mais

---

[1] Village du Mâconnais, avec titre de vicomté, entré par mariage en 1579 dans une des branches des Saulx-Tavanes : aujourd'hui chef-lieu de canton.

[2] Eugène de la Baume, chevalier de Malte, mestre de camp de cavalerie, né vers 1655.

n'est-il pas temps pour vous obéir, comme vous me paroissez du goust de feu vostre pauvre amie Mme de Sévigné qui vouloit des détails et qui les baptisoit du nom de stile d'amitié, que je vous dise qu'après avoir passé quinze jours entiers à Tournus, à bien discourir, à faire bonne et grande chère, et à me promener dans les prairies sur le bord de la rivière, quand le temps qui a toujours esté d'une chaleur extraordinaire nous le vouloit bien permettre, nostre grand cardinal a pris la résolution de se mettre en marche pour son chasteau de Paray, dit le Monial, qu'il habite volontiers en cette saison et que pour cela nous nous mismes en campagne par un mercredy matin 19 de ce mois. Comme il ne vouloit ce jour là qu'aller à Cormatin [1], et qu'il trouvoit à propos que je visse l'abbaye de la Ferté [2], par sa bonté ordinaire, et par une attention dont je suis confus la pluspart du temps, il m'y envoya dès le matin dans un bon carosse à six chevaux, moy quatrième dont l'abbé de Montrevel, comme de raison, occuppa la première place. Après avoir donc trotté par des prairies que la saison rend très trottables, nous y arrivasmes très commodément sur les neuf heures et je ne fus pas peu surpris de voir de tels bastimens, et une église ornée de tant de statues et de bas reliefs qui auroient mesme leur mérite en Italie. La situation me parut mesme admirable, je donnay tout le temps

---

[1] Village situé près de Saint-Gengoux-le-Royal (Saône-et-Loire), où existait un château, rebâti par M. de Beringhem, héritier du maréchal d'Huxelles. C'était le chef-lieu du marquisat d'Huxelles.

[2] La Ferté-sur-Grône, près de Châlons, fondée en 1113 : ordre de Cîteaux.

qui convenoit à l'admiration d'une maison si magnifique, et aux louanges deües au bon vieil abbé de quatre-vingt-cinq ans, qui en vingt-un ans a eu le courage de mettre à bonne fin une telle entreprise [1]. Il ne tint pas à luy qu'il ne nous donnast un très bon déjeuner, mais nous avions un ordre exprès de porter tout nostre appétit à Cormatin où nous devions rejoindre monsieur le cardinal, et, pour y en porter davantage, la compagnie avec qui j'estois voulut bien consentir encore à un petit détour pour aller voir le pèlerinage de Nostre-Dame de Grâce dont j'estois bien aise de rendre compte à Mme de Louvois. J'eus donc dans cette marche la satisfaction de passer sur ses terres, de saluer les poteaux chargez de ses armes, et après avoir jetté l'œil à Savigny [2] sur un assez vilain chasteau sur un haut, que je ne luy conseille point du tout de faire rebastir, de trouver dans le bas, cette chapelle dont elle m'a parlé tant de fois bastie par les anciens Mandelots ses ancestres [3]. Mais quelle pauvreté règne dans cette chapelle ! J'en fus honteux pour l'héritière de Souvré et de Mandelot, veuve d'un des plus grands et des plus riches ministres que nous ayons eu, et si bien que j'ay pris la liberté de luy en écrire deux mots à telle fin que de raison. Après avoir cependant reveré ce saint lieu, comme s'il avoit esté plus richement orné,

---

[1] Claude Petit, d'une famille noble de Dijon, mort en 1710.

[2] Savigny en Revermont (Saône-et-Loire) avec titre de comté. Le château est complètement en ruines aujourd'hui.

[3] Vieille maison de la noblesse bourguignonne dont la dernière héritière, Marguerite de Mandelot, épousa en 1581 le marquis de Villeroy et fut mère de la marquise de Souvré.

veu de près et baisé respectueusement cette miraculeuse image de la Vierge, et en avoir apris toute l'histoire de la vieille bouche d'un fort vieux cordelier, nous prismes enfin le chemin de Cormatin, guidez par le chasteau d'Uxelles. Mais quel beau chasteau que celuy de Cormatin! Madame, vous ne m'en aviez jamais parlé. Quoy, trois grands corps de logis et quatre gros pavillons avec des tours en cul de lampes qui m'ont paru des chefs d'œuvre. Quelque faim que j'eusse, je me mis à parcourir tout ce beau chasteau pendant que nostre grand cardinal en nous attendant, s'estoit mis entre deux draps dans un très bon et beau lit dans votre appartement. A qui en avez-vous, Madame, de croire que Cormatin soit fort dégradé pour n'y avoir pas un lit avec des perles, et quelques tapisseries portées à Strasbourg dont la renommée m'a entretenu. Je vous assure qu'il est fort bien meublé, et si M. le mareschal d'Uxelles n'a pas le goust de ses pères pour mettre la dernière main à ce chasteau, du moins en a-t'il fait paroistre un que j'estime fort, qui est d'avoir rehaussé tous ses lits, et de leur avoir donné tout le bon air du temps présent. Je fus en particulier très content de celuy où je couche, d'un damas rouge, ce me semble, avec des compartimens de broderie dans une belle chambre au delà de la chapelle ornée de lambris avec des chiffres de du Blé et de Phelipeaux, et je crois, le portrait de Jacques vostre beau-père sur la cheminée. Jamais encore je ne couchay dans un meilleur lit, dans des draps mieux conditionnez, et la tapisserie de cette chambre qui est de bucherons, me parut des meilleures. On peut encores arriver presentement dans cette chambre par une grande salle nouvellement lambrissée d'un très bon air, qui fait foy des soins de monsieur le mareschal, aussi bien que le jardin fruitier et les espaliers qu'il a fait planter et la dépense qu'on fait au revestement des fossez pour les restablir. Je ne doute point qu'ils ne soient très agréables quand ils sont remplis et que la Grosne a la liberté d'y prendre son cours ; j'ay veu avec un extrême plaisir et attention le tableau d'Henri IV qui est dans le bout de la galerie, et j'y ai bien reconnu de nos vieux amis. Mais je tremble encore que M. le mareschal d'Uxelles ait eue quelque envie de le faire porter à Strasbourg, hélas sans sa vieillesse, l'affaire en auroit esté faite. Cependant ces sortes de tableaux sont faits pour le principal manoir et point du tout pour voyager dans les pays étrangers, et si celuy là eust esté transféré il ne seroit jamais arrivé qu'en mille pièces. Mlle Bouton dont j'ay grand sujet de me louer, et qui est vostre très humble servante, me conta bien des choses et me fit voir vostre portrait dans sa chambre, mais quelle mauvaise détrempe ! il ne m'inspira point du tout en le voyant de m'escrier :

Privé de mon vray bien, ce faux bien me soulage.

Car je ne vous y reconnus point du tout. Elle me fit voir encore une chambre en haut remplie de bien mauvais portraits où je n'en trouvay qu'un du cardinal de Loraine qui pourroit convenir par sa grandeur à beaucoup de ceux que vous avez à Paris.

Mais ce n'est qu'une copie. Comme vous pouvez croire, Madame, la faim à la fin chassa le loup du bois, et je ne fus pas fâché de trouver un bon disner-souper sur les cinq heures dans une grande salle, où Antoine du Blé, car je soubçonne que c'est luy, nous regarda toujours assez fièrement de dessus son cheval. Pourquoy n'avez-vous point faict escrire son nom? C'est que dans le temps que vous habitiez ce chasteau, vous n'étiez pas si touchée de l'ancienne portraiture, que vous l'estes présentement, *altri tempi, altre cure*. Après avoir bien contenté mon appétit, je recommençay de plus belle à visiter Cormatin, et je ne négligeay pas les dehors. Nous en partismes assez matin le lendemain. L'abbé de Montrevel nous quitta pour s'en retourner à Tournus, et nous par de belles prairies dont toutes les barrierres nous furent ouvertes nous arrivasmes de très bonne heure dans le trou de Cluny. Monsieur le cardinal commença par y entendre la messe, par mettre ensuite solennellement la première pierre à l'édifice d'un hospital comme il avoit fait à Tournus quelques jours auparavant, où il ne manquera pas d'étaler des marques de sa piété et de sa libéralité, et puis je le suivis dans la grande et triste église de l'abbaye, mais qui ne laisse pas d'avoir son mérite par son estendue, par ses voûtes et par quantité de tombeaux antiques qui s'y trouvent dispersez. Mais bientost, quel magnifique mausolée y verra-t-on par les soins de nostre grand cardinal qui y a mis en œuvre tous les meilleurs ouvriers d'Italie en marbres et en bronze pour le rendre un des plus beaux de l'Europe. Tout mon déplaisir est qu'il ne sera point dans un lieu plus à la main pour estre veu et admiré, mais il a de si bonnes et si pertinentes raisons pour signaler là la mémoire de ses ancêtres et de leurs descendans qu'il n'y a pas moyen de ne les pas approuver. Nous passasmes tout le reste du jour assez ennuyeusement dans Cluny. Le lendemain par des chemins diaboliques dans une bonne litière avec nostre charmant cardinal je fis cinq mortelles lieues pour gaigner Charolle, ville capitale du Charollois, où nous passames saintement la soirée avec de bons pères du tiers ordre de Saint-François qui dans leur couvent, hors de la ville, ont fait joliment construire et approprier un appartement pour nostre adorable cardinal toutes les fois qu'il est obligé d'y passer pour se rendre icy ; ils m'en donnèrent aussi un très propre et ce fut là qu'après avoir passé une très bonne nuit, nous restâmes très dévotement une grande partie du samedy qui estoit le jour de la Vierge. Car nous n'en partîmes que sur le soir pour venir coucher dans ce chasteau qui n'en est qu'à deux lieues, et où nous sommes depuis douze jours. C'est le lieu du monde le plus agréable, et embelly par les soins de nostre cardinal qui y a fait des dedans et des dehors qui mériteroient bien un pays plus fréquenté. Car je n'ay jamais veu un désert qui ait plus d'agrémens. Ce n'est plus la Saône ny la Grosne qui arrosent nos terres, mais une petite rivière de Bourbance qui, jolie et fort raisonnable dans de certains temps comme dans cette saison-cy, devient dans d'autres fort déraisonnable par ses débordemens. Cette petite rivière embellit une des plus jolies veues qu'on puisse voir. Nous avons de très aimables jardins, une terrasse toute pleine de mérite, et des jets d'eau de trente-cinq pieds de haut, dont on feroit cas dans une maison royale. Les dehors nous fournissent des promenades charmantes et entre autres dans une belle et grande forest fort à la main où les chesnes qui donnent de la teste dans les nues ne sont pas moins beaux et verds qu'au premier jour de l'univers. Mais ce lieu si charmant est à huit grandes lieues de la poste, et voilà son seul défaut, et ce qui m'a empesché, Madame, de vous remercier plustost de vostre première lettre et de vostre seconde qui estant encore adressée à Tournus m'est venue comme par miracle. Je n'en ay pas fait un moindre usage que de la première, elle n'a pas esté moins approuvée de nostre grand cardinal, et l'abbé de Montrevel qui nous est revenu depuis deux jours a esté ravy de voir que vous continuiez à y faire mention honorable de toute sa couvée. Il doit venir cet hyver à Paris, et déjà je l'ay prié sous votre bon plaisir de souper un soir chez vous avec nostre bon petit bon abbé des Roches, est-ce que vous m'en dédirez, Madame? Je suis donc présentement à Paray en tout plaisir et en toute bonne chère.

CHANSON, sur l'air : *Sommes-nous pas trop heureux,*
Belle Iris, que vous en semble, etc.

Je connois de plus en plus,
En faisant très grande chère,

> Qu'un estomach qui digère
> Vaut plus de cent mil écus;
> Le mien soustient cette thèze,
> Remply de friands morceaux,
> Et digérant à son aise
> Truffes, melons et cerneaux.

Cependant, Madame, je vois approcher le temps de mon départ, et ce n'est pas sans déplaisir asseurément quoyque Mme de Coulanges me tienne fort au cœur. Mais enfin comme mon pays n'est pas de ce monde, je fais estat, sous le bon plaisir de nostre grand cardinal, de partir dans les premiers jours du mois prochain si, sous le bon plaisir aussi du ciel, il luy plaist de nous envoyer de la pluye pour mettre la rivière de Loire en estat de me porter jusques à Orléans, ainsy, Madame, voilà désormais nostre commerce de lettres finy. Mais je m'en consoleray dans l'espérance d'avoir l'honneur de vous voir bientost, et de vous protester sur nouveaux frais, sans compliment aucun, que personne au monde ne vous honore plus que je fais, et n'est plus sincèrement que je le suis, avec beaucoup de respect et d'attachement, vostre très humble et très obéissant serviteur.

COULANGES.

Comme vous aimés à me lire, dites-vous, Madame, je ne vous feray point d'excuses d'une aussi longue lettre. Je vous remercie de l'épitaphe de feu M. le marquis de Nangis qu'il n'est pas impossible que je ne voye en place, et de la situation présente où est l'hostel de Gramont, dont vous avez la bonté de me faire un récit très fidèle.

Je crains que le port de cette lettre n'effraye M. Gallois, le papier de Rome contribuera beaucoup encor à le rendre considérable. Je vais demain disner à Marcigny-les-Nonains [1]. J'y suis invité par l'abesse, nièce du père de la Chaise, avec le secours d'un bon cuisinier qu'elle a demandé, et qu'on fera partir dès ce soir; l'on m'assure qu'elle me fera très bonne chère.

A Paray, ce 26e septembre.

Il ne sera pas dit, Madame, que je ne vous remercie pas par une quatrième lettre des trois bonnes que vous m'avez fait l'honneur de m'écrire, et que je quitte ce pays sans prendre congé de vous. Le temps de mon départ seroit déjà venu s'il avoit plu à la rivière de Loire de me fournir assez d'eau pour m'y embarquer, mais jusqu'icy elle s'est mocquée de moy, et pour me mocquer d'elle à mon tour, nostre cardinal m'a mené au port de Digoin où je comptois de m'embarquer, et me l'a fait traverser d'un bord à l'autre dans son carosse. Mais ce qui me surprit encore davantage fut de voir toutes les bestes à quatre pieds, toutes les plus basses, la passer sans nager, et les hommes et les femmes avec de l'eau

---

[1] Prieuré de l'ordre de Saint-Benoît, dans cette petite ville (Saône-et-Loire).

seulement jusqu'à la cheville du pied. Ainsi présentement j'en suis à prendre d'autres mesures; en attendant que je les aye trouvées, je ne suis pas bien à plaindre au moins en aussi bonne maison que celle où je suis, et en la bonne compagnie de nostre grand cardinal qui ne cesse point de me caresser, et de me marquer combien il est aise de me tenir dans son désert, à vous dire le vray, le plus agréable du monde. Car je n'ay jamais veu un si joly pays, ny aux environs des promenades plus à la main. Il accomode fort son chasteau, et c'est un grand secours à qui ne veut point se livrer aux visites de ses voisins de province que d'avoir des ouvriers en plus d'un atelier chez soy, pour faire quelque diversion aux occupations ordinaires. Nostre cardinal soutient, avec vérité, bien noblement sa retraite, et sa bonne santé rend un bon témoignage de sa résignation à la Providence, et de la fermeté de son esprit. Voicy cependant, à qui le voudroit, une habitation qui ne seroit pas tout à fait dans la Thébaïde, car nous sommes à cinq lieues tout au plus loin, de bien des gens qui ont des noms.

Le noble chasteau de Paray [1]
De noblesse est tout entouré,

---

[1] Paray était le chef-lieu d'un riche prieuré de l'ordre de Saint-Benoît, fondé en 973 par le comte de Châlon. Le palais abbatial, orné de magnifiques jardins, fut bâti en 1480 par Jean de Bourbon et fini vers 1510 par Jacques d'Amboise. Le cardinal de Bouillon y fit exécuter de grands travaux d'embellissement en 1704 et notamment dans les jardins. Dans une salle, il fit peindre l'ouverture de la porte du conclave où fut élu Clément XI; dans une autre ses armes avec la foudre qui tombe dessus, et ces mots : *Immota stat et inconcussa*.

De noblesse plus ou moins riche :
Des Chamron [1], Damanzé [2], Foudras [3],
Des Ragny [4], Montperrous [5], la Guiche [6],
De toutes sortes de Damas [7].

Car il s'en faut beaucoup, Madame, que Mme la duchesse de Nevers [8] soit persuadée qu'ils soient tous de Genes, comme le sien, cependant, les Caffards mesme, j'apprends par la chroniqué du pays, qu'ils entrent dans tous les chapitres où l'on n'entre point sans preuves de noblesse. Cela soit dit à leur honneur. Mais tous ces bons noms-là ne font pas toujours la bonne compagnie. Il en faut demeurer d'accord. Je me suis tellement pressé de mander de tous costez qu'on ne m'écrive plus que je ne sçay plus qui vit ou qui ne vit pas. J'ay pourtant écrit pour n'arriver pas à Paris dans une si excessive ignorance, qu'on m'adressât à Briare au maistre de la poste, les let-

---

[1] Vichy-Champrond, famille noble de Bourgogne : le château de Champrond, avec titre de comté, était sis près de Charolles (Saône-et-Loire). Mme du Deffand appartenait à cette maison.

[2] Famille noble de la même province. Le château d'Amanzé avait titre de baronnie.

[3] Une branche de l'antique maison de Foudras, du Lyonnais, acquit par mariage, en 1637, avec une d'Andelot, la terre et le château de Demigny, près de Chagny (Saône-et-Loire).

[4] Terre du bailliage d'Avallon avec titre de marquisat, appartenant par mariage au duc de Lesdiguières : ses héritiers la vendirent à M. Chartraire de Saint-Aignan.

[5] Baronnie relevant de celle de Bourbon-Lancy, à la maison de Dio.

[6] Une des premières maisons de Bourgogne, encore existante. Le château est à Champvent dans la commune de Chardonnay (Saône-et-Loire).

[7] Les Damas avaient la vicomté de Châlon, et dans les environs les seigneuries et châteaux de Thianges, Marcilly, Digione, Sassengy, Dio, Chizeul, etc.

[8] Diane Gabrielle de Damas-Thianges, femme de Jules Mancini-Mazarini, duc de Nivernais et de Donziois (1635-1707).

tres qu'on voudra bien y hazarder, avec ordre à luy de me les garder pour me les rendre à mon passage par là quand je les luy envoyeray quérir. Je crois présentement Mme de Coulanges dans sa province d'Ormesson [1], où je luy souhaitte tranquillité et repos avec son sage voisin le maréchal de Catinat, et je fais pour vous tous les mesmes souhaits dans la bonne ville de Paris; conservez-vous bien, je vous supplie, Madame, et faites-moy l'honneur de me croire toujours avec beaucoup de respect et un très sincère attachement, mil fois plus que je ne vous le puis dire, votre très humble et très obéissant serviteur.

COULANGES.

Nostre grand cardinal m'ordonne toujours de vous dire, Madame, mil bonnes choses de sa part. A veue de pays je prévois bien que je ne partiray point encore d'icy de cette semaine; Dieu veuille que ce soit pour le commencement de la suivante.

Mme la marquise d'Huxelles.

A Choisy, mercredy 2e octobre 1709.

C'est bien à faire à Mme Galand, quoy que vostre bonne voisine, à vous écrire quand je suis à ses costez. C'est un honneur qui m'appartient, Madame,

---

[1] Ormesson, situé près d'Enghien et par conséquent près de la campagne du maréchal de Catinat.

et que je disputeray toujours mesme aux plus haut hupez, tout bas hupé que je sois. Vous voulez des nouvelles de Mlle de Barbezieux [1]. Est-ce que vous la voulez marier avec monsieur le maréchal d'Huxelles? hé bien, il vous en faut dire, Madame, que la fièvre qui l'avoit prise avant hier à trois heures après minuit la quitta hier d'assez bonne heure, et luy a permis de passer une tranquile nuit. En sorte que le quinquina luy a esté ordonné ce matin. Vous voyez bien que nous voilà par là hors de tout malencontre et dans l'espérance de la voir incontinent dans le chemin de la convalescence. Mme de Louvois m'ordonne de vous faire beaucoup de complimens de sa part, et de vous bien remercier de tout l'interest que vous prenez en tout ce qui se passe à Choisy. Grand nombre de ses domestiques est encore sur le grabat, mais dans un canton si reculé que le chasteau royal que nous habitons paroist à l'abry de toute maligne influence. Pour moy j'y suis depuis samedy, et j'y suis venu avec cette bonne cuirasse de jeunesse et de santé qui jusques icy m'a rendu comme invulnérable. Comme le pain est fort cher, je seray icy tout le plus longtemps que je pourray, car la dame de ce chasteau n'y regarde pas de si près, et par son ordre je viens d'écrire à Mme de Coulanges, non seulement de venir vivre sous son empire, mais d'y amener encore l'anachorète Sévi-

---

[1] Anne le Tellier, fille du marquis de Barbezieux, secrétaire d'État, et de Louise de Crussol, sa première femme, mariée en 1713 au duc de Montmorency-Châtillon, morte en 1716.

gné [1]. Voicy en vérité, une bonne maison, Madame, et vostre bonne voisine est pardonnable de la preférer à la sienne. Quelque avantageux que luy soit vostre voisinage dont elle connoist tout le mérite, rien ne luy fait tant d'honneur dans cette cour que d'estre informée par vous de tout ce qui se passe, et de tout ce qui se dit dans le monde ; pour son interest et pour le nostre, continuez, Madame, à nous faire part de toutes vos lumières, car souvent quelques bonnes habitudes que nous ayons à Versailles et à Marly, il nous échappe bien de petits-riens qui ne laissent pas de faire plaisir. Traitez nous donc à peu près comme vous traitez M. de la Garde depuis tant d'années et soyez persuadée que vous ne semerez point en terre ingratte. Je vous promets pour recompense d'augmenter vostre pot-pourry de beaucoup d'herbes odoriferantes. Tous les jours il en naist quelqu'une dans mon potager. Mais le 23 aoust dernier, il en parut une contre l'ordinaire, d'une très mauvaise odeur pour toute autre personne moins ambitieuse que je ne le suis. Cependant sans me troubler, Apollon m'ayant inspiré l'air, *Ah! petite brunette*, je pris ma lyre, et je chantay :

> Septante et six printemps
> Veulent qu'on les regrette,

[1] Le fils de Mme de Sévigné mourut au mois de mars 1713 à Paris, où il s'était retiré sans enfants, avec sa femme, dans le faubourg Saint-Jacques : il vivait dans la plus austère piété. « C'était un bon et honnête homme, dit Saint-Simon, mais moins un homme d'esprit que d'après un esprit, qui avoit eu des aventures bizarres, peu, mais bien servi, et qui, du naturel charmant et abondant de sa mère et du précieux guindé et pointu de sa sœur, avoit fait un mélange un peu gauche. »

> Pourtant par eux je prétends
> Estre un jour dans la gazette.
> Seroit-elle muette,
> Si j'allois à cent ans?

Adieu, Madame, soyez bien persuadée que je vous honore toujours d'un culte très particulier et que je suis plus que personne du monde, vostre très humble et très obéissant serviteur.

Coulanges.

Que ne vous dit point vostre bonne voisine? volontiers elle voudroit vous escrire dans cette lettre pour vous marquer sa reconnoissance, mais je veux que cette lettre soit de moy tout seul.

CHAPITRE IX.

Mme d'Huxelles et Fouquet. — Sa correspondance secrète. — Papiers de la cassette.

Mme d'Huxelles compta au nombre des amies les plus dévouées du surintendant Fouquet, et fut sa correspondante active : nous en avons trouvé la preuve, non pas seulement dans les mémoires du temps et dans les papiers apocryphes fabriqués par la malignité publique, mais dans la fameuse cassette, actuellement conservée à la Bibliothèque nationale et dont l'authenticité est absolument incontestable.

Nous avons vu que Mme d'Huxelles était en relations très intimes avec Mme du Plessis-Bellière, qu'elle la voyait très souvent et passait même quelque temps parfois chez elle à la campagne. Nous savons donc comment elle connut Fouquet, car nul n'ignore la liaison de Mme du Plessis avec le surintendant, liaison que les moins malveillants considéraient comme complètement intime. C'est après l'éclatante rupture de la duchesse de Châtillon avec l'abbé Fouquet, au moment où le surintendant, déjà inquiet, songeait à se mettre à l'abri des vengeances de Mazarin en se choisissant des places fortes de refuge, — d'abord Ham et Concarneau (1657), — que paraît dans son histoire pour la première fois Suzanne de Bruc, veuve depuis trois ans du marquis du Plessis-Bellière, lieutenant général, qui durant ces années troublées avait montré un constant dévouement au roi. La marquise était une femme d'esprit et de tête : Fouquet comprit le parti qu'il pourrait tirer d'une amie aussi intelligente : les contemporains ont été très sévères à son égard et ont tous accepté l'authenticité de la lettre honteuse qu'elle aurait adressée au surintendant, d'après Conrart. Mais il est difficile, comme l'a fait justement observer M. Chéruel[1], d'admettre une pareille bassesse, quand on voit Mme du Plessis-Bellière constamment entourée des plus honorables amitiés : Mmes de Sévigné, de Motteville, M. de Pomponne lui écrivaient sans cesse, et Saint-Simon lui-même, en mentionnant sa mort (1701), ajoute : « La meilleure et la plus fidèle amie de M. Fouquet, qui souffrit la prison pour lui et beaucoup de traitements fâcheux. Elle conserva sa tête, sa santé et sa réputation, des amis jusqu'à la dernière vieillesse. » Ses lettres authentiques ne donnent pas la moindre prise à la malignité : sa vertu même nous paraît sincèrement hors de tout soupçon, et nous croyons qu'il faut plutôt voir en elle une femme ambitieuse, désireuse de bien marier sa fille, — qui en effet épousa le maréchal de Créquy, — et peut-être d'obtenir pour elle-même quelque haute charge de cour : peut-être aussi, et ceci serait le seul côté regrettable, recevait-elle avec plaisir les pensions que lui servait le surintendant en échange des services qu'elle lui rendait et des nouvelles qu'elle lui procurait[2].

C'est Mme du Plessis-Bellière qui reçut la mission de s'entendre avec les gouverneurs des deux places dont Fouquet voulait s'assurer. Une autre femme que nous avons également déjà rencontrée, la marquise d'Assérac, paraît également à ce moment dans la vie de Fouquet : celle-ci, veuve également depuis peu, possédait en Bretagne des biens considérables voisins de ceux du surintendant. Pour celle-là, une

---

[1] *Mémoires sur Fouquet*, I, pages 361 et suiv.

[2] Fouquet assura 200,000 livres à M. de Créquy pour lui procurer la charge de général des galères et négocia la cession de celle de vice-amiral de M. de Nivernois au fils de Mme du Plessis.

lettre existe qui prouve en excellents termes que Fouquet fut très entreprenant, mais que, bien qu'animée de sentiments très tendres à son égard, elle fit mentir le proverbe : « Jamais surintendant n'a trouvé de cruelles. » Elle ne lui demeura pas moins fidèlement dévouée, et lui prodigua les plus sages conseils : elle le servit très activement pour ses acquisitions en Bretagne et y trouva, reconnaissons-le en passant, le moyen de rétablir une fortune que M. d'Assérac avait laissée dans le plus fâcheux état.

Entourée de Mmes du Plessis-Bellière et d'Assérac, la marquise d'Huxelles, qui aimait les nouvelles et à paraître bien informée, qui surtout, comme un couplet nous l'a appris, avait peu d'argent et en cherchait volontiers, qui à ce moment aussi paraît avoir été peu embarrassée par les préjugés, la marquise d'Huxelles, disons-nous, dut entrer avec empressement dans la coterie du surintendant et épouser ardemment sa cause : elle reçut une pension sur la ferme des salines du Dauphiné et n'hésita pas à en réclamer résolument l'augmentation. Mais aussi il faut reconnaître qu'elle ne marchandait pas sa peine : les lettres des cassettes authentiques de Fouquet sont là pour en témoigner. Nous y trouvons la preuve qu'elle était alors en relations particulières avec Mme de Beauvais, cette femme de chambre qui jouissait d'une si incroyable faveur auprès d'Anne d'Autriche et dont la réputation plus qu'équivoque ne diminuait ni l'arrogance ni l'influence. Fouquet avait su l'acheter, mais elle ne correspondait pas directement avec lui : MM. de Brancas et de Grave servaient d'intermédiaires avec Mme d'Huxelles. Celle-ci avait la plus large part à ce commerce : elle ne jouait pas, d'ailleurs, le rôle de correspondant passif ; elle commentait les nouvelles, les discutait, les contrôlait et formulait très librement son avis. Elle servait aussi de trait d'union entre le surintendant et nombre de financiers et de membres de la cour des comptes avec lesquels elle était en faciles relations par sa famille, et elle parvint plus d'une fois à aplanir bien des difficultés.

Les lettres de Mme d'Huxelles se rapportent toutes à la période finale de la carrière de Fouquet. Nous l'y voyons s'employer avec le plus actif dévouement : elle ne lui cache rien, le met au courant de la situation vraie, lui démasque ses ennemis et ne marchande pas le cri d'alarme. On voit qu'elle était mêlée au « grand dessein », c'est-à-dire évidemment à l'affaire de Belle-Ile : aucun moyen n'était négligé pour assurer le secret de la correspondance : chiffre particulier, écriture sympathique qu'il fallait faire chauffer. La dernière lettre est relative à une mystérieuse affaire sur laquelle nous n'avons découvert aucun éclaircissement. Toutes ces lettres, — sauf la première et celles des 13 et 19 mai, — sont complètement inédites.

Je vous écri ce billet pour vous dire adieu, je suis extremement fachée de navoir peu vous entretenir. On ma dit en grand secret que vous quitez votre charge, questant obligé destre toujours auprès de la personne du roi vous ne pouvez la faire. Je ne scai si on ne veu point vous faire d'affaire du costé du palais, vous savez comme M. Letelier fut longtemps avec M. le PP. et la liaison qu'il ont renouvelée ensemble. M. de Turene et M. Colber sont de la parti. Bartet a dit la conversation quil avoit eu avec vous. M. de Turene est persuadé que sest vous qui avez contribué a leloigner. Ce poirier[1] aiant dit que si on avoit afaire de chevaux on navoit qua en prendre

---

[1] Terme pour désigner, dit M. Chéruel, un parvenu : or Bartet était fils de paysan. Cette expression serait venue de ce qu'un paysan ne voulait pas saluer l'image d'un saint, parce qu'elle avait été faite avec un poirier de son jardin.

ché vous. Il est impossible de vous mander tout le détail de ce que l'on sçai. Faite moi savoir si on vous peut écrire surement : si vous manvoiez des noms je m'en serviroi si je savois quelque chose de conséquance. Adieu, Monsieur, faite moi l'honneur de croire que je suis tout a vous. Adieu, aiez soin de votre santé plus que vous ne faite.

J'ai veu leclesiastique touchant lafaire de M. de Lorme qui ma demandé si je croiois que vous fussiez bien aise de ravoir les papiers ou vous aviez raturé votre écriture, qu'il savoit que vous aviez emploié M. de Brancas pour cela, mais que jusque a set heure M. le PP. lavoit empeché et lui avoit conseillé de prendre une office de secrétaire du roi pour le mettre a couvert. Il ma dit qu'il pensoit en venir a bout, je lui ai temoigné que M. de Lorme estoit mal conseilé et quil devoit vous les avoir porté et nen plus parler. Mandé moi ce que vous voulés que je conseille par lui, je scai tout leurs dessin, il est en grand inteligence avec le grand maître et son pere. On ne crie pas contre nous mais contre M. Letelier. M. de Lion lappelle traitre et M. de Turenne qui est au désespoir, et sans vous flater on vous donne toute lautorité.

Ce XIII mai.

Je pars pour man aller a Magni bien en peine de savoir comme vous avez pris tout ce que je vous ai mandé. Je vous assure, Monsieur, que cest avec grande douleur que je voi le peu de satisfaction que vous témoignez avoir de gens qui ne paroisent pas avoir en dessin de se brouiller avec vous. Je fait tout mon possible pour leur faire entandre quassurément vous netiez pas dhumeur à commencer. M. Tubeuf ma dit que pour le premier article de votre lettre il ne savoit qune afaire qui ne regardoit point le roit mais bien un *nommé Loui Michel qui demandoit un ramboursement de sept cent mille livres au rapor de M. Tarteront*, que si M. Buant qui estoit présent lors quon en parla lui en eut dit un mot de votre part, il neut pas esté contraire mais qu'il n'en parla a personne de la chambre que lorsque *vous avez voulu avoir deux domaines de la rene* en Bretagne quil lavoit fait sans en parler a la rene, quil n'avoit rien qui nait fait pour mériter vos bonnes graces, quil voit bien que M. Bertillac a pris des mesures avec vous pour le perdre, quil auroi perdu le san sil avoit pencé a faire reusir les brui qui ont couru et sil se trouve quil en ait parlé a personne il ne veu jamais quon le tienne pour homme dhonneur. Quand au somme immence que vous dites quil vous demande il m'assure que vous en estié convenu et quil avoit travaillé a vous mener des gens pour faire le prest de Rion, mais qu'il fut fort surpris de voir changer les choses et que vous lui dite que vous ne pouviez rien faire san parler a M. Bertillac ; que M. Janin estant présant dit quil avoit depuis trois jours lordonnance de M. Bertillac, il avoue que dans le momant il fut si estonné qu'il sortit de votre chambre et san alla a la rene lui faire ses plaintes et lui dire que si M. Bertillac faisoit sa charge, il ne pouvoit plus se meler de ses afaire. La rene lui dit quel vous en parleroit, il revint à Paris avec MM. de Maison et de Bertillac, il reparlèrent de l'affaire ensemble ; il dit qu'il consent bien que M. de Bertillac ne soist pas de ses amis. Il ma dit quil avoit veu Mme de Beauvais a qui il avoit fait ses plaintes je nantant rien a tout la manier des jans...

Elle lui dit dune fasson et je croi quelle vous parle dune autre, je ne suis pas persuadée quil n'est fait rien contre votre servise, je vous mande toute nostre conversation, je ne me suis point engagée de vous l'escrire ; vous en useré comme il vous plaira. Je vous suplie de me faire la justice de croire que je ni pren aucun interest que le vostre et que lorsque je vous en ai escrip avec empressement ce na esté que dans la crainte que cela ne fit des affaires. Faitte moi lhonneur de me mander quel conduitte vous voulé que jy tienne et soiez persuadé que mes sentiment sont sincères que jai pour vous toute la fidélité que je doit à la personne du monde a qui je suis le plus votre tres humble servante.

De Paris, XIX mai.

M. de Monsi a mis larrest au greffe comme vous lavez désiré, je croi que vous devez conter sur lui dans les occasions. M. Miron avoit esté pour vous dire adieu et vous randre conte du mariage de Mlle Miron, il ne peut vous voir. Il vous en escrit et adresse les lettres a M. de Charnassé qui doit vous les avoir rendue; je croi que sest une bonne affaire, cest un homme qui a de lesprit et fort estimé dans sa compagnie. Il vous sera une augmentation de serviteur, il ma bien témoigné qu'il chercheroit les occasions de vous randre ses servises. Jai dit à M. de Novion ce que vous mavez fait l'honneur de mécrire, il sen tient extrèmement obligé et ne se brouillera point avec vous; j'ai veu une lettre que vous avez écrite à M. de Chalin, je lai trouvé admirable; il faut avouer que vous este incomparable en toute votre conduite; il lui dit quil devoit en faire un bon usage et voir que vous aviez raison, qu'assurément vous aviez bien fait des ingras. Je ne scay ce quil vous mandra; tout est assé calme icy; les plus habiles souhaittent la continuation de votre emploi et disent que vous este le seul capable de conseiller le bien et lexsecuter. Tout les bruis qui ont couru ne vous ont pas esté si facheus que lon a cru. Je me trouvai lautre jour parmi des gros marchands qui me dire que vous este capable de remetre les chose *dan lordre, que les autres sont trop avares et quil gasteront tout par leur manége.* Ce discours me donna de la joie de les entendre resonner sur votre conduite, je vi bien que vous etiez aimé; tout cela ne paroit rien à des gens, mes pour moi qui fay cas de votre réputation, ce mest quelque chose. Cela sécrit dans les païs estrangers et fait son effait dans le temps. Je vous mande le bien et le mal san nul déguisement estant votre très humble servante.

On atant de nouvelle de Mme de Beauvais qui doit écrire toute chose.

Ce jeudi au soir.

J'ai trouvé notre ami bien échauffé par le retour de M. Tubeuf qui se plaint fort du traittement quil a receu de vous dans sa charge ce qui lui fait assé connoitre que vous navez pas grande confiance en lui puisque vous préféré des gens qui ne son dans vos intaires que pour faire leurs affaires, que cela est bien elloigné de ce quil esperoit de vous. Je serois au desespoir que cela aportat du refroidissement, quand on ne sexplique point cela arrive bien souvent. Je vous prie de mécrire, par ce laquais que je vous envoie exprès, une lettre que je puisse faire voir ; si je pouvoit vous escrire mon sentiment vous verriez combien je suis dans vos intérest et que personne nes 'plus votre servante.

M. de Monsi vous doit aller rendre conte dune affaire de la chambre. Le parlement sassemble demain pour regler le parquet contre M. Talon.

J'atandai toujours de vos nouvelle et le chisfre que vous maviez promis. Il se dit plusieurs chose contre vous qui me paroissent bagatelle, mais je me trouve obligée de vous envoier ce laquais exprès pour vous faire scavoir que M. a fait de grand liaisons avec le confesseur de la rene et la mère de la Miséricorde : il est déchené contre nous, il a fait donner des mémoires a la rene qui portent que vous avez dissipé cent milions, qu'il le fera voir quand il plaira au roi ; ce fut lui qui a fait dire au roi de vous deffendre darreter aucun estat de distribution particulièrement avec Monnerot. Quil fera voir tout ce que vous avez fait et les dépense les plus secrete, que les quinze cent mil livres que vous lui devez il les donne de bon cœur à la mère de la Miséricorde pour faire bâtir un couvent pourveu que le roi soit intruit; il a fait écrire cette homme sou lui. Enfin je suis si épouvantée de tout ce que j'ai apris que jai obligé cette homme de vous aller trouver lui mesme et vous aprendre ce qu'il scai ; je lui ai dit que pour parler a vous il navoit qua vous écrire un billet et vous faire dire son nom, je lui ai promis le secret. Il est bon que ce soit par lui que vous sachiez toutes choses afin de le convaincre de son ingratitude et de voir que des gens que vous avez comblé de bien sont vos plus grand'ennemis. Il a promis a cette homme lamitiez du duc de Crequi et bien dautre de la cour : faite moi savoir de vos nouvelle et croiez que je suis votre servante.

Joubliois à vous dire quil dit qu'il est aller a la cour pour vous traverser. Je ne vous exagère rien.

(Cest le procureur fiscal au baillages de (mot brulé) mais cest M. Bernard et M. Grimaut.)

CHAPITRE IX.

Faite chauffer ma lettre et vous souvenez comme on vous écrivoit.

La reine a deffendu a son confesseur quelle lui deffendoit davoir aucun commerce avec vous et que vous aviez un milion pour corrompre ses gens.

De Paris, ce 3 juillet.

40 a pris pour son domestique le nommé Saint-Germain qui a este longtemps sommelier de 41 ; sa femme estant acouchee 40 fut trouver 42 avec lequelle elle a conservé une grande confidence; elle le pria de trouver un enfant pour cette femme, il lui dit que le lendemain il iroit chez elle, a quoi il ne manqua pas et fit porter un enfant de XIII à XIIII mois quil appella Joseph et dit a 40 que le père estoit des plus grand qualité du roiaume, quelle connoissoit fort, qu'il la prioit d'en avoir grand soing et de ne point dire que ce fut a lui qui lui avoit donné : il fit marché avec la norrice a XXII livres par mois dont il tira quittance. 40 fut ravie de cette rencontre et fit dire a 24 quel avoit le fils de sa parente en mains, quil ni avoit rien de si semblable, quelle lui feroit voir et quelle en tireroit toutes les preuves necessaire pour les rendre bien chere a 15 et bien d'autre discour quil ne sont pas naissaire a vous écrire; jai creu estre obligée de vous donner cet avis pour le dire a 15; vous connoissé assé la méchanceté de ses gens là; il vous mende toujours les choses dans la sincérité quelle me sont contres et vous devez estre

persuadé que personne au monde nes plus a vous ni avec plus de fidelité. Je trouve votre chifre fort bien, je ne men servirai que dans le besoin afain que sela ne vous embarase point.

Mme d'Huxelles paraît cependant avoir observé la plus complète prudence pendant le procès de Fouquet et dans les événements qui suivirent. Son nom n'y paraît aucunement mêlé, quoique ses lettres aient été retrouvées et elle ne fut nullement inquiétée. Elle sut probablement employer adroitement ses nombreux amis et probablement aussi elle trouva inutile de prolonger la preuve d'un dévouement qui n'aurait aidé en rien le surintendant et qui aurait pu compromettre une situation sociale à laquelle elle tenait par-dessus tout.

CHAPITRE X.

Mme d'Huxelles et M. de Callières.

Nous avons à parler maintenant d'un des amis les plus particuliers, ce semble, de Mme d'Huxelles : de celui, du moins, dont il nous reste le plus de témoignages d'une intimité dévouée de part et d'autre. Il s'agit d'un personnage qui joua un rôle politique considérable et dont le caractère désintéressé mérite cet éloge de Saint-Simon : « Il aimoit l'État et ne craignoit de déplaire au roi ni aux ministres pour dire la vérité. » La vie de M. de Callières est cependant peu connue : nous avons été assez heureux pour retrouver sa correspondance avec la marquise et y recueillir de nombreux détails sur sa carrière [1].

François de Callières était Normand. Son père, maréchal des camps et armées et gouverneur de Cherbourg, s'est fait également connaître comme militaire et comme écrivain assez estimable [2]. Le jeune homme commença par être « serviteur » du père de l'abbé de Thou, qu'il avait connu

---

[1] On ne savait rien de la vie de Callières antérieurement à sa mission en Pologne : nous allons pouvoir pour la première fois donner à son sujet des renseignements biographiques plus complets.

[2] Mort en 1697. Il a laissé une *Lettre héroïque* sur l'estat de M. le Prince, dédiée à la duchesse de Longueville (1760) ; *le Courtisan prédestiné, ou le duc de Joyeuse capucin* (1661) ; l'*Histoire du maréchal de Matignon* (1661).

chez le duc de Montausier[1] : il le voyait souvent dans la bibliothèque, qui lui était libéralement ouverte[2]. Son père paraît, d'ailleurs, avoir pris un soin tout particulier de son éducation, et Callières exprime souvent le regret de n'avoir pas mieux profité de ses conseils et de ses exemples : « Il m'a appris que la probité est le seul bien désirable. » Il le perdit trop tôt et nous apprend qu'il était pour lui plus un ami qu'un père.

Attaché aux maisons de Matignon et de Longueville par ses relations de famille, Callières fut de bonne heure chargé de missions diplomatiques par l'influence du duc de Longueville, qui le fit envoyer en Pologne pour faire valoir les prétentions du comte de Saint-Pol, son fils, au trône de ce royaume (1672), négociation arrêtée par la mort de ce prince, tué au passage du Rhin. Il avait été chargé complètement de la direction des affaires, ayant le maniement de l'argent à discrétion, et nous le voyons dans sa correspondance avec Mme d'Huxelles revenir souvent sur cette mission. Il fut ensuite envoyé en Savoie au moment où le duc négociait avec la France une alliance; mais ce prince mourut trop tôt pour la conclure (1675). Callières dut se rendre peu après en Bavière pour préparer le mariage d'une princesse de cette maison avec le Dauphin : la mort déjoua encore une fois les heureux préparatifs de notre ambassadeur : l'électrice, qui l'appréciait vivement, disparut et cet évènement rompit un projet qui lui souriait beaucoup. Ce fut aussi une perte considérable pour Callières, car la princesse sollicitait en même temps une charge considérable pour lui. Ces déceptions successives dégoûtèrent profondément Callières de la vie politique. Il s'habitua alors à demeurer plus tranquillement à Paris, où l'intimité de Mme d'Huxelles paraît l'avoir attiré tout particulièrement. Il passait de

---

[1] Lettre du 10 janvier 1697.
[2] *Ibidem.*

longues heures chez elle, et, pendant son séjour à Ryswick, bien des fois il « soupire après le coin du feu » de la marquise : il s'y était lié particulièrement avec Mme de Nonan, Mlle de Comminges, le maréchal et le cardinal d'Estrées, le marquis d'Ambres, le comte de Rouville, les marquises de Franquetot et de Saint-Germain-Beaupré, Mlle d'Outrelaise, la comtesse de Frontenac : ce sont, du moins, les noms qui reviennent le plus souvent sous sa plume. Coulanges était aussi très apprécié par lui, et, à propos des vers suivants adressés par le duc de Nevers au spirituel marquis :

> Mes amis, vive, vive,
> Coulanges et tous ses vers ;
> C'est le meilleur convive
> Qui soit en l'univers.
> Ce galant personnage
> Sait faire avec esprit
> Couler de source un heureux badinage
> Dans tout ce qu'il écrit.

Callières trace ce remarquable croquis de l'aimable chansonnier :

« On ne peut pas mieux peindre un caractère qu'il est peint dans ces huit vers ; mais sa chanson sur les abdications me parait un chef-d'œuvre comparable aux plus beaux ouvrages des anciens dans ce genre. C'est ce qui m'a obligé à le citer et à le recommander à la postérité dans quelques-uns de mes petits ouvrages académiques comme un esprit original dans ce genre aisé et galant que les anciens ont trouvé dans les ouvrages d'Anacréon, qui comme lui aimoit les plaisirs et la bonne chère et qui vivoit sans souci et sans chagrin en usant de cette sorte jusqu'à l'âge de 85 ans. Je souhaite à M. de Coulanges une aussi longue vie pour l'honneur de la poésie française, afin qu'il égale en tout celui à qui je le compare [1]. »

---

[1] Lettre du 16 décembre 1696.

Callières ne pouvait cependant pas encore se condamner à un repos absolu : il accepta une nouvelle mission, secrète cette fois, en vue de préparer la voie à un accommodement avec la Hollande. Après de longs et habiles efforts, il amena les choses à un point qui devait singulièrement faciliter la négociation officielle de Ryswick[1] : cela lui valut l'honneur d'y paraître comme troisième plénipotentiaire. Nul ne contestait sa valeur. « Il avoit beaucoup de lettres, écrit Saint-Simon, beaucoup d'esprit d'affaires et de ressources, fort sobre et laborieux, extrêmement sûr et honnête homme. » Sa mission en Pologne lui avait procuré dans ce pays de puissantes amitiés, notamment celle du grand trésorier Morstein, chef du parti français. Il demeura même plusieurs années avec lui, et le suivit quand, fatigué des intrigues auxquelles il était en butte, Morstein vint s'établir à Paris. Callières logea chez lui et s'employa ensuite avec succès de la vente des vastes propriétés que Morstein avait acquises en France et dont il voulut se défaire après la mort de son fils, tué au siège de Namur. Callières, en les faisant acheter par le duc de Chevreuse, sut se concilier l'amitié de ce puissant personnage, qui lui confia la direction de ses affaires et notamment de celles de sa petite-fille.

Callières cependant aspirait à un emploi plus en rapport avec son intelligence. Le hasard se chargea de le lui procurer. Se promenant un jour dans les rues de Paris, il y rencontra un riche marchand hollandais, qu'il avait beaucoup

---

[1] Dans une lettre du 9 décembre 1696, Callières raconte incidemment qu'il avait commencé la négociation de Savoie, achevée par M. de Croissy, « et à peu près sur les mêmes moyens que j'avois proposés, qui étoient le rasement de Pignerol et le mariage. » Croissy avait voulu l'y faire renvoyer, mais le roi le garda en lui confiant la correspondance. Il fut alors envoyé à Liège pour conférer avec Dickevelt, mais il réclama l'adjonction d'un collègue pour témoigner de sa conduite, et ce fut M. de Harlay, dont il se loue constamment dans ses lettres à Mme d'Huxelles. En 1695, le roi le renvoya seul : ce fut seulement quand les négociations prirent une tournure officielle qu'on nomma deux autres plénipotentiaires, Harlay et Courtin.

connu dans ses voyages, et il apprit de lui le désir ardent des populations des Pays-Bas de recouvrer la paix. Callières rendit compte de sa conversation au duc de Chevreuse qui en parla au duc de Beauvilliers, lequel voulut entendre le récit de la bouche même de Callières. Il dut répéter sa conversation à Croissy et à Pomponne et le résultat fut sa mission secrète en Hollande dont nous avons parlé plus haut [1]. Quand les négociations officielles furent décidées, MM. de Harlay et de Crécy furent nommés plénipotentiaires avec Callières, qui, bien que troisième seulement, fut le principal agent, « car, dit Saint-Simon, il avoit seul conduit l'affaire au point où elle étoit et étoit instruit de tout à fond [2]. »

Le portrait que Saint-Simon trace de M. de Callières est tout à son avantage et paraît des plus ressemblants : « C'étoit un grand homme maigre, avec un grand nez, la tête en arrière, distrait, civil, respectueux, qui, à force d'avoir vécu parmi les étrangers, en avoit pris toutes les manières et avoit acquis un extérieur désagréable, auquel les dames et les gens du bel air ne purent s'accoutumer, mais qui disparaissoit dès qu'on l'entretenoit de choses et non de bagatelles. C'étoit en tout un très bon homme, extrêmement sage et sensé, qui aimoit l'État et qui étoit fort instruit, fort modeste, parfaitement désintéressé et qui ne craignoit pas de déplaire au roi ni aux ministres pour dire la vérité, et ce qu'il pensoit, et pourquoi jusqu'au bout, et qui les faisoit très souvent revenir à son avis. »

[1] A la date du 12 novembre 1694, Dangeau dit : « On croit que M. de Calières, qui partit il y a quelque temps aussi sans qu'on dise où il est allé, est employé à quelques négociations avec M. de Harlay. » Le 3 mai 1696, il écrit : « M. de Calières est parti de Paris et on croit qu'il est allé à Amsterdam pour quelques négociations. » Le 7 juin, Dangeau est plus explicite : « On prétend que M. de Calières est depuis assez longtemps en Hollande pour des négociations de paix, et on dit qu'il est venu à Marly secrètement, qu'il a vu le roi assez longtemps et que S. M. l'a fait repartir. »

[2] Callières ne devait d'abord avoir que 24,000 livres, mais Dangeau nous apprend qu'on porta ses appointements, comme ceux de ses collègues, à 36,000 livres, avec 12,000 pour ses équipages (14 novembre 1694).

Nous voudrions pouvoir reproduire ici sinon toutes les lettres adressées de Ryswick à Mme d'Huxelles; mais nous n'osons pas grossir aussi démesurément ce volume et force nous est de les indiquer seulement comme un charmant recueil, simplement et agréablement écrit, dans lequel Callières trace les croquis les plus piquants, tout en demeurant toujours excessivement réservé sur les détails de sa négociation ; de celle-ci il ne veut jamais parler [1].

Il sait néanmoins rendre sa correspondance aussi variée qu'intéressante. Mme d'Huxelles paraît, d'ailleurs, lui en avoir donné l'exemple. « L'abondance et les variétés des matières de vos lettres, » lui mande-t-il le 25 juin 1696, « la manière toute agréable de les raconter n'y laissent rien à désirer que la continuation d'un commerce également délicieux et profitable. » Elle lui écrivait sans cesse, car il se plaint souvent qu'elle se fatigue trop ainsi et la supplie de dicter ses lettres pour épargner sa vue [2]. Nous pouvons juger par ce que dit Callières du tour des épîtres qu'il recevait de la spirituelle marquise. « Mes lettres ne peuvent avoir aucun des agréments que vous leur donnez que lorsqu'elles répètent quelques-unes des pensées vives et brillantes qui naissent au bout de vos doigts, quand vous avez la plume à la main, de même que les poètes anciens disoient que les fleurs naissoient sous les pas de leurs déesses, et il n'appartient qu'à vous d'orner toutes les matières que vous traitez d'une manière qui les rend toutes précieuses, témoin la belle leçon que vous faites aux rois sur le sujet de la paix de Savoie, en demandant ce qu'il y a de plus considérable pour eux que de ressembler à Dieu par le bien qu'il se plaît de faire aux hommes. Cette réflexion mériteroit d'aller jusqu'à eux afin de les mettre en état d'en profiter en les excitant à en faire usage (6 août 1696). » Et il ne cesse de répéter ces

---

[1] Il le dit nettement dans sa lettre du 20 janvier 1697. Nous en avons publié de longs extraits dans le numéro de la *Revue Britannique* du 1er août 1879.

[2] Lettre du 2 août 1696.

compliments en les variant : « Quand vous devriez me jeter la pierre avec votre modestie excessive, » écrit-il le 14 octobre, « je vous dis encore que vous êtes la plus aimable, la plus généreuse amie, et la plus délicieuse correspondante, que je puisse jamais choisir, ainsi comptez qu'en voilà pour le reste de ma vie, tant que vous voudrez souffrir mes écritures, lorsque je serai absent, et mes respects assidus en présence, avec un fidèle et parfait attachement, absent et présent, car je prends la liberté de vous mettre à la teste de mes amis et amies sans vous en demander la permission. Si vous trouvez les termes trop familiers, souvenez-vous que je n'en ai point d'autres pour vous exprimer ce que je viens de dire, que je sais accompagner de tout le respect qui vous est dû, et que je vous rends plus volontiers qu'à aucune autre parce que je le rends avec joie au mérite, à l'intelligence et à la vertu. ». On trouve dans ces lettres toute l'histoire intime du congrès de Ryswich. Mme d'Huxelles et M. de Callières s'écrivaient régulièrement au moins chaque semaine, et cela dura depuis le mois de décembre 1694 jusqu'au mois de juin 1700.

« Il me semble, » écrit Callières le 30 septembre 1696, « que j'ay l'honneur et la joye de vous entretenir au coin de votre feu toutes les fois que je reçois de vos lettres, ainsi ne croyez pas que ce soit les seules nouvelles que j'y cherche et que vous m'y mandez cependant avec exactitude : ce sont vos sentiments sur les choses qui se présentent dont je fais plus de cas que des choses mêmes, à moins qu'elles n'intéressent le roi et l'État. »

Et le 11 octobre : « Que de richesses dans vostre dernière dépesche du 4e de ce mois ! Je ne puis pour le coup vous comparer à moins qu'au grand Alexandre chargé des dépouilles d'Orient et vous lui ressemblez encore en ce que vous faites un amas de tout ce qui se passe de plus curieux en Europe pour en faire part à vos amis et pour leur dire toujours des choses agréables. »

Cependant la situation de Callières grandissait en Hollande et il ne manqua pas d'en faire part à sa noble correspondante. Le 18 octobre 1696, il lui annonça que le roi venait de lui envoyer un nouveau plein pouvoir en le confirmant comme « son plénipotentiaire pour traiter et conclure la paix générale avec toutes les personnes en guerre contre nous, » en y ajoutant 9,000 livres de gratification, 2,000 livres d'appointements mensuels, et les plus vives félicitations sur sa conduite. L'Académie crut devoir adresser à l'un de ses membres aussi honorablement traité un compliment solennel, mais Callières pria la marquise d'intervenir auprès de l'abbé Testu pour faire ajourner cette démonstration après le succès complet de sa mission (15 novembre). Le docte corps ne se rendit pas à l'abbé ; Pavillon fut chargé de transmettre le compliment, comme Callières nous l'apprend le 25 novembre en informant la marquise que le roi venait de lui accorder une nouvelle gratification de 3,000 livres pour son ameublement et une augmentation de 1,000 livres par mois pour le mettre sur le pied d'égalité avec ses collègues. Encore une fois, nous laisserons de côté cette intéressante correspondance, ne prétendant en extraire que ce qui se rapporte à Mme d'Huxelles.

Tout en admettant que l'affection de Callières pour la marquise l'entraîne à quelques exagérations, nous ne pouvons nous refuser cependant d'y reconnaître des preuves de sérieuses qualités. « Vous êtes l'âme et le lien de tous ceux qui ont l'honneur d'être de vos amis et vos serviteurs, » écrit-il le 22 octobre 1696, « comme le marque fort bien le marquis d'Ambre. » Du reste, la marquise entrait avec lui dans les plus intimes détails : elle lui mandait quand elle allait à confesse[1] : elle lui prodiguait les avis et les conseils, « pleins d'estime, d'amitié et j'ose dire de tendresse (18 novembre 1696). » La marquise savait demeu-

---

[1] Lettre du 8 novembre 1696. Le 8 avril 1697, il la remercie de lui avoir écrit le jour où elle avait fait ses dévotions.

rer la même pour ses amis présents et absents. « Vous vivez pour eux, pour les rassembler dans une société agréable dont vous êtes le lien et pour leur rendre tous les bons offices qu'il est en votre pouvoir (25 novembre). » Callières, du reste, professait les mêmes sentiments religieux que la marquise à cette époque de sa vie : il se recommande assidûment à ses « dominicales de Saint-Victor, » quand elle faisait dans ce monastère sa retraite annuelle. Aussi l'approuvait-il quand elle lui mandait qu'il « n'y a que la grâce de Dieu qui puisse nous procurer un solide bonheur, car nous sommes trop faibles pour l'acquérir de nous-mêmes. »

Mme d'Huxelles comparait les lettres de Callières à la *Logique* de Port-Royal, ce dont il se défend énergiquement, ne s'en reconnaissant nullement le mérite (10 janvier 1697). Nous citerons encore ce passage d'une lettre du 13 décembre 1696 : « Quand vous me dites que vous comptez de vivre pour vous en vivant pour vos amis, vous êtes plus grande philosophe que vous ne pensez, car la philosophie ancienne nous apprend que l'âme vit plus où elle aime que où elle anime. Je ne dirois pas cela à une autre femme qu'à vous qui êtes au-dessus de la bagatelle, car une femme à fontange et la teste chargée de pierreries se moqueroit bien des hommes qui l'entretiendroient de ce qu'ont dit les anciens philosophes : elle diroit que c'estoit de vieux fous et elle auroit peut-être raison, quoiqu'elle fût de mon côté une jeune folle. Mais nous remarquons facilement et avec plaisir les défauts des autres sans réfléchir que rarement sur les nôtres : nous avons la main douce sur tout ce qui nous regarde et nous faisons, comme on dit, patte de velours à cet égard sur tout ce qui nous environne. »

Du reste, Callières trouvait son amie une incomparable épistolière pour tous les sujets, et il s'écrie, le 15 novembre 1696, avec une bonne foi évidente : « Je trouve que vous peignez comme Raphaël : vous m'avez fait le portrait de la duchesse de Bourgogne si vivement et si distinctement que je crois la voir et la connoître. »

La marquise ne lui envoyait pas seulement des nouvelles, elle y ajoutait des conseils, dont il la remercie le 18 novembre 1696 : elle traitait aussi des sujets plus ou moins philosophiques, témoin ce charmant passage où elle est plus en scène que le grave plénipotentiaire : « A l'amitié! j'accepte la devise : vous dites avec beaucoup de raison que tout le monde en parle et que peu de gens la trouvent, et qu'il y a plus d'amour que d'amitié (25 novembre). »

Les travaux de la mission touchaient cependant à leur fin, et les choses se terminèrent à l'entière satisfaction de notre gouvernement : Callières entrevoyait avec plaisir le moment de revenir en France, où il espérait recueillir quelque récompense brillante. Il écrit à la marquise, le 14 février 1697, qu'il désirerait une ambassade en Italie, Rome ou Turin : ce qui ne l'empêcha pas de déclarer, sinon très véridiquement, au moins très modestement, que le maréchal d'Estrées conviendrait parfaitement pour la première, et d'applaudir quand il apprit que le comte de Briolle était appelé à la seconde (11 février 1697). Le 14 mars, il reçut, comme ses collègues, le titre d'ambassadeur extraordinaire et plénipotentiaire pour la conclusion définitive.

Après la signature du traité qui n'eut lieu que le 20 septembre 1697, Callières rentra à Paris; depuis plusieurs mois il paraissait très désillusionné, se disant sans cesse revenu de toute ambition et du goût des vains honneurs, aspirant à la vie privée. Il ne résista pas cependant à une nouvelle offre de mission à la cour de Lorraine, au sujet de laquelle il ne fournit aucun détail à la marquise, se contentant de lui annoncer qu'il avait parfaitement réussi, aussi bien pour le roi que pour le duc de Lorraine, et en accompagnant sa lettre des détails les plus intéressants sur la petite cour de Nancy [1].

[1] Au mois de mai 1700, le roi envoya Callières porter au duc de Lorraine

Il reçut alors le titre de secrétaire de cabinet (février 1698); mais, à son retour, Louis XIV, outre de larges récompenses pécuniaires [1], lui donna « la plume » à la mort de Rose (1701) [2]. En 1685, il avait été reçu à l'Académie française [3], à la place de Quinault, car il était aussi un écrivain de valeur. Son seul titre alors était un panégyrique historique de Louis XIV, excessivement élogieux. Mais depuis cette époque Callières travailla constamment; en 1690, il fit paraître chez Barbin : *Des mots à la mode et des nouvelles façons de parler,* livre qui eut deux éditions en quelques mois et qui décida de l'abandon d'un certain nombre d'expressions mauvaises ou impropres; en 1693 : *Du bon et du mauvais usage dans les manières de s'exprimer; des façons de parler bourgeoises; en quoi elles sont différentes de celles de la cour.* Mentionnons encore en 1692 : *Des bons mots et de bons contes; de leur usage; de la raillerie des anciens; de la raillerie et des railleurs de notre temps;* en 1695 : *Du bel esprit et des sentiments qu'on a dans le monde;* en 1716 : *De la manière de négocier avec les souverains, de l'utilité des négociations, du choix des ambassadeurs et des envoyés et des qualités nécessaires pour réussir dans ces emplois,* ouvrage promptement traduit en anglais, en allemand et en italien; enfin en 1717 : *De*

le traité conclu entre l'Angleterre et la Hollande en cas de mort du roi d'Espagne sans enfant; et portant attribution du duché de Milan au duc à condition de céder la Lorraine à la France le jour où il prendrait possession du Milanais. (Dangeau.) Il dut retourner à Nancy au mois d'octobre. Il y revint encore à la fin de 1702, quand nos troupes allèrent occuper le duché pour porter au duc les assurances les plus tranquillisantes : « Le roi a paru fort content de ce qu'il avoit négocié en ce pays-là et de toute sa conduite. » (Dangeau, 18 décembre 1702.)

[1] Le roi lui donna un brevet de retenue de 60,000 livres, plus une somme de 50,000 livres et la charge de gentilhomme ordinaire de la chambre pour son fils.

[2] Janvier 1701 : la charge valait 10,000 livres. « Cela lui donnera beaucoup d'agrément », dit Dangeau. Il était en outre logé au château.

[3] Il prononça son discours de réception le 7 février, y louant beaucoup Richelieu et Séguier, et parlant à peine de son prédécesseur.

la science du monde et des connoissances utiles à la conduite de la vie.

Callières ne quitta plus la cour ; il se rendit indispensable au roi, demeurant prudemment confiné dans sa charge et en dehors de toute intrigue, ne demandant jamais rien. Sa position cependant était bien propre à exercer des tentations, mais il tenait à conserver la confiance du roi, qu'il avait complètement acquise, avec lequel il avait des rapports constants, « qui n'altérèrent jamais sa modestie, dit Saint-Simon, non plus que ses négociations continuelles n'altérèrent son secret, sa probité, sa fidélité. » On sait que ses fonctions, comme le remarque le noble écrivain, consistaient à « être superlativement faussaire », puisqu'il lui fallait si bien contrefaire l'écriture du roi qu'on ne pût la distinguer de la signature autographe. « Pour peu qu'on approfondît Callières, » dit encore Saint-Simon, dans les additions publiées par les éditeurs du journal de Dangeau, « on l'aimoit, on l'estimoit, on se plaisoit avec lui, on y apprenoit beaucoup sans qu'il songeât même à instruire. Il eut des amis et de la considération : sa vie fut toujours unie et sobre, réfléchie, chrétienne, et la fin très pieuse et son testament très sage. Ce fut une perte pour ses amis et pour les ministres. »

M. de Callières mourut le 5 mai 1717 au soir. Il n'avait jamais été marié et laissa une grosse fortune, « toute d'acquit, » remarque Dangeau. Son frère était mort, sans alliance également, gouverneur général du Canada ; sa sœur, mariée, n'avait qu'un fils, « dont Callières n'étoit pas content ».

CHAPITRE XI.

Mme d'Huxelles et M. de Gaignères.

François-Roger de Gaignères est certainement l'homme de France qui a rendu le plus de services aux lettres par la magnifique collection qu'il a su rassembler et qu'il abandonna ensuite au roi à des conditions très raisonnables. On connaît peu de détails sur sa vie : ç'a été toujours un curieux et rien de plus. Saint-Simon ne prononce même pas son nom ; Dangeau, pas davantage. Sa famille appartenait à la bourgeoisie lyonnaise. Jean Gaignères, procureur en la cour de la primatie de Lyon en 1579, eut pour fils Michel Gaignères, simplement mentionné comme marchand-bourgeois en cette ville ; il fut le père d'Aimé Gaignères, secrétaire du duc de Bellegarde, gouverneur de Bourgogne, qui lui fit épouser, le 23 février 1632, à Entrains en Nivernais, Jacquette de Blanchefort. C'est de ce mariage que naquit notre célèbre collectionneur. Nous ne savons pas s'il servit dans sa jeunesse, mais dans tous les cas il s'attacha aux Guises et obtint d'eux le gouvernement des ville et château de Joinville. Mais il dut peu résider dans cette petite cité champenoise et s'installa au contraire de bonne heure à Paris. Il demeura d'abord et très longtemps à l'hôtel de Guise et s'occupa de bonne heure à former ses précieuses collections qui comprenaient également des manuscrits, des imprimés, des estampes, des dessins, des tableaux, des sculptures, des médailles, des cartes. Ce n'était pas un Mondor s'entourant de toutes ces choses par ostentation ; c'était simplement un curieux, de fortune assez bornée, passionnément épris de tout ce qui concernait l'histoire ou l'art de son pays. Il fit de nombreux voyages, entretint des artistes à ses gages pour relever les verrières les plus célèbres, les pierres tombales, les miniatures des manuscrits : il fit dresser de nombreux plans, des dessins de monuments. Son cabinet devint une des principales curiosités de Paris. Les étrangers ne manquaient jamais de le visiter. Lyster s'y rendit, quand il vint en France en 1698, et il lui consacra plusieurs pages de sa relation. « Ce gentilhomme [1], dit-il, est la politesse en personne et l'un des curieux les plus habiles de Paris. » Au mois d'avril 1702, le duc de Bourgogne vint chez lui et y passa trois heures : le *Mercure* consacra à cette visite un long récit. Gaignères habitait alors dans une maison à lui, rue de Sèvres, en face l'hospice des Incurables, où il resta jusqu'à sa mort, arrivée le 27 mars 1715. Depuis le 19 février 1711, Gaignères avait cédé au roi toutes ses collections, à condition de continuer à en jouir viagèrement et moyennant 4,000 livres de pension et une somme de 20,000 livres pour ses héritiers. Il ne se maria pas. Tous ses manuscrits, cartes, etc., furent déposés à la Bibliothèque du roi, suivant avis du conseil du 6 mars 1717 : seize volumes, contenant une précieuse collection de dessins archéologiques, se trouvent, on ne sait comment ni pourquoi, à la bibliothèque Bodléienne d'Oxford.

Une grande intimité exista entre Mme d'Huxelles et Gaignères, au moins dans les dernières années de celle-ci, et les lettres inédites que nous publions présentent, suivant nous, un intérêt particulier en ce qu'elles constatent que la mar-

---

[1] Gaignères, qualifié « écuyer », fit enregistrer ses armes par d'Hozier en 1696 : écartelé de gueules au lion d'or, et d'or à deux lions de gueules passant l'un sur l'autre.

quise se plut à enrichir la collection si précieuse de manuscrits du célèbre curieux. Elles nous la montrent y travaillant même activement et mettant en outre ses amis à contribution dans le même but. Elle lui remit la plupart des précieux autographes que nous avons reproduits dans ce volume et qui composent tout un tome de la collection à la Bibliothèque nationale, se contentant d'en faire faire de soigneuses copies, réunies en un volume, conservé actuellement à la bibliothèque de l'Arsenal et en tête duquel on lit ce passage autographe : « Ce livre m'a esté laissé par testament de Mme de Bailleul, marquise d'Huxelles, morte en ce mois de mars 1712, qui m'honoroit de son amitié depuis vingt ans et dont le mérite a esté reconnu de tout ce qu'il y a eu de plus honnêtes gens à la cour pendant qu'elle a vescu. A Paris ce 12e de juin 1712. JARZÉ. »

M. de Jarzé était un gentilhomme angevin, fort riche et fort avare, d'après Saint-Simon, « avec de l'esprit, de la lecture et quelques amis, mais peu répandu et tout appliqué à ses affaires et amasser, quoique sans enfants. » Urbain du Plessis, seigneur de la Roche-Pichemer, était arrière-petit-fils d'un Lavardin et avait servi : ayant perdu un bras de bonne heure à la bataille de Cassel, il quitta l'armée et se retira chez lui, sans même presque venir à la cour, où son père avait été capitaine des gardes ; celui-ci s'était rendu célèbre par l'extrême passion qu'il afficha pour Anne d'Autriche, par ordre de Condé, et auquel la reine reprocha un jour publiquement sa folie pour se débarrasser de lui, en lui débitant un petit discours que Mazarin lui avait fait apprendre par cœur. Son fils cependant s'ennuya à la fin dans sa retraite et reparut à Versailles en 1708, et il fut, à la surprise générale, nommé ambassadeur en Suisse, en remplacement de M. de Puisieux, poste dont personne ne voulait. Il retourna aussitôt chez lui pour faire ses préparatifs, mais l'avarice l'emporta sur son ambition ; il fut effrayé des dépenses auxquelles sa nouvelle situation allait l'entraîner, et, ayant fait une chute assez grave, il en profita pour envoyer ses remerciements [1].

Mme d'Huxelles apporta un soin extrême, on va en juger par ses lettres, à la confection du volume où elle voulut faire copier le dessus du panier de sa collection : tous ces détails sont curieux et nous font entrer dans un coin de l'intimité de M. de Gaignères qu'on ignorait complètement. C'est aussi à la marquise que Gaignères dut la correspondance si importante de Callières sur les travaux du congrès d'Utrecht. On doit donc un bon point à cette femme intelligente qui ne voulut pas que ces papiers importants au point de vue de l'histoire fussent perdus. Il était juste de lui rendre hommage pour cette collaboration inconnue aux collections de Gaignères.

A Paris, le 27 may 1704.

C'est tout au moins une fois l'an, Monsieur, qu'il faut rendre à tous vos mérites son hommage. J'ose vous demander audience pour vendredy depuis 3 jusqu'à 6 ou 7 heures, et vous supplier d'en avertir M. le président de Blaisy [2] que je meurs d'envie d'avoir l'honneur de voir comme vous. J'ay aussy un illustre curieux à vous introduire, qui est dom Prinstet, des plus fameux de l'ordre de Cisteaux, allant estre abbé en Berry, et vicaire général de la province. Je luy ay beaucoup d'obligations; M. le président de Mucie [3]

---

[1] La seigneurie de Jarzé avait été érigée pour lui en marquisat au mois d'avril 1694.

[2] Antoine Joly (des Joly de Fleury), marquis de Blaisy en 1695, président au grand conseil.

[3] Jacques de Mucie, seigneur de Neuilly, président au parlement de Bourgogne.

me le présente, et venant de Bourgogne il n'a de curiosité à Paris que pour vous et pour moy. Je luy diray demain ce que vous m'aurés répondu, et sil arrivoit vendredy le premier à vostre palais, vous le recevrés en m'attendant, car il ira à droiture des Bernardins. J'ay averty M. Benoise de la partie, qui m'a promis avec demonstrations de joye de faire ce qu'il pourra pour en estre. J'en feray part encore à M. de Balincourt[1]; pour M. le marquis de Jarzé, je l'abandonne à son humeur campagnarde et le maudis de ses goûts esloignés de nous.

La marquise d'Huxelles.

Vendredi matin, novembre 1705.

Je serois bien faschée qu'il vous en coutât, par vostre excès de politesse, jusqu'à prendre quelque chose sur vostre santé pour me faire l'honneur de me venir voir ; mais je ne vous en quitte pas, Monsieur, car il y a encore dans ce champ à glaner en mieux que ce que je vous envoye : nostre amy ma traitée avec la mesme confiance que vous. Je participe à sa peine, et m'en tais comme il m'a priée de faire. Je ne vois rien de sy douloureux, ny de sy proche de nous, que ce qu'il a perdu, car ce que nous voyons dans le monde n'est qu'illusion. Il n'y en a point dans mes sentimens à vous estre toute dévouée.

La marquise d'Huxelles.

---

[1] Claude Testu, marquis de Balincourt, colonel du régiment d'Artois en 1703, depuis maréchal de France.

Mercredy, 23 décembre 1705.

Je vous envoye, Monsieur, une lettre de nostre cher amy de son départ de Bourgogne, et arrivée à Rome, afin qu'il vous plaise de voir avec plaisir combien vous luy tenés au cœur. Je garde son adresse, pour répondre à la part que j'y ay aussy, ayant fait copier celle que vous trouverés dans sa lettre dont je ne doute pas que vous ne vous serviés. Je pense que ses qualités sont : A M. Prinstet, procureur général de l'ordre de Citeaux à Rome. Une enveloppe par dessus au banquier à Lion. Voilà quelles seront mes suscriptions, mais après les vostres, bruslés les missives a cause de la mention qui est faite de la lenteur romaine. J'ose vous souhaiter les bonnes festes, et vous suplier de venir escumer quand il fera plus beau mon magazin. Il y a un prince Louis d'or que je vous destine, et des lettres du cardinal de Richelieu, etc. Le plant de la Ferté pourra estre emporté pour copier. Plus que jamais je vous chéris et révère dans tous vos trésors de mérite personnel n'estant pas le moindre. M. de Jarzé vient, à moins que le vent ne l'emporte.

La marquise D'HUXELLES.

Jeudy à 10 heures du soir (novembre 1706).

M. l'abbé de Courtenay me vient d'aprendre, Monsieur, que vous estes malade ; j'en suis dans la plus grande peine du monde, et ordonne qu'on aille demain scavoir des nouvelles de vostre santé, la part que je prends à tout ce qui vous touche vous doit estre connue depuis longtemps. Je ne suis pas changeante comme vous scavés, et vous avés de quoy vous asseurer par vous mesme de la fidellité de vos amies. Ce seroit leur faute sy elles vous oublioient, et un grand avantage perdu, car vous leurs faites honneur et plaisir. Je n'ay point ouy parler de vous dans la perte que j'ay faite de ma sœur[1], mais je me veux flatter que vous m'avés plainte, et qu'il n'y a que vos infirmités qui vous ont empesché de m'en donner des marques. Cependant j'ose vous suplier de vous bien conserver, Monsieur, et de me faire toujours l'honneur de m'aimer. Nous avons M. de Jarzé, le soleil revient à nous, et je vous ménage des lettres de Henry IV en original à M. de Frontenac, premier maistre d'hostel, gouverneur de Saint-Germain, et je pense chevalier du Saint-Esprit. Son fils qu'on apelloit le comte de Paluau, mestre de camp de Navarre, tué dans les guerres de la religion en Languedoc, estoit père du dernier, mort vice-roy en Canada.

La marquise D'HUXELLES.

A Paris, le 25e juillet 1707.

Ma santé est à l'ordinaire, Monsieur, et mes sentimens pour vous sont de mesme aussy, l'un peut

---

[1] Agnès de Bailleul, mourut le 21 novembre 1706, au couvent de Bellechasse, où elle s'était retirée après une vie des plus galantes. Elle était veuve depuis le 11 septembre 1678 de Henri Foucault, marquis de Saint-Germain-Beaupré, lieutenant général des armées.

changer, mais l'autre ne changera jamais. Le profit des eaux ne se sent qu'après. Je souhaite que ce remède vous fasse revenir en bonne santé, afin que nous puissions encore nous promener dans les enchantements solides, et récréatifs de vostre palais. Il y a bien des raisons qui doivent m'obliger à m'interesser à ce qui regarde Mme la comtesse de Pontchartrain[1]; vous scavés nos alliances, mais j'avoüe que son mérite, sur quoy tout le monde luy rend justice, m'engage plus que toutes choses à désirer sa guérison; ces sentiments ne luy seront point manifestés n'estant plus de ce monde, et assez philosophe d'ailleurs. La compagnie est aussy nécessaire aux eaux, qu'aux personnes attaquées de vapeurs. Je suis bien aise que vous en ayés une bonne. Je rendray compte à M. le marquis de Jarzé de vostre lettre. De nouvelles, vous en estes à la source avec de telles gens que ceux que vous me marqués. Ainsy, Monsieur, je finis en vous rendant mille graces de l'honneur de vostre souvenir.

La marquise D'HUXELLES.

Samedy, 16 novembre.

Je ne suis plus en estat de rien que de souhaiter passionnément, Monsieur, la continuation de l'honneur de vos bonnes graces, car ne me portant pas

---

[1] Élisabeth Phélypeaux, fille de Jérôme, comte de Pontchartrain, secrétaire d'État, et d'Anne de Duras, morte le 27 juin 1708, de suite de couche. Elle était l'amie particulière de Mme de Saint-Simon.

trop bien il m'est impossible d'obéir à vos ordres, et d'aller demain ny après fouiller dans vostre fameux magazin; demeurons en donc là, ce qui restera de feuillets blancs seront des tables d'attente pour la postérité. Je crois néantmoins qu'il n'y a pas de choses bien sures de ce costé là, mais c'est le sort de toutes les choses mortelles, enfin je suis dans les plus tristes réflections du monde par de noires vapeurs, plus difficiles à supporter encore que l'extrait baptistaire, cela ne m'empêche pas de songer a vos incommodités et d'avoir pris beaucoup de part a celles qui vous ont empêché de sortir. Le seigneur de Jarzé m'en a dit des nouvelles, et que contre fortune, vous aviés un bon cœur qui vous faisoit toujours travailler, mais avec moins d'ouvriés, c'est encore une autre considération qui me doit retenir; a Dieu jusqu'à ce que le ciel vous amène céans ou me conduise en vostre palais.

Si vous jugés ce petit brin d'aromatte propre a consommer l'ouvrage du pot poury, j'ose vous l'envoyer, et après cela vous aurés la bonté de me renvoyer mon livre.

Le 4 d'octobre 1708.

Je vous tiens, Monsieur, très-affligé, je vous en plains, et vous suplie de recevoir mes complimens sur la mort de M. le mareschal de Noailles, comme un des plus sincères que vous puissiés recevoir. Car cest sincèrement que je prends part à tout ce qui vous touche. Je m'imagine que nostre partie d'après-disner est rompue, vous en estes pourtant le maistre, et en userés comme il vous plaira. Mais quant à la douleur, outre la soumission à la volonté de Dieu, il ne faut pour sa consolation, que se promener dans vos apartemens ou l'on voit tant de gens qui vous ont frayé un chemin qu'il faudra faire.

La marquise d'Huxelles.

Vendredy, 5e octobre 1708.

C'est à moy a vous remercier, Monsieur, car vous me mettés dans le magazin de la gloire, nay-je pas leu dans une satyre de Boileau, « Et qui scauroit sans moy, que Cottin a preché ? » Qui sçauroit aussy sans vous que je n'ay point esté dans l'obscurité, puisque ma bonne fortune, plus que mon mérite, ma donné des amis du premier ordre en naissance, en valeur et esprit.

J'ose vous envoyer un livre, mais je ne scay sil poura servir, parce qu'il n'est pas aisé d'escrire sur ce qui est relié, vous aurés la bonté de l'examiner et de recevoir le mémoire pour vous ressouvenir de ce que vous m'avés promis. Je le regarde comme un remède à mes vapeurs. Cependant jen demande pardon à Dieu, mais ce sera le dernier effort de ma vanité, et afin que je n'y puisse revenir, venés, Monsieur, achever d'emporter la dernière voiture.

La marquise d'Huxelles.

Le 22ᵉ novembre 1708.

Vous avés mis, Monsieur, le dernier sceau à nostre ancienne amitié, car je suis sensiblement touchée du présent que vous me refaites, aimant bien mieux les originaux chez vous, que chez moy, ou j'auray à ma main un caractère moulé, quand il me plaira repasser dans mon esprit des souvenirs qui ne laissent pas de réjouir. Cependant j'ose vous renvoyer ce livre, afin d'achever d'user le papier. Sy la charité de vostre escrivain peut aller jusque la, et que vos bontés pour moy soient encore a cette épreuve, je croy qu'il manque quelque chose a. la lettre de madame de Maintenon, a celle que je fais marquer de M. de Callieres, ou il y a un p. tout seul qui ne signifie rien que j'entende. Je voudrois pour finir, encore une lettre de M. de Coulanges qui me rend compte de ma chapelle de Châlon, il y en a une de M. le cardinal de Boüillon, qui se trouve un extrait de nos baptistaires, une seconde de M. de Louvois, et une autre de M. de Jussac qui parle d'un disner chez le bon homme Antrague avec madame Dasserac. Voilà bien de la besogne, mais vous me mettrés au comble de mes souhaits. Excusés la confusion, cette lettre est de ma toilette. Mademoiselle avoit une estrange orthographe pour avoir de l'esprit et fait imprimer des livres de piété.

La marquise D'HUXELLES.

Vous n'avez que deux lettres de M. de Louvois, sy d'ailleurs, Monsieur, il y a des pièces dont vous ne vous serviés point, particulièrement des Carmelittes, et de M. de la Trape je les reprendray sy vous voulés, dilligence surtout, car ce bien me soulage.

Lundy, 26 novembre 1708.

Je suis au désespoir, Monsieur, que vous soyés enrumé, et n'en puis decachetter le manuscrit que je n'en sois remise, vous avés une exactitude merveilleuse, et une politesse au delà de la raison, car c'est à moy à vous remercier, j'auray l'honneur de vous dire quand nous nous verrons, qu'il faut garder le secret de ce qui se passe entre nous, attendu que j'entendis l'autre jour des choses oposées a ce que l'on m'a escrit en ce temps la, et le sacrifice que je vous en ay fait pouroit déplaire a l'amy au point de me le faire perdre. Je ne scay sy je me trompe. Je m'en raporte a vous, mais il y a ju Joly et du curieux a ne pas faire de honte a vostre trésor, que l'on ne peut trop admirer. Mon cœur est au bout de ce qui vient de moy, et j'ose vous prier bien fort d'accepter encore cette pièce.

La marquise D'HUXELLES.

Mercredi matin, 28 novembre 1708.

Vous estes le sujet de l'envoy du messager. Comment vous portés-vous, Monsieur, de vostre rumé? J'ay bien des graces a vous rendre, car vous me divertissés furieusement. J'ay esté ravie du mareschal d'Albret que javois oublié, et rien ne peut payer les satires a la porte de l'accademie au lieu de loüanges. Oserois-je encore vous demander ? ouy pour vous, mais celuy qui escrit, c'est autre chose. Enfin voudroit-il bien encore me donner un éloge de feu M. de Meaux sur la mère Agnès, et une 3ᵉ lettre de l'incomparable Coulanges, dattée de Paray ou de Digoüin, dans laquelle il est parlé du Damas Caffar, cela a la teste d'un petit cayer de papier, que je feray relier, et achever de remplir par mes gens suivant qu'il me viendra, sy c'est trop de fatigue demeurons-en là.

M. de St-Pons a esté malade et ma fait peur, Dieu mercy ce n'est rien, mais il a répondu à la proposition que je luy ay faite de favoriser un illustre inconnu de son procez contre les Recollets, que ce sera quand il en aura fait chercher les pièces, mais elles sont en sy grand nombre qu'il faut vous determiner a ce que peut vouloir vostre curiosité, a Dieu.

Jeudy, 29ᵉ novembre 1708.

On vous trouva hier sorty, Monsieur, et j'en suis bien aise, car c'est signe de guérison, mais plus occupée de vostre maladie que de mes délicieuses fantaisies, j'oublie ce que je voulois avoir l'honneur de vous demander pour mettre fin aux escritures. Ce sont les trois lettres de Remenecour, ou il est question d'un mistère, qu'il y a eu entre elle et moy que je veux quelquefois sous vostre bon plaisir, me remettre en mémoire, faites-les donc adjouter a ce cayer de papier de surcroit, sous promesse a vostre fameux escrivain, que desormais je ne luy donneray plus de peine, mais je louray son caractère que je lis aisément, et auray de vos bontés pour moy une reconnoissance parfaite.

La marquise D'HUXELLES.

Jeudy au soir.

J'ay envoyé ce matin, Monsieur, à vostre palais, comme on ne vous y a pas trouvé, on a laissé a une vénérable fille, qui s'est dite vostre domestique, mon livre, et une missive de ma part. J'en suis en peine, et m'estant ressouvenue, depuis le départ de mon messager, que la lettre que vous m'avés promise y manque encore, j'ose vous suplier de l'adjouter au corps de la pièce, enfin il y a du déréglement dans mon entestement, et comme dit la chançon, la blessure est au cœur. C'est un mal incurable.

La marquise D'HUXELLES.

Le premier décembre 1708.

J'estois hier tellement embarassée, Monsieur, que je ne pus lire vostre lettre, elle me fait un grand plaisir, par les assurences que vous m'y donnés de continuer vos bontés a ne vous point lasser de mes importunités. Il en faudroit pourtant retrancher les loüanges, que sçavez-vous, le diable est bien fin sur l'amour-propre que vous flattés, mais coupons-luy court, et allons a la besogne; je vous envoye une mesure un peu plus grande, sy vous voulés je ne feray pas relier autrement ce manuscrit. Pour la grosseur, vous jugerés bien du papier qui pourra y estre employé par ce que je vous ay déja demandé et ce que je prends la liberté de vous envoyer pour couronner l'œuvre; jose vous suplier, puisqu'il semble que le domestique soit d'aussy bonne volonté que le maistre, et que son caractère m'accommode, que l'anonime me soit renvoyée, c'est-à-dire l'original comme il le souhaite. Il est bon de se garder certaines fidellités, et d'aprendre a connoitre le fonds des choses, cependant vous serés servy auprès de mon saint evesque, et le ballot, dut-il estre gros comme une maison, arrivera a la vostre port payé.

Il est bon de s'estourdir en ce temps cy. Les nouvelles d'hier vous auront esté envoyés, tout ce que nous voyons ne se comprent point et il faut encore que le diable s'en mesle.

Le 29e décembre 1708.

J'estois hier, Monsieur, accablée de vapeurs. Je me reproche d'avoir manqué à tout, aux remercimens pour vos faveurs, et de n'avoir pas eu assés de honté de ce quelles vous coutent. Traficons sil vous plaist comme de bons et loyaux marchands, ma marchandise ne vaut pas le livre, et dès qu'il est question de débourcer dans le temps ou nous sommes, point de générosité. Nous avons de beaux exemples la dessus, les plus grands sont les plus vilains, et ce que l'on en entend dire n'est pas concevable. J'ose vous envoyer ce que je vous avois préparé, qui est digne d'entrer dans vostre magazin, au cas qu'il n'y soit pas encore, l'avocat mérite d'y avoir place, l'affaire est singulière et les factums sont assez bien reliés. Le papier blanc que vos gens ont laissé sera une table d'attente pour ce qui me va venir de Bourgogne. Je suis comme le cardinal de Bentivoglio, qui se ressouvenoit avec plaisir de ses enfantines actions, cest son expression. A propos de la Bourgogne jay parlé au président a mortier qui est icy pour vous avoir ce qu'il vous manque de M. d'Albret contre M. le duc de Boüillon dans leur procez. Sy vous voulés me le marquer j'ay une autre ressource que la sienne s'il n'y satisfait pas, et je finiray cecy en vous supliant de me renvoyer la lettre de l'anonime a une dame ursuline parce que je me suis engagée de la rendre a quelqu'un qui doit la venir quérir.

La marquise D'HUXELLES.

Le 2e avril 1709.

Je vous envoye, Monsieur, un pacquet d'une très jolye présidente a mortier du parlement de Bourgogne. Il y a longtemps que je le garde, mais il m'est survenu des embaras et j'ay voulu vous donner le plaisir de le décachetter. Je ne sçay s'il y aura quelque lettre pour moy, en tout cas, vous me la renverrés afin que j'y fasse réponse, estant honteuse d'y procéder sy tard.

Monseigneur l'evesque de St-Pons m'a escrit aussy, que pour satisfaire a l'honneur de vostre curiosité, je prisse la peine d'ouvrir une bœtte quil a céans, dans laquelle il y a des pièces qui concernent son procez contre les Recollets, pour n'avoir pas a les chercher dans le grand nombre de fatras de papiers quil a en Languedoc, quant a cela, j'ay besoin de vostre secours, et d'un scribe qui aille vite. Sy ce n'estoit point abuser de celuy du pot poury, j'oserois le prier sous vostre bon plaisir, de vouloir bien adjouter au livre, dont je charge le messager, les chansons de M. de Coulanges. Je suis accablée de fluxions, et jay besoin de quelque chose qui me réjouisse, dautant plus que l'on ne parle que de misères et de mortalités, en grands et petits volumes. Mais vive monseigneur le cardinal de Noailles que j'honore et respecte encore bien d'une autre manière que je ne faisois, depuis que nous nous sommes veus; conservés vostre santé, Monsieur, puisqu'elle m'est tout de même très précieuse.

La marquise d'Huxelles.

Mercredy, 10e avril 1709.

J'ay leû, Monsieur, avec admiration l'oraison funèbre de M. le mareschal de Noailles, car sy vous avez fourny une belle matière, elle est bien mise en œuvre selon mon petit jugement. J'ose vous en féliciter, et vous suplier de faire adjouter au pot pourry, la lettre que je vous envoye. Ce mest une aromate, pour entérrer ma vieillesse avec honneur. Encore une autre que les bonnes graces de monseigneur le cardinal de Noailles, qui nous gouverne, demandés les luy toujours de ma part, et soyés ma caution, que pas une de ses oüailles ne le respecte autant que je fais.

Vous ne voulés pas que je fasse des excuses a celuy que vous faites escrire, mais sy j'abuse de sa patience, cest que son caractère m'est d'une grande commodité.

Le 16 avril 1709.

Je voudrois pouvoir mettre la lettre au dessous du portrait, mais comme il est impossible jose, Monsieur, implorer vostre secours pour la faire entrer dans le pot pourry, ce sera la dernière pièce car je suis honteuse de vous tant importuner, et les vostres, mais sy je vais au dela de l'abus de vos grâces, mon cœur pour vous mérite d'estre excusée et d'avoir des exceptions.

La marquise d'Huxelles.

Samedy, 29 juin 1709.

Madame la marquise d'Huxelles croyoit avoir l'honneur de voir M. de Gaignières aujourd'huy, elle l'avoit même dit à M. le président de Blaisy, mais elle est retenue céans pour affaires, car qui n'en a point? Sa principalle sera toujours de rendre a son mérite, ce qui luy est deu, et d'attendre ce pot poury avec impatience, M. de Coulanges se promettant d'y metre encore du sien.

Mercredy, 25 septembre 1709.

Mille grâces, Monsieur, de l'honneur de vostre souvenir, il me trouve dans une fluxion sur les dents et au visage, fort importune. Je ne sçavois point vostre rume, et sy je l'avois sceu, vous pouvez bien juger que mes dix sols auroient marché, personne ne sintéressant plus que moy a vostre santé, mais je me tiens sur mes gardes, crainte de vous donner à penser que je n'envoye que pour vous presser. Je n'ay plus rien pour le pot pourry, sy vous aviés encore quelque chose il me seroit bon afin de ne laisser au bout que la moitié des feuillets blancs que vous me marqués. Enfin j'ose me recommander a vostre prudence, et vous suplier surtout de ne vous point fatiguer, estant déjà assés comblée de vos bienfaits. De nouvelles génerálles, je n'en sçay point. On avoit dit que les ennemis n'assiégeoient plus Mons, mais c'est qu'ils attendoient leur gros canon, et autres munitions nécessaires. Nous avons un mareschal de France de plus. Celuy d'Harcourt ne quitte point de l'Allemagne. M. de Jarzé se réjouit à Chantilly, M. de Barbezières en est venu chercher la mort icy sans confession a ce que l'on dit [1]. M. l'abbé de Courtenay [2] est arrivé d'hier au soir, de différentes

---

[1] Lieutenant général : il avait subi une longue captivité en Allemagne et mourut en arrivant à Chantilly : il était gouverneur de Saint-Quentin et de Gravelines.

[2] Roger, fils du prince de Courtenay et de Louise de Harlay, abbé des Eschalis et de Saint-Pierre-d'Auxerre (1627-1733).

mœurs, et de naissance aussy. J'en voudrois sçavoir davantage, mais, Monsieur, au bout de l'aulne faut le drap.

Je croy que vous sçavés que ce mareschal est M. d'Artagnan [1].

On va a Marly aujourd'huy pour un mois. M. le duc de Noailles ne trompe pas vos espérances dont je vous félicite.

Vendredy, 14e février 1710.

J'ose, Monsieur, vous envoyer la pièce de question, et vous supplier de la faire adjouter au pot pourry sous le tiltre de Récapitulation de l'année 1709, imprimée à Amsterdam le 3 janvier 1710. L'original peut passer dans votre curieux magazin. Je pense qu'après cela, il ne demeurera plus de papier blanc dans mon livre et j'en seray fort aise, parce que je vous en importuneray moins. J'auray une autre attention qui sera de tacher de vous rendre en petit ce que vous m'avez toujours donné en grand. Et je feray tous mes efforts auprès des bonnes plumes du premier plénipotentiaire pour avoir ce qui s'imprimera et publiera pendant la négociation [2]. Dieu veuille seulement qu'elle commence bien tost. Il n'y a point encore de passe-ports arrivés ce matin et nous n'a-

---

[1] Fils de M. de Montesquiou et de Mlle de Gassion : bon militaire, mais encore plus courtisan, il arriva par la faveur de Mme de Maintenon et du duc du Maine.

[2] Les conférences de Gertruydemberg, où le maréchal d'Huxelles fut premier plénipotentiaire.

vons en ce quartier que le mariage du comte de Louvigny avec Mlle d'Humières [1], comme la plus furieuse passion qui fut jamais d'être de vos amies et très humble servante plus que personne du monde.

La marquise D'HUXELLES.

Le 20e février 1710.

Voicy, Monsieur, une pièce copiée sur l'original de M. l'abbé de Polignac [2]; y auroit-il du papier de reste pour l'adjouter à mon livre, et un fond de bonté de vostre part pour aller jusqu'au bout? J'ose vous en suplier, et celuy qui écrit que je voudrois dedommager, comme il seroit bien juste. La pièce peut aller dans vos curiosités estant correcte a cette intention. J'appris hier que le mandement de monseigneur de St-Pons a esté condamné à Rome. La flétrissure ne l'amoslira pas, et les bouts rimez sont une couronne pour le ciel d'une façon, car je ne prétend pas y metre mon nés pour la terre, mais je serois bien aise encore d'en avoir mon livre garny. Cependant dans toutes les agitations qui règnent, je croy nos amusemens les plus innocens.

On donne à la maison de Noailles le crédit d'avoir obtenu la démission de M. le duc de Guiche en fa-

---

[1] Louise d'Aumont, fille de Louis d'Aumont, duc d'Humières par son mariage avec Anne de Crevant d'Humières, mariée le 3 mars 1710 à Louis de Gramont, depuis duc de Gramont; morte en 1742.

[2] Ambassadeur en Pologne, puis plénipotentiaire à Gertruydemberg avec le maréchal d'Huxelles.

veur de M. son fils pour la duché, ce qui fait son mariage conclu et arresté avec M{!!e} d'Humières.

Mille tendres bons jours. M. de Jarzé ne revient point, je luy ay fait vos complimens sans en avoir encore de réponse dont je suis très scandalisée, car a qui se peut-on fier. Voudroit-il avoir la place de l'abbé du Bos¹? vous sçavez la chanson, on dit que le premier plénipotentiaire en mène un autre qui excelle, mais on n'en sçauroit trop avoir de bons, et il se débite que les passeports viendront les premiers jours du mois prochain.

Ce 5ᵉ aoust 1710.

J'ose, Monsieur, vous envoyer un très médiocre présent par la dépense, mais d'un grand prix pour ce dont il est question. Comme voicy une victoire où vous vous intéresserez, j'ose encore vous en féliciter, mais par dessus le marché, vous suplier de me présenter au palais archepiscopal, et a l'hostel de Noailles pour en faire mes très humbles complimens à madame la mareschale et a monseigneur le cardinal². Je ne puis signer, car j'ay fort mal aux yeux, mais le cœur y est tout entier, jamais billet n'ayant esté plus sincère.

---

[1] Jean-Baptiste Dubos (1670-1742), diplomate distingué, qui prit part aux travaux des congrès d'Utrecht, de Bade et de Rastadt.

[2] Le 27 juillet 1710, par une marche hardie, le maréchal de Noailles battit les Anglais retranchés à Cette et les força de se rembarquer en désordre.

A Paris, le 12 janvier 1711.

Je ne m'en dédis pas, Monseigneur, vous m'avés fait l'honneur de me l'escrire cette lettre qui est encore en nature signée de vous, sur mon scrupulle d'avoir trop d'amitié pour mes amis, qui n'a esté imprimée que parce que je vous en ay suplié pour avoir plus de facilité de la lire, le manuscrit ne m'accommodant point, a cause de mes mauvais yeux, mais ce n'est pas moy qui l'ay publiée, elle a esté indiquée à M. le marquis de Soliers sur ce qu'on luy a mandé de Toulouse qu'on l'avoit trouvée dans les papiers de madame la première présidente de Fieubet après sa mort[1]. Je l'ay avoüé de cette façon quand il m'en a parlé devant les témoins qui y estoient. Pour cet extrait envoyé par ordre du roy aux évesques, je ne me souvient poins de l'avoir veu, non plus que de ce que vous m'avés escrit sur d'autres sujets depuis quarante ans que nous nous connoissons, mais je me souviendray toujours de vous honorer et respecter parfaitement.

Jeudy matin.

Comme je crains, Monsieur, qu'il ne me survienne des visites après disner, a qui je ne puis faire fermer ma porte, j'ose vous conjurer de vouloir bien remetre

---

[1] Gabrielle de Nogaret, fille de M. de la Valette, général des troupes de Venise, et de Gabrielle d'Aimar, seconde femme de Gaspard de Fieubet, premier président à Toulouse, morte le 2 décembre 1708.

nostre inventaire à mardy de la semaine prochaine. J'ose encore vous faire une autre proposition qui est de vous envoyer la boette, ou il n'y a suivant ce que l'on m'a escrit de Languedoc, que des papiers touchant ce procez, mais elle est fermée, il la faudra remettre au meme estat. Cependant je fis hier une provision pour augmenter vos curiosités, car jarresté entre les mains de M. le prince de Courtenay, une pencarte d'un sultan a son grand père maternel, laquelle il m'accorda, dès que je luy nommé vostre nom, avec grand témoignages de joye. M. du Sault qui reconnut la manière turque, me promit d'en avoir la traduction, par l'interprète la Croix afin de vous donner l'original et la copie. M. le prince de Courtenay m'a dit encore que vous seriés le maistre des vieux rogattons qu'il avoit trouvés à Sezy. Mille tendres bons jours jusqu'a mardy. Je chercheray, en attendant la permission du prélat, d'ouvrir la boette. L'imprimé sur l'abjuration de la religieuse du Port-Royal vous est seur.

Je reçois, Monsieur, l'honneur de vostre compliment avec la plus grande joye du monde. J'ose aussy vous faire les miens du mesme zelle des autres années. Aimons-nous donc toujours, et a présent que le soleil revient à nous, ne songeons qu'à nous bien porter, et a rentrer dans nos curiosités. M. de Jarzé doit estre demain à Orléans, c'est estre à Paris. On me pria hier de scavoir sy la moitié de votre palais n'estoit point à loüer, ou n'y devoit pas estre, pour vous proposer M. de Laubanie. Voyez sy cela vous plait, jen rendray réponse. Il est aveugle et n'est point marié.

La marquise d'Huxelles.

Le 22e aoust.

J'ay appris vostre douleur ; personne, Monsieur, ne scauroit la comprendre ny s'y interesser plus que moy, car je suis très sincèrement de vos amies, ce dont je vous supplie d'estre bien persuadé, et je ne pense pas qu'il y ait rien en ce monde qui nous doive estre plus cher qu'un bon amy. Il faut se soumettre a la volonté de Dieu, et s'enfoncer dans votre entiquité pour se consoler de se passage continuel de toutes les créatures humaines. Il faut encore tant de peine, auparavant que de pouvoir assembler les vivantes, que je suis résolue d'avoir l'honneur de vous aller voir moy seule au premier jour. J'attends de Bourgogne ce que vous m'avés demandé qui est une gloire pour nous.

La marquise d'Huxelles.

Je ne sçaurois présentement lire la lettre dont vous me favorisés, Monsieur, c'est moy qui implore vostre patience. J'auray toutes celles que vous me demandés, mais portés vous bien. Les nouvelles de Flandres ne sont pas bonnes, et on dit tout manqué. Je ne veux point vous donner la peine de me faire relier, et embarasser vostre générosité davantage.

J'ay céans une pièce a incérer dans le cahier, qui est une lettre anonime, touchant le livre du père Quenel.

Le 5e octobre.

Je vous envoye, Monsieur, un cordon bleu, et point le mareschal d'Huxelles, mais pourquoy ne se veut-il pas faire peindre, car pour moy j'ay envie de vous plaire, et de m'acquiter de ma parolle, qu'il occupe donc une place sy honorable, jusqu'à ce qu'il sy mette mieux. M. le premier sest promis a moy, et y fera son entrée plus régulièrement.

La marquise D'HUXELLES.

Le premier mars.

J'aprends de vos nouvelles par nos amis, et que vous songés a me faire l'honneur de me venir voir demain, mais suivant l'avis de M. de Balincourt, et un engagement que j'ay, j'ose vous prier, Monsieur, de remettre la partie à une autre fois, tant pour le regard de votre santé, que pour estre plus libre de traiter de nos affaires et sur tout de l'estat de vostre convalescence, ou je continue de prendre toute la part possible. Mitonnés-la donc et retranchés d'abord le trop de mouvement.

La marquise D'HUXELLES.

Je scay tous les jours de vos nouvelles par nos amis communs, Monsieur, c'est ce qui m'empesche d'envoyer chez vous, nous gémissons de vos souffrences, et cecy est un compliment particulier, que j'ose vous faire aussy sur la perte que vous avés faite. Servés-vous de vostre courage pour surmonter tant d'affliction et croyés s'il vous plaist que sy vous aviés besoin de moy, il n'y a point d'incommodité de ma part, ny de manque d'esquipage dont je chomme depuis un an, qui pussent m'empescher de vous aller rendre tous les services que vous en pouriés désirer. Réponse verbale sur vostre santé et gardés-vous bien d'escrire.

La marquise D'Huxelles.

CHAPITRE XII.

La marquise de Louvois. — Sa jeunesse. — Son mariage. — Ses relations avec Mmes de Sévigné, de Bernières et d'Huxelles. — Avec Coulanges qui se nomme « son second mari ». — Château de Louvois. — Intérêt que prend le ministre à sa construction. — Mme de Louvois y vient. — Mort de Louvois. — Dignité de sa veuve. — Sa grande situation. — Tout le monde la respecte. — Sa vie en Bourgogne. — Elle échange Meudon avec le roi contre Choisy. — Coulanges ne la quitte pas. — Indulgence de Mme de Coulanges. — Sa mort. — Sa charité. — Lettres inédites de Mme de Bernières.

Louvois s'était marié fort jeune à une femme dont la principale qualité semblait d'être une riche héritière. Anne de Souvré était la fille unique de Charles, marquis de Courtenvaux, premier gentilhomme de la chambre du roi, et de Marguerite de Barentin ; elle naquit posthume, le 30 novembre 1646 ; elle était petite-nièce de Mme de Lansac, gouvernante de Louis XIII, et de la spirituelle marquise de Sablé ; sa mère se remaria avec le marquis de Boisdauphin.

Ayant perdu tous ses parents, elle se trouva un des plus beaux partis de la cour. Élevée à l'abbaye de Saint-Amand de Rouen, dont l'abbesse, Éléonore de Souvré, était sa tante, elle en sortit pour se marier, selon le vœu du premier maréchal de Villeroy, frère de sa grand'mère. Anne de Souvré avait, d'après Saint-Simon, « la plus grande mine du monde, la plus belle et la plus grande taille ; c'étoit une brune avec de la beauté, peu d'esprit, mais un sens qui demeura étouffé pendant son mariage, quoiqu'il ne se puisse rien ajouter à la considération que Louvois eut toujours pour elle et pour tout ce qui lui appartenoit. » On devine que les demandes ne lui manquèrent pas, « mais entre tant de gens distingués qui le courtisoient pour le mariage de cette nièce, belle, grande, bien faite et si riche, dont il disposoit seul, M. de Villeroy préféra M. de Louvois, au scandale de toute la France. » Le Tellier était alors à l'apogée de sa fortune politique et Villeroy ne trouva rien de mieux pour s'assurer sa faveur que de lui « sacrifier sa nièce. » Nous croyons que Saint-Simon va bien loin en s'exprimant ainsi, puisque presque en même temps il avoue que Louvois rendit sa femme parfaitement heureuse et reconnut toujours ses rares qualités. Le mariage fut célébré le 19 mars 1662. Nous trouvons dans une lettre de l'abbesse de Saint-Amand à Mme de Sablé l'appréciation du caractère d'Anne de Souvré à ce moment : « C'est une bonne enfant, mais qui ayme tant le jeu et le divertissement qu'il a fallu user d'une sévérité continuelle pour luy faire apprendre tout ce qu'elle sçait, et heureusement pour moy, il s'est trouvé tant de feu et de vivacité dans son esprit que la contrainte dans laquelle je l'ay tenue ne luy a point nui, car vous luy trouverez assez de guayté de reste; mais pour en faire une honneste et raisonnable créature, il me la falloit laisser un an, car elle n'a pas encore l'esprit de se servir bien à propos des choses qu'elle sçait, parce que quelques soins qu'on prenne de l'éducation d'une jeune personne, on n'en a point assurément de joye parfaite, que son jugement ne soit formé. Cependant vous voyez, ma chère tante, que la famille en dispose d'une autre façon et qu'elle veut la marier. »

Pendant toute la durée de son mariage, Mme de Louvois mena une vie relativement très effacée : elle paraissait souvent à la cour et était de toutes les fêtes, toujours bien accueillie, bien vue, car, tandis qu'il n'y avait pas une femme qui ne fût « brocardée » à tort ou à raison dans les chansons du temps, Mme de Louvois fut toujours épargnée.

Mme de Sévigné la voyait beaucoup, ce qui ne l'empêcha pas de la juger peu favorablement ou du moins très malignement. « Il y avoit l'autre jour, écrit-elle à sa fille, une dame qui confondit ce qu'on dit d'une grive, et au lieu de dire : *elle est soûle comme une grive*, disoit que la première présidente était *sourde comme une grive*, cela fit rire. » Et la marquise ajoutait le lendemain : « Cette dame que je ne vous nommai point dans ma dernière lettre, c'étoit Mme de Louvois. » Bussy raconte, dans sa lettre du 25 mars 1680 à Mme de Montjeu, une assez plaisante aventure arrivée à Mme de Louvois : « On vous aura sans doute mandé que madame la Dauphine ne baise que les femmes des officiers de la couronne ; après cela vous saurez qu'alors qu'on lui présenta Mme de Louvois, la princesse, entêtée de ce nom-là, qui fait bien plus de bruit dans les pays étrangers que celui du duc, s'avança pour la baiser dès qu'elle la vit entrer dans sa chambre. Mme de Richelieu courut après elle, lui disant tout haut : On ne la baise pas. Mme de Louvois se plaint fort de Mme de Richelieu et dit que ce n'eût pas été une si grande honte à madame la Dauphine d'en avoir été baisée qu'à elle d'en avoir été empêchée de cette manière-là. » Cela fit assez de bruit et froissa vivement la marquise. Le marquis de Trichateau en reparla le 13 avril à Bussy : « L'histoire de Mme de Louvois est assez plaisante, c'est un petit dégoût ; cela est considérable pour des gens qui ne savent qu'en donner aux autres ; mais j'ai dans la tête que ce dégoût arrange ses affaires et qu'elle baisera bientôt de droit. »

Mme de Louvois vint souvent en Champagne dans le beau château que le ministre fit construire dans le village de ce nom, entre Épernay et Reims, au milieu des vastes forêts de la montagne de Reims, non loin de l'abbaye d'Avenay. Michel le Tellier avait acheté le domaine dont son fils devait rendre le nom si célèbre, le 4 février 1655, moyennant la somme de 450,000 livres, et l'année suivante il en obtenait l'érection en marquisat. Le 19 mars 1662, il céda cette terre à son fils à cause de son mariage et celui-ci en prit aussitôt le titre. Il s'empressa de reconstruire le château, qui tombait en ruine, en s'inspirant, dit-on, du plan de celui de Versailles et en demandant à Lenôtre de venir dessiner les jardins, qui subsistent encore. Un régiment fut employé à ces travaux, dont Louvois s'occupa avec une véritable passion. On en trouve de nombreuses traces dans sa correspondance, conservée au Dépôt de la guerre : souvent il s'interrompt, au milieu des questions politiques ou militaires, pour parler des sculptures à exécuter, des plombs à ouvrager, des décorations à ordonner. Le 31 juillet 1663, il prévient le colonel du régiment du Roi pour l'engager à empêcher ses officiers, qui partaient pour Châlons, de chasser sur son domaine. En 1675, les lettres sont fréquentes au sujet des constructions. Le 28 mai 1680, il approuve le dessin proposé par Goujon, son intendant, pour les vitres du château ; plus tard il y envoie des chiens, des gelinottes, des poules faisandes ; le 14 octobre, il adresse à Dangecourt, son nouvel intendant, de longues instructions pour ajourner au printemps la pose des parquets, faire couvrir la basse-cour en ardoises, et régler les travaux à exécuter en 1681[1]. Louvois était venu le 17 février 1678 au château, où une députation rémoise se rendit pour le saluer ; il y revint au mois d'octobre et y fit des dépenses considérables en équipages de chasse, meutes, plantations d'ifs et achats d'orangers. L'année précédente, au mois de mai, Mme de Louvois y avait fait un séjour et avait reçu également une visite des échevins rémois lui apportant des confitures, des poires tapées et une caque de vin. Le 11 mai, elle se rendit à Reims, où les mêmes députés la reçurent hors de la ville, pendant que le conseil l'attendait au palais archiépiscopal, où elle logea ; une nom-

---

[1] Nous donnerons ce curieux billet de Louvois du 1er février 1677 : « J'ay appris par M. de Saint-Noblet que l'on dit qu'il revient des esprits dans mon château de Louvois. Il faut faire recommander au Sr Torné de bien prendre ses précautions, cela estant ordinairement le présage d'un vol fort prochain. »

breuse suite l'accompagnait : plusieurs dames avec Mme de Rochefort, des maîtres de requêtes, et probablement M. de Coulanges. Celui-ci, en effet, a consacré au château deux couplets qui prouvent sa présence en Champagne. L'un est intitulé *Voyage à Louvois :*

> J'ay fait un assez beau voyage en Champagne.
> Oh ! la belle campagne.
> J'ay vu Meaux, Château-Thierry,
> Epernay, Sillery,
> Les clochers de Châlons,
> Avenay, Aï, et tous ces cantons
> Où croissent des vins si bons !
> J'ay vu Rheims, que l'on prise
> Pour sa magnifique église,
> Et Louvois
> Dont le nom est connu, comme je crois.

Un autre jour, il rime, en passant à Ay en Champagne, et en s'adressant à la marquise :

> Les femmes renversées,
> Les bassins culbutés,
> Les raisins cuits crottés,
> Noisettes aux pieds tombées,
> Tout paraît en ce mois
> Pour recepvoir Louvois.

La mort de Louvois surprit sa femme au milieu de sa vie la plus heureuse ; elle n'était même pas présente au moment où il expira. « J'irai demain passer le jour chez Mme de Louvois, » écrit Mme de Sévigné le 23 juillet 1691 : « il faut pleurer avec les malheureux, sans avoir ri avec eux pendant leur bonheur, mais je ne les en plains pas moins. » La terre de Louvois passa alors à Me de Barbezieux [1] et

---

[1] Mme de Louvois conserva seulement dans son douaire la seigneurie voisine de Ville-en-Selve. A la mort de son fils, elle racheta Louvois aux créanciers moyennant 450,000 livres pour le domaine et 25,000 pour le mobilier (14 mars 1703). Elle le conserva jusqu'à sa mort.

Mme de Louvois se retira dans son château de Meudon, où elle s'installa magnifiquement. « Je viens de passer les plus beaux quinze jours du monde à Meudon, » écrit Coulanges à Mme de Sévigné le 4 août 1694 : « en vérité, c'est un lieu enchanté, et je ne comprendrai jamais que le roi ne veuille pas jouir d'un pareil enchantement ; car cette maison avec toute sa vaste étendue lui convient beaucoup mieux qu'à Mme de Louvois, il en faut demeurer d'accord. Elle espère bien aussi que, la paix faite et l'abondance revenue dans le royaume, le roi prendra Meudon, et lui donnera le moyen d'acquérir aux portes de Paris une maison plus convenable pour elle et pour la compagnie qu'elle veut voir, et moins exposée à celles dont elle se passeroit à merveille. Elle a eu du contentement ce voyage-ci, car elle n'y a eu précisément que les gens qu'elle y voulut avoir. » A l'automne, la marquise se rendit dans d'autres châteaux non moins beaux, à Tonnerre, à Ancy-le-Franc, emmenant toujours l'inévitable Coulanges, qui loue ce voyage comme un acte héroïque. « Mme de Louvois, contre l'avis de sottes gens qui s'opposoient à ce voyage, en lui disant qu'une femme aussi riche et aussi heureuse qu'elle, ne doit jamais passer Meudon, a pris courage et part sans écouter tous les flatteurs de sa cour. » Mais aussi il ajoute : « Et cependant si elle alloit tomber malade, jugez des repentirs qui nous suffoqueroient. » Mme de Sévigné félicite son cousin de sa tournée : « Vous entrez dans l'abondance et les richesses de Mme de Louvois : suivez cette étoile bienfaisante tant qu'elle vous conduira. » Le bon Coulanges jouissait pleinement de son bonheur. « Voici un mois que je me promène dans les états de Mme de Louvois, » écrit-il de Tonnerre, le 3 octobre : « en vérité, ce sont des états au pied de la lettre ; et c'en sont de plaisants en comparaison de ceux de Mantoue, de Parme et de Modène. Dès qu'il fait beau, nous sommes à Ancy-le-Franc ; dès qu'il fait vilain, nous revenons à Tonnerre : nous tenons partout cour plénière, et partout, Dieu merci, nous sommes adorés.

Nous allons, quand le beau temps nous y invite, faire des voyages au long cours pour connoître la grandeur de nos états, et quand la curiosité nous porte à demander le nom du premier village, à qui est-il? on nous répond : c'est à *Madame;* à qui celui-ci qui est plus éloigné? c'est à *Madame;* mais là-bas, là-bas, un autre que je vois? c'est à *Madame;* et ces forêts? elles sont à *Madame.* Voilà une plaine d'une grande longueur, elle est à *Madame;* mais j'aperçois un beau château : c'est Nicey, qui est à *Madame.* Quel est cet autre château sur un haut? c'est Pacy, qui est à *Madame.* En un mot, tout est à *Madame* en ce pays : je n'ai jamais vu tant de possessions ni un tel arrondissement. Au surplus, Madame ne peut se dispenser de recevoir des présents de tous les côtés, car que n'apporte-t-on point à Madame, pour lui marquer la sensible joie qu'on a d'être sous sa domination? tous les peuples des villages courent au-devant d'elle avec la flûte et le tambour : qui lui présente des gâteaux, qui des châtaignes, qui des noisettes, pendant que les cochons, les veaux, les moutons, les coqs d'Inde, les perdrix, tous les oiseaux de l'air et tous les poissons des rivières l'attendent au château. Voilà une petite description de la grandeur de *Madame,* car on ne l'appelle pas autrement dans ce pays, et dans les villages ; et partout où nous passons, ce sont des cris de *Vive Madame* [1]. » Il paraît cependant que la marquise était bonne princesse : « Elle n'en est pas plus glorieuse, elle est civile, elle est honnête et l'on vit auprès d'elle dans une liberté charmante. » Elle se portait infiniment mieux là qu'à Meudon, et Coulanges ne négligeait rien pour lui rendre le séjour plus agréable, « car je fais dans sa cour le principal personnage. » Elle était

---

[1] La fortune de Mme de Louvois était immense. Dangeau écrit, à la date du 18 décembre 1694, que Boisseaux, intendant de la marquise, mourut à Paris, pendant qu'elle était à Ancy : à l'ouverture des scellés, on trouva chez lui 800,000 livres en or appartenant à Mme de Louvois. Elle avait acheté ces vastes domaines bourguignons au comte de Clermont-Tonnerre avant son mariage avec la riche Marie d'Hannyvel de Mannevillette.

heureuse et « n'avoit qu'à se tranquilliser, » et elle se façonnait si bien à cette vie de campagne et de province, que Coulanges prédisait que, tous les automnes, pendant le séjour de la cour à Fontainebleau, elle viendrait se reposer certainement en Bourgogne. Il est évident que cette vie quasi princière plaisait à la veuve du grand ministre : « Mme de Louvois, » écrit encore Coulanges le 29 octobre, « s'est trouvée un goût pour la royauté et pour la solitude; » et Coulanges était aussi heureux qu'elle de cette existence douce et facile qui répondait si bien à ses aspirations. Il se considérait comme chez lui, il se déclarait le mari de la marquise : « N'avouerez-vous pas que mes secondes noces sont très heureuses et que vous n'avez jamais entendu parler d'un mari plus soumis que je le suis, ni d'un ménage meilleur que le nôtre? » A Tonnerre, Mme de Louvois trônait : « c'est le bruit, le tumulte, ce sont tous les attributs de la royauté; » à Ancy, elle se reposait et ne pensait qu'à ses paysans. Mme de Courtenvaux étant venue alors voir sa belle-mère dans la première de ces villes, elle y fut reçue magnifiquement : on lui donna un bal magnifique et des mascarades. « Elle vint ensuite se reposer à Ancy où la cour étoit moins nombreuse, mais où l'esprit régnoit plus en maître : Coulanges y composoit force vers qu'il envoyoit à Grignan et aux Rochers. »

Mme de Louvois rentra à Paris vers le 15 novembre. On voit que Saint-Simon n'exagérait rien en disant « qu'au lieu de tomber à la mort de son mari, elle se releva et sut s'attirer une véritable considération personnelle, qui de sa famille, où elle régna, passa à la cour et à la ville, où elle se renferma et où elle sut tenir une grande maison, sans sortir des bornes de son état et de son veuvage. » Elle y rassembla, continue-t-il, « sa famille et ses amis, et passa sa vie dans les bonnes œuvres, sans enseigne et sans embarras. Il est immense ce qu'elle faisoit d'aumônes, et combien noblement et ordonnément elle les distribuoit. Elle alloit à la cour y coucher une nuit, une ou deux fois l'année, toujours accompagnée de toute sa famille. C'étoit une nouvelle que son arrivée. Elle alloit au souper du roi, qui lui faisoit toujours beaucoup d'accueil et toute la cour à son exemple. Du reste, presque point de visites, pas même à Paris. Tout l'été, à sa belle maison de Choisy, avec bonne compagnie, mais décente et trayée, convenable à son âge. » Elle avait alors autour d'elle, en effet, une belle et puissante famille : de ses trois fils, l'aîné, le marquis de Souvré, faisait bonne figure à la cour et à l'armée ; le second, le marquis de Barbesieux, avec plus de conduite aurait pu avoir une belle carrière politique ; enfin l'abbé, bel esprit qui entra plus tard à l'Académie ; de ses deux filles, l'une avait épousé le duc de la Rochefoucauld, fils de l'auteur des *Maximes*; l'autre, le duc de Villeroy. »

Nous avons vu dans les lettres de Coulanges que Mme de Louvois désirait se défaire de Meudon, d'autant plus qu'elle savait probablement la volonté du roi de l'acquérir. L'affaire se traita à la fin du printemps de 1695. Louis XIV donna à la marquise 400,000 livres et « la charmante maison de Choisy, » écrit Mme de Sévigné le 3 juin 1695, « qui étoit la chose qu'elle désiroit le plus. » Mais elle eut soin d'y enlever toutes les statues du jardin, lesquelles, nous apprend Dangeau, n'étaient pas comprises dans le marché. Coulanges accourut à Paris pour donner ses conseils à sa noble amie : il l'accompagna, deux jours après, à Versailles pour remercier le roi, qui la reçut chez Mme de Maintenon : « S. M. la combla de mille honnestetés, et elle eut la force d'y répondre en lui disant qu'elle étoit ravie d'avoir eu en ses mains de quoi lui marquer tout son respect et toute sa reconnoissance ; qu'elle avoit toujours regardé Meudon comme une maison qui lui étoit destinée et que ce n'étoit que dans cette vue qu'elle avoit pris tant de soin pour la bien entretenir ; qu'elle savoit les intentions de M. de Louvois, à qui, si Dieu avoit accordé quelque temps pour s'expliquer, son dessein auroit été d'en faire présent à S. M.

Le roi répondit des merveilles. » La marquise alla ensuite voir Monseigneur, à qui Louis XIV avait donné Meudon : « entre toutes cette scène s'est passée à merveille[1]. » Coulanges était ravi : il lui semblait que c'était lui qui devenait propriétaire de Choisy ; son intimité croissait : « La maison où je suis le moins, s'écrie-t-il, est celle de Mme de Coulanges, qui a bien son maître aussi. » Mais aussi la marquise se montrait exigeante et ne lui accordait qu'avec peine des congés. « Mme de Louvois le boude, » écrit Mme de Coulanges le 9 septembre 1695, parce que Mlle de Bouillon le retenait à Évreux. Mais cela ne pouvait durer et, au mois de janvier suivant, le bon Coulanges raconte avec joie la noce de M. de Barbezieux, et le 27 il s'excuse de ne pouvoir aller de sitôt « coucher chez sa seconde femme, » étant réclamé de tous les côtés à la fois[2]. En 1696, Mme de Louvois fut gravement malade d'une attaque de colique néphrétique : « La dernière fut si violente, » écrit-il le 20 février, « qu'elle avoit fait peur et fait accourir tous ses parents et tous ses amis : je l'ai trouvée fort abattue, mais hors de ses violentes douleurs par les remèdes et par une saignée qu'on lui a faite, obligée cependant de se tenir dans son lit sans remuer et même sans beaucoup parler. J'ai été fort bien reçu, » ajoute-t-il avec satisfaction, « et mon zèle a été fort approuvé[3]. » Elle resta, paraît-il, assez souffrante et

---

[1] Coulanges dans cette lettre se plaint de ce que Mme de Louvois oubliait toujours de lui faire des cadeaux : il paraît en avoir espéré en cette circonstance, « mais avec toute la tendresse du monde de Mme de Louvois pour moi, les beaux yeux de sa cassette l'éblouiront toujours de telle sorte qu'elle ne verra jamais, ni moi non plus, les petits présents qu'elle me pourroit faire (10 juin 1695). »

[2] Mme de Coulanges prenait très philosophiquement son parti : en racontant à Mme de Grignan, le 30 juillet 1700, que son mari avait été très bien reçu par Mme de Maintenon et qu'il l'avait mandé à Mme de Louvois, elle ajoute : « C'est une chose raisonnable que les secondes femmes soient mieux traitées que les premières, et je suis assez juste pour ne point me plaindre de la préférence que M. de Coulanges donne à Mme de Louvois. »

[3] En 1712, Mme de Louvois fut assez malade encore de la rougeole.

elle avait eu le projet d'aller passer l'hiver de 1701 dans le Midi ; elle chargea même Coulanges de le mander à Mme de Sévigné, à laquelle elle faisait souvent adresser d'affectueux souvenirs et en lui promettant, si elle donnait suite à ses projets, de la rejoindre à Marseille. « Elle est toujours la femme la plus malheureuse au milieu de ses trésors, » écrit Coulanges, le 2 février 1700, faisant sans doute allusion aux tracas que Barbezieux causait à sa mère.

Nous n'avons trouvé dans la correspondance de Mme de Sévigné aucun détail sur la douloureuse épreuve que causa à Mme de Louvois la conduite de son fils Barbezieux : une seule des lettres que nous publions y fait allusion et prouve qu'elle n'aimait pas à en parler. Une lettre de Mme de Coulanges du 3 février 1704 semble indiquer une nouvelle indisposition de la marquise : « Je vous quitte, » dit-elle à Mme de Grignan, « avec regret pour aller au secours de Mme de Louvois. » Le 3 mai suivant, elle annonce que leur amie a fait un héritage de 54,000 livres de rente : « Je ne l'en crois pas plus heureuse et je sais bien que je me sens très éloignée de l'envier. »

Nous n'avons plus aucun fait intéressant à relever dans la vie de Mme de Louvois. Elle se tint de plus en plus éloignée de la cour, prolongeant ses séjours à Choisy, toujours avec le fidèle Coulanges, et se consacrant de plus en plus aux bonnes œuvres. Elle mourut à Paris le 2 décembre 1715, à deux heures du matin, « fort regrettée, dit Dangeau, et surtout des pauvres à qui elle faisoit de grandes charités. Elle avoit soixante-neuf ans, s'étoit retirée de la cour il y a longtemps, et pendant qu'elle y avoit été et durant la grande faveur de M. de Louvois, elle avoit toujours trouvé le secret de se faire aimer de tout le monde et même de ceux qui n'aimoient pas son mari. » Nous avons déjà vu comment Saint-Simon appréciait Mme de Louvois : il termine par cet éloge, le plus complet, ce me semble, que l'on puisse souhaiter pour une femme : « En un mot, une vie si convenable et si décente qu'elle ne s'est jamais démentie, et que sa mort, qui fut une grande perte pour sa famille, en parut une au public. Avec elle finit la maison de Souvré. » Il dit encore, en annonçant la mort de la marquise : « Sa vie fut un exemple singulier de ce que peut une conduite sage, digne, suivie, dirigée par l'honnesteté, la piété et le seul bon sens. »

Les lettres que nous publions sont les premières que l'on connaisse de Mme de Louvois : elles sont simplement, mais agréablement écrites ; l'orthographe est bonne et indique une instruction supérieure à celle de la moyenne des grandes dames de son temps. Elles sont adressées à Mme de Bernières, « la chère Berniolle, » et constatent une étroite intimité et une habitude fréquente de correspondance. Cette liaison remontait à la jeunesse de Mme de Louvois, à l'époque où Anne de Souvré était à l'abbaye de Saint-Amand de Rouen : comme nous l'avons dit, l'abbesse était une sœur de son père et deux de ses cousines y étaient religieuses.

De Brisat (Brisach), ce 31 aoust 1672.

Nous voila donc sur les bors du Rhin apres avoir couru beaucoup de périls pour y parvenir : à la vérité c'est la plus belle chose du monde a voir, mais les peines passent le plaisir. Le roy a fait tout ce qu'il a voulu dans son voyage : les troupes sont entrées dans Colmar et dans Celestat, sans tirer un coup, les bourgeois leur ayant ouvert les portes, on les a désarmés et pris leur canon, qui se monte à 100 pièces dans les deux villes, que l'on a porté icy, et on les démolit entièrement, ce qui les afflige extrêmement, car ils ont offert au roy pour les laisser en l'estat où ils estoient devant, 60,000 pistoles. L'on dit que cette affaire est très considérable, parce que sy fut venu des ennemis en ce païs, ils pouvoient se mettre dans ces villes et faire contribuer toute l'Alsace : comme nous n'avons plus rien à faire, nous repartirons samedy pour aller à Nancy ou nous serons vendredy. Je voudrois bien, ma chère Berniolle, que vous eussiez la bonté de dire à Gaulard qu'il m'envoia par le coche ou par le messager (parce que M. de Louvois a défendu que l'on porta rien par la poste et que je ne veux pas le faire gronder) mon habit chamaré de dentelles incarnates avec le corps tout comme il est, et comme je serois bien aise que devant votre départ pour votre campagne, vous voulliez bien me faire encore quelques emplètes. Je vous prie de m'achepter quelqu'estoffe qui paroisse beaucoup pour son prix et qui ne soit pas chère, pour me faire un habit où vous mettrez dessus les dentelles qui sont sur celuy de moire d'Angleterre et entre deux quelque chose qui y revienne, qui ne soit pas cher aussi, et qui paroisse beaucoup. Vous aurez la bonté de faire faire la jupe à Paris; et vous n'aurez qu'à prendre la mesure dessus les autres et non pas sur l'habit de moire, car il est d'un lais trop étroit; pour ce qui est du corps, sy celuy de cet habit peut servir en mettant des dentelles, vous me l'envoirez, sinon vous m'en ferez broder un qui soit fort beau et vous ferez laisser la place des bailles pour s'y mettre de la dentelle, vous me ferez servir la petite de dessus le corps autant que vous pourrez; enfin, ma chère Berniolle, ménagez-moy bien tout cela, je vous prie. Je croy que vous scavez bien, à Paris que M. de Marsin est mort; de la manière dont on en parle icy l'on pourroit bien luy avoir donné quelque chose de Mme de Brinvilliers. Voila toutes les nouvelles de ce païs. Adieu, ma chère Berniolle, je vous embrasse mille fois et vous aime de tout mon cœur.

De Nancy, ce 9 septembre 1672.

Je ne scay pas pourquoy vous me grondez, ma chère Berniolle, de ne vous avoir pas escrit, puisqu'aussitost que je fus arrivée à Brissac je vous le manday et depuis à Saint-Dié je l'ay encore fait. Assurément il faut que la poste ne fut pas arrivée quand vous vous estes plainte de moy. Au reste toute la cour arriva hier icy; pour moy j'y suis de la veille à cause de Mme de Rochefort [1] qui est partie pour aller trouver son époux à Metz qui a esté blessé d'un grand coup de mousquet au bras et l'os de la cla-

---

[1] Madeleine de Laval Boisdauphin, petite-fille de la marquise de Sablé, mariée le 22 avril 1662 au maréchal d'Aloigny de Rochefort, veuve le 22 mai 1676; elle était connue de Mme de Louvois, et le ministre eut toujours pour elle une tendre amitié : quelques courtisans disaient plus. M. de Rochefort commandait en 1672 en Lorraine. Ce passage de la lettre de Mme de Louvois serait très en faveur de Mme de Rochefort. Le marquis de Rochefort servit toujours avec une grande distinction, et sa brillante carrière ne dut rien à l'amitié qui l'unissait à le Tellier et à Louvois. Il fut créé maréchal de France le 30 juillet 1675. Il mourut le 22 mai 1676 à Nancy, du chagrin de s'être laissé surprendre par les ennemis à Lauterbourg. Saint-Simon dit de sa femme : « Elle étoit belle, encore plus piquante, toute faite pour la cour, pour les galanteries, pour les intrigues. Lorsque le roi sut et changea de maîtresses, elle fut toujours leur meilleure amie. » Mme de Maintenon la favorisa beaucoup, et elle devint première dame de la duchesse d'Orléans.

vicule est offensé. L'on assure pourtant qu'il n'y a rien à craindre pour sa vie, mais vous la connoissez sur le chapitre de son mary et cela vous doit faire juger de l'estat où je l'ay trouvée. C'est au siège de Tresve où cela est arrivé. M. de Béringhem en a eu aussy un, mais il luy a esté plus favorable, puisqu'il n'y a qu'effleuré la peau du col. Le marquis des Cogs (?) en a eu au travers de la teste et il y a plus de 20 officiers tués : après avoir fait tous ces opéras et s'estre deffandus comme des diables, ils se sont enfin rendus et le courrier arriva hier au soir qui en aporta la nouvelle au roy. La maréchale de la Mothe est dans une afliction très grande de la mort de Mme de Toussy [1] : le roy et la reine l'ont esté voir le plus honnestement du monde. J'ai eu l'audasse de faire les complimens et puis après il faut prendre le deuil que je porteroi trois semaines, ce qui m'empeschera de mettre mon habit, ce dont je suis très fâchée. Au reste, ma chère Berniolle, il faut que vous ayez bien meschante opinion de moy pour croire que je vous oublie. M'en croyez-vous capable et ne savez-vous pas que je n'ay pas de plus grande joie que celle de vous dire souvent que personne au monde ne vous ayme aussi tendrement que moy, ny n'est plus véritablement à vous que moy.

---

[1] Françoise de Saint-Gelais-Lusignan, fille du marquis de Balon et de Françoise de Souvré, mariée à Louis de Prie, marquis de Toucy, morte le 29 août 1672 : elle eut deux filles, la marquise de Gallardon et la maréchale de la Mothe-Houdancourt. (Voir notre livre : *les Amies de Madame de Sablé*, in-8º, Paris, Dentu, 1865.)

CHAPITRE XII.

De Nancy, le 13ᵉ septembre 1672.

Je n'ai pas reçu de vos lettres par ce dernier ordinaire : je m'imagine, ma chère Berniolle, que c'est vostre voyage qui en est la cause. N'y manquez donc plus, je vous prie, et vous ne vous plaindrez pas de ma régularité. M. et Mᵐᵉ de Rochefort sont icy d'avant hier au soir. Il est extrêmemènt abattu de sa blessure qui luy fait de très grandes douleurs, mais il n'a point de fiebvre. C'est un miracle comme il n'a pas esté tué, car si la balle avoit donné de l'espaisseur d'une pièce de 30 sols plus haut, c'en estoit fait; je croy que je n'auray pas le plaisir de la voir longtemps, car le bruit de la basse cour est que l'on va faire encore un voyage et que pour nous l'on pourroit bien nous renvoyer quelque part. Plût à Dieu que ce fut à Paris : ce n'est pas que, vous n'y estant plus, je ne m'en soucie pas trop d'y aller, c'est que ce seroit la fin de nos fatigues. J'espère le premier ordinaire vous mander la vérité de toutes choses, car entre cy et le temps là, peut-estre serons-nous informés. L'on attend tous les jours avec grande impatience des nouvelles de M. de Turenne. Le courrier qui arriva hier dit qu'il n'y a plus de rivière ny de bois considérable entre les deux armées, et cela fait croire que si les Impériaux ont envie de se battre, la bataille se donnera au premier jour. M. le prince d'Orange a assiégé Nardem qui est une ville que nous primes l'année passée du costé d'Utrecht. C'est M. de Luxembourg qui commande de ce costé là. On espère qu'il ne la prendra pas sitost, car il y a dedans 2,800 hommes et d'un autre costé M. de Luxembourg leur tombera sur les bras. Voila, ma chère Berniolle, toutes les nouvelles de ce païs. Monsieur y arrive lundy. Adieu, je vous embrasse mille fois et vous aime mille fois plus encore que moy-mesme !

De Nancy, ce 20 septembre 1672.

Pour obéir à vos ordres, je vous diray, ma chère Berniolle, que j'ay receu vostre lettre du 12 et que je suis fort surprise que ce soit la réponse de celle que je vous escrivois en revenant de Brisac : il me semble qu'il y a dix mille ans que vous debvriez l'avoir receu. Je gronderay la poste, car il faut assurément qu'elle ne soit pas rendue d'abord que le courrier arrive. L'on ne scait pas encore quand le roy sera de retour à Paris; il se prépare à son voyage dont on ne scait point le nom : la basse-cour dit que l'on nous renvoie à Paris, mais les maistres n'en parlent point, sy cela estoit, le roy pourroit bien revenir à la fin du mois qui vient, car il ne nous y laisseroit guère toute seule : il arriva avant hier à minuit un courrier de M. de Turenne qui dit que M. de Turenne ayant suivy les ennemis jusque sur le bord du Mein, il s'en est trouvé assez près pour faire prisonniers quelques trainards et prendre quelques chariots de leur équipage : les deux armées sont à une portée de canon l'une de l'autre, il y a eu quelques escarmouches : celle des Impériaux est accullée dans les montagnes où elle n'a pas beaucoup de vivres; et celle de M. de Turenne est dans la plaine : voilà tout ce que nous en savons; pour le siège de Nardem, il va toujours son train : l'on souhaite qu'il dure longtemps, afin d'incomoder le prince d'Orange, car du reste il faut qu'il soit pris, ne pouvant pas le secourir. M. de Rochefort se porte autant bien que l'on le peut : il y a quelques jours que je ne l'ay vu, parce que je me suis trouvée un peu mal d'une fluxion et d'un petit accès de fièvre : j'en suis tout à fait guérie à présent, quoiqu'il fasse un temps effroyable. Adieu, ma chère Berniolle : je voudrois bien aussy bien que vous vous pouvoir escrire tout ce que j'ay à vous dire, mais il faut estre prudente et attendre à vous descouvrir son cœur que l'on soit en lieu où l'on n'ait point de témoins. Adieu encore une fois : soyez en santé, je brule toutes vos lettres.

De Nancy, ce 21 septembre 1672.

Voila deux ordinaires arrivés sans que j'aye eu de vos lettres, que veut dire ce silence, ma chère Berniolle, et croyez-vous que je m'en accommode? non seûrement et il faut que vous me donniez quelque bonne raison pour que je ne gronde plus contre vous. Nous sommes icy dans une consternation effroyable d'estre obligés de partir dans deux ou trois jours pour retourner en Flandre. Le roy s'y en va et nous mesne avec luy, le prince d'Orange s'estant joint avec M. de Monterey, nous fait faire ce beau voyage. Pleignez-moy un peu de courir les champs par le temps qu'il fait et de passer par des gistes sy effroyables qu'il y en a que quand feue la reine mère y a passé, elle a esté obligée de coucher dans un four. En vérité ce sont d'estranges fatigues que l'on nous fait essuyer et je seray bien heureuse sy je les fait sans estre malade : l'on ne parle icy que de raccommodage de M. et Mme de Mazarin[1] : ils sont ensemble à la perfection et ils ont couché dans le mesme lit : cela est bien heureux pour elle de retrouver un sy bon homme, car il y en a qui valent mieux qu'elle pour leur conduite et qui ne sont pas si bien traittées. M. et Mme de Rochefort demeurent icy : la pauvre Roche n'en est pas trop contente, car elle s'y ennuiera beaucoup. Son mary se porte fort bien et fut hier chez le roy. Du reste il n'y a rien de nouveau : tout le monde prépare son équipage. M. de Louvois conduira toutes les troupes qui feront les mesmes journées que nous, mais qui prendront à costé et qui seront toujours à une demi-lieue : la moitié de l'infanterie ira toujours en charette,

---

[1] Armand de la Porte, marquis de la Meilleraye, créé duc de Rethel-Mazarin en 1663 à cause de son mariage avec Hortense Mancini. On connaît les aventures de la duchesse, qui quitta son mari en 1666, détermination jusqu'à un certain point excusable par le caractère fantasque du duc : elle rejoignit sa sœur Colonna à Rome et mena la vie la plus aventureuse jusqu'à sa mort en 1689. Ses biographes ne mentionnent nulle part ce raccommodement momentané.

afin de ne les point fatiguer et qu'elle arrive en bon estat. Adieu, ma chère Berniolle, escrivez-moy pour me consoler, car il n'y a que cela qui en soit capable.

A Nancy, ce 29 septembre au soir (1672).

Si ce n'estoit pour vous dire adieu, je croy que je ne vous escriray point, car de bonne foy, ma chère Berniolle, je gronde : vous estes une paresseuse et c'est du plus loing que je me souvienne d'avoir reçu de vos lettres. Mandez-moy donc ce qui vous empesche d'escrire. Est-ce la grande compagnie, est-ce l'ouvrage et enfin les plaisirs champestres vous font-ils oublier vos amis? Nous partons demain pour aller à Sainte-Menehould et de là à Saint-Quentin, à ce que l'on dit ; le bruit court que nous pourrons après reprendre le chemin de Paris, mais cela est sy peu assuré qu'il ne faut point compter là dessus. Je vous avoue que je le souhaite passionnément, car estant aussy délicate que je la suis, il est impossible de ne pas tomber malade d'estre dans les chemins par un temps comme celuy-ci; je ne me porte pas déjà trop bien : je pris hier médecine et j'ay une douleur sur le bras qui me fait appréhander qu'il ne me revienne encore quelques choses. Je me pendray si cela est : c'est pourquoy sy vous me voulez revoir en vie, priez Dieu que cela n'arrive pas. Au reste je vous diray que nous ne reverrons point cette pauvre Roche de mille ans : elle demeure icy avec son époux. Le roy ayant jugé à propos de ne pas laisser un posté comme celui-cy tout seul dans un temps où la guerre est aussi allumée qu'elle est. Les y voilà donc pour cent ans, car il ne servira point son quartier, quoique sa santé soit très bonne et qu'il sorte présentement. C'est tout ce qu'il y a de nouveau icy. Je ne croy pas que dans la route je puisse vous escrire, sy régulièrement que je fais, car nous n'en aurons pas la commodité. Tout ce que je vous puis dire, c'est que je seray plus ponctuelle que vous n'estes, car assurément, ma chère Berniolle, je vous aime bien plus que vous ne m'aimez.

De Paris, ce 2 novembre 1673.

Vous voulez me désespérer, ma chère Berniolle, quand vous me parlez d'une absence qui durera encore deux mois. Croyez-vous que je le puisse supporter, et que poussée du désespoir, je ne fasse point revenir vostre procès, assurément je mettray tout en œuvre pour vous revoir, quand votre mary en debvroit enrager. Dites-luy donc afin que je luy sois obligée de vostre retour. Je ne vous diray rien de divertissant. Le cardinal de Bonzy est parti pour aller à Narbonne et aux états. La princesse de Modène est arrivée; le roy vient dimanche icy pour la voir, et l'on luy fait tous les honneurs imaginables[1]. Il est arrivé une affaire aujourd'hui à M. le

---

[1] Laure Martinozzi avait épousé le prince héréditaire de Modène : veuve dès 1662, elle devint régente pour son fils ; très française de cœur, elle montra une grande habileté politique. Louis XIV maria sa fille au duc d'York

Grand : son escuier avoit eu un démélé sur le jeu à Nancy contre un gentilhomme de Normandie ou de Picardie nommé Sourdeval. L'affaire avoit été si loin qu'ils s'estoient battus et que l'escuier l'avoit désarmé; comme l'on avoit peur qu'ils ne se rebatissent encore, l'on les a menés aux maréchaux de France. M. le Grand y a conduit son escuïer; M. de Sourdeval ne vouloit point du maréchal de Villeroy à cause qu'il est beau-père de M. le Grand, et là dessus parloit un peu haut. M. le Grand s'est fasché, lui a dit quelque chose de fâcheux, l'autre a répondu une sottise, l'affaire s'est eschauffée et ils ont porté tous deux la main sur la garde de leur espée : tout le monde s'est jeté à eux et l'on a conduit le gentilhomme au Four l'Evesque. Voilà l'histoire qui fut le sujet de l'entretien du public. Le roy a permis à Mme de Risse, femme de chambre espagnole de la reine, de revenir auprès d'elle, si bien que voilà une grande rejouissance à la cour. Je croy que vous scavez bien que le maréchal de .... va en Flandre pour y commander l'armée parce que M. le Prince n'y passera pas l'hiver, le maréchal d'Humière estant à Utrecht et M. de Luxembourg devant venir avec M. de Turenne. Voilà tout ce qui se dit. Quand je seray mieux informée, je vous en feray part : en attendant aimez-moy toujours et soyez persuadée que quelque tendresse que vous ayez pour moy,

— depuis Jacques II; — c'est à cette occasion que la duchesse vint en France avec la jeune princesse. La *Gazette* du 10 novembre 1673 donne des détails sur la magnifique réception qui lui fut faite.

elle n'aprochera jamais de celle que j'ay pour vous.

De Paris, ce 29e novembre 1673.

C'est à moy à me plaindre présentement de vostre paresse. Que vous dire, ma chère Berniolle, qu'il y a mille ans que je n'ay eu de vos lettres? Je suis en peine de deux ou trois que je vous ay escrites et auxquelles vous ne m'avez point répondu, car il me semble que je vous y parlois assez librement. Mandez-moy donc ce qu'elles sont devenues. Gaulard vous a escrit de ma part le désastre qui est arrivé aux filles de la reyne; elles ont quasy toutes pris party : Cologon (Coetlogon) demeure avec Mme de Richelieu par l'ordre du roy et de la reyne. La Motte avec la maréchale à qui le roy a promis cinquante mil escus, quand elle se mariera. La Noix (Lannoy) s'en va à l'Abbaye aux Bois avec l'espérance d'estre mariée devant la fin de l'année : l'on croit que c'est à M. de Pompadour; du Ludre et Dampiere retournent chez Monsieur : l'on ne scoit encore sy ce sera en qualité de filles de Madame ou bien si c'est qu'il les retire chez luy : Théobon s'en va chez Mme de Guise et le roy luy conserve sa passion; la Marque est fort embarassée de sa personne, car elle ne scait que devenir : l'on dit que le roy luy donne quatre mille francs de pension. Mme de Rouvroy et sa fille s'en vont où il leur plaira, et le roy luy conserve ses apointemens. Voilà tout ce que l'on dit de ces pauvres filles¹. L'on assure que l'on va adjouter des dames du palais à la place. Voilà toutes les nouvelles que je scay : revenez bien vîte, car je vous diray mille autres choses qui ne se peuvent escrire, je vous attens. le 7 ou le 8 de l'autre mois, vous me l'avez promis. Adieu, je me meurs d'un rhume.

De Paris, ce 20 au soir 1674.

Je suis ravie, ma chère Berniolle, que les menaces que j'ay fait à vostre espoux aient un peu avancé vostre retour, mais le temps est encore bien long que je seray sans vous voir, et n'y a-t-il pas moyen de vous faire revenir un peu plus tost : rien n'est pareil à l'impatience que j'ay de vous embrasser, et sy vous compreniez bien le plésir que j'auray à le faire, il me semble que vous ne me retarderiez pas cette joye. Je suis icy assez seule : Mme de Busanvals ² est à la

---

¹ Cette exécution eut lieu le 26 novembre, « on ne sait pourquoi, écrit Mme de Sévigné. On soupçonne qu'il y en a une qu'on voulut ôter et que pour brouiller les espèces, on a fait tout égal. On parle d'une infortune survenue à l'une d'elles. » Mais il paraît que la véritable cause fut l'inclination que le roi laissait paraître pour Mlle de Ludres. Mlle de Coetlogon épousa le marquis de Cavoye ; Mlle de la Mothe-Houdancourt, le duc de la Ferté ; Mlle de la Marck, le comte de Lannion ; Mlle de Dampierre, le comte de Moreuil ; Mlle de Rouvroy, le comte de Saint-Vallier ; Mlle de Lannoy, le marquis de Montrevel ; Mlle de Théobon, le comte de Beuvron. La « belle de Ludres » qualifiée *madame*, comme chanoinesse de Poussey, devint la maîtresse du roi, quand, après cet éclat, elle rentra chez Madame : cela dura deux ans. Bussy-Rabutin prétend qu'elle semblait, par le bruit qu'elle faisait, songer plus à passer pour maîtresse qu'à l'être : du reste fort galante ; parmi ses adorateurs, on cite Vivonne, Vendôme et Sévigné. Elle mourut très âgée dans un couvent à Nancy, pensionnée par le roi.

On remplaça les filles d'honneur par quatre dames du palais.

² Angélique Amat, fille d'un secrétaire du roi et de Marguerite Souchon ; mariée à André Choart, seigneur de Buzenval, sous-lieutenant des gendarmes du roi, puis lieutenant général, morte en 1709.

campagne chez Bonni : M*me* de Valavoir [1] est en une de ses terres : M*me* de Langlée [2] n'est pas revenue : la comtesse de Guiche [3] est à Versailles, et enfin je n'ay personne : je suis pourtant à Paris beaucoup plus contente que d'estre à la cour. Je ne suis point embarassée et je n'y voy rien qui me chagrine. Je passe une partie de mes jours chez ma belle-mère qui a toujours la fièvre ; la pauvre M*lle* Estienne est morte, comme vous la connoissez, je vous mande cette nouvelle ; Saint-Luc n'est point encore marié [4] : je ne croy pas que cela finisse jamais. Je n'ay veu que deux fois la comtesse de Grammont [5] depuis mon retour ; comme je suis toujours par voie et par chemin, cela m'empêche de faire des visites et elle ne sort quasy point. J'espère que l'absence de son mary la rendra plus gaye et que par conséquent nous la verrons davantage : au reste il y a plus de quinze jours que je vous garde une lettre de M*me* de Rochefort : je vous en demande pardon, ma chère Berniolle, mais il est vray que quand je vous escris, je suis si occupée du plaisir

---

[1] Marie Amat, femme de François de Valavoire, marquis de Valavoire, lieutenant général et gouverneur de Sisteron.

[2] Femme de Claude de Lenglès, seigneur de l'Épichelière, mestre de camp général de la cavalerie.

[3] Marguerite de Béthune, fille du duc de Sully, et de Charlotte Séguier ; mariée en 1658 à Armand de Gramont, comte de Guiche, lieutenant général, mort en 1673.

[4] François d'Espinay, marquis de Saint-Luc, mestre de camp de cavalerie, mort jeune en 1690 : il épousa la fille du marquis de Pompadour, le 8 juillet 1674.

[5] Élisabeth Hamilton, mariée à Philibert, comte de Gramont, lieutenant général, veuve en 1707, morte l'année suivante. Elle acquit sur le roi une influence qui excita la jalousie de M*me* de Maintenon ; belle, intelligente et sage, elle avait été élevée à Port-Royal.

que j'en ressens, que je ne songe point du tout aux autres. Ne vous plaigniez donc point d'elle, mais seulement de moy qui vous aime plus que moy-mesme.

A Paris, ce 2 novembre 1679.

Je n'ay pas esté aussy régulière cette sepmaine que les autres à vous donner de mes nouvelles, mais l'estat où j'ay esté m'en a empeschée. — Vous avez su toute la querelle de M. le Grand et de M. le duc de Grammont et comme Langlois a esté s'offrir au dernier, Mme d'Armagnac en a esté dans une véritable colère et je ne crois pas qu'elle luy pardonne aisément : tous ses amis l'ont condamné et pour moy je ne luy ay pas caché que cela estoit ridicule, mais vous le connoissez et comme il est difficile de luy faire entendre raison, quand il a chaussé quelque chose dans sa teste; l'affaire de la petite Hamilton est faite. M. de Louvois ayant fait voir au roy la copie de son brevet, je crois qu'il n'y aura plus de difficulté dorénavant, en vérité c'est une jolie femme et qui gagne beaucoup à estre connue; je n'ay quasy point veu la maréchale de Créquy : son petit-fils ayant la fiebvre continue, le remède de Langlois ne l'ayant point soulagé ny le maréchal de Belfont, non plus qui est assez mal. M. l'évesque de Verdun est mort à quarante ans, il laisse un gros évesché et une abbaye vacante [1]. Mme d'Elbeuf part mardy pour aller trouver

---

[1] Charles de Mouchy, fils du maréchal d'Hocquincourt, mort le 29 octobre 1679.

le prieur de Cabrière : j'ay bien de la peine à croire qu'il la puisse soulager, car elle a un cancer très avancé. Son fils eust hier une querelle avec le chevalier de Saint-Maurice, mais on les a accommodés dans le moment; l'affaire de Mme de Vantadour est enfin terminée, elle se met dans un couvent auprès de Saint-Victor où est Mme de Flavacour, elle n'en pourra descoucher ny sortir que pour aller avec six dames qui sont nommées.

De Paris, ce 9 décembre 1698.

Hélas! ma chère Berniolle, je suis plus qu'à demy morte de tout ce que j'ay essuié depuis mon retour de Choisy, et je me trouverois heureuse si je pouvois compter d'estre à la fin de mes chagrins, mais j'en ay présentement d'une belle nature, qu'il ne faudroit pas estre aussy sensible que je le suis pour se trouver indifférente à ce qui nous arrive. Il est impossible que vous n'en ayez entendu parler; c'est ce qui fait que je ne vous les explique pas : aussy bien n'est-il pas aisé de confier à du papier tout ce que l'on pense. Je remets tout à vostre retour, que j'espère qui sera bien tost, car on a besoing en de certaines occasions de l'assistance de tous ses amis [1].

J'ay entendu dire qu'il y a encore bien des affaires chez M. et Mme de Valentinois. M. de Valentinois voudroit que madame sa femme s'allât jetter au pied

---

[1] Allusion aux déplorables excès de son fils Barbezieux, qui se sépara alors sans motifs de sa femme.

de M. de Monaco[1] pour se raccommoder avec luy, ce qu'elle vouloit bien faire, mais Mme d'Armagnac ne le veut plus, ni M. le Grand non plus qui d'abord y avoit consenty, mais qui depuis a veu que madame sa femme changeoit de sentiments : tout cela met un grand mouvement dans la maison : je n'en sais pas beaucoup de détails, parce que depuis quelques jours je voy peu de monde et que je cherche fort la solitude. Langlée et M. de Guiscart sont brouillés pour une seconde fois pour un sujet qui n'en vaut pas la peine. Il est sorty de chez Langlée et Mme de Guiscart est au désespoir de se trouver entre un mary et un frère qu'elle aime avec raison. — L'on a arresté le receveur du ... et M.... qui est fermier de M. de Caumartin et de Monseigneur à Meudon, qui avoit fait des magasins de bled prodigieux, l'on croit qu'ils finiront mal leur temps. On a mis aussy au Chastelet un nommé Chelbert, colonel suisse, pour la mesme chose. Cela fait espérer que le pain va ramender. Mme de Charme est fort malade[2] ; elle reçut hier N. S. en viatique, mais ce fut de la chapelle de la maison d'où l'on luy aporta, M. l'archevesque l'ayant permis. Le mariage de Mlle de Bagniols est quasy

---

[1] Fille du comte d'Armagnac, grand écuyer, mariée au fils du prince de Monaco : charmante, très galante ; son mari, dédaigné par elle, se décida malgré ses pleurs à l'emmener à Monaco : au bout de deux ans de résignation, elle obtint de revenir à Paris et aussitôt, pour se mettre à l'abri d'un nouvel exil, elle accusa son beau-père d'avoir voulu abuser d'elle. « Ce fut un vacarme le plus scandaleux. » Au mois de janvier 1697, elle se remit avec son mari, mais le prince déclara ne vouloir jamais la revoir.

[2] Élisabeth le Feron, fille d'un conseiller au parlement et de Barbe Servien ; veuve d'abord du marquis de Saint-Mégrin, morte le 6 janvier 1699.

fait avec M. le comte de Tillière[1] : il faut prier Dieu qu'il s'achève. L'on devoit hier signer les articles chez le premier président de la cour des aides. Voilà tout ce que je sais : je vous embrasse mille fois et meurs d'envie de vous entretenir.

De Paris, ce 29e décembre 1700.

Je suis sy triste, ma pauvre Berniolle, que je vous ferai pitié si vous me voyez et jamais je n'ay eu plus de besoin de mes amis que j'en ay présentement. M. de Berniolle veut-il prendre racine à la campagne et quel diantre de goût a-t-il de demeurer dans un lieu où il n'a que faire et où l'on ne peut mettre le nez dehors? Demandez-luy de ma part et mandez-moy quand l'on peut espérer de vous revoir icy. Vous m'y trouverez avec une santé plus misérable que jamais ; un mal d'estomac continuel, qui, je crois, est un rumatisme, ne me laisse aucun repos : cela soutenu de vapeurs de rate bien violentes, me fait passer la plus jolie vie du monde. Je n'entends parler que de choses désagréables et afligeantes comme de voir M. de Rochefort[2] dans une apoplexie depuis trois jours, la plus violente que l'on puisse avoir et de savoir sa mère désespérée. Il est pourtant un peu mieux aujourd'hui, l'assoupissement estant diminué et la connoissance estant revenue, mais il est entièrement paralitique

---

[1] Fille de l'intendant de Flandre : M. de Tillières était mestre de camp du régiment Royal-Cravattes.

[2] Louis-Pierre-Armand, seul fils du maréchal, marquis de Rochefort, baron de Craon, brigadier des armées : il ne mourut que le 31 juillet 1701.

d'un costé, n'ayant aucun mouvement ny au bras, ny à la mine, et la bouche estant demeurée de travers. L'on luy donna hier Nostre-Seigneur à ce que m'a dit la Borde qui en arrive, car le mal luy a pris à Versailles. Madame la mareschale sa mère devant ce malheur avoit eu une petite joye de ce que le roy avoit permis que Mme de Blansac retournât à Versailles [1], mais ce retour a esté accompagné d'une défense de voir Mme de Chartres qui a bien troublé ce plaisir, car d'abord l'on n'avoit pas parlé de cela. Vostre cousin M. de Magnainville est trespassé : l'on dit qu'il s'en sera allé dans l'autre monde assez mal pourveu de sacremens. Vostre amie Mme de Mespieu a pris la peine de s'y en aller aussy et l'on n'entend parler que de morts. Le vilain temps qu'il fait causera bien des maladies : l'on m'a dit que Mme de Frémont [2] perdit hier un procès contre M. de Lauzun, mais comme je ne l'ay point veue, je ne sçaurai vous en rien dire. Le maréchal de Bouflers est mieux, car je crois que vous savez que le fondement luy estoit tombé d'une telle force que l'on a esté deux heures à luy remettre avec des douleurs horribles. Cet ac-

---

[1] Marie-Henriette, sa sœur, mariée à son cousin le marquis de Brichanteau-Nangis, puis à Charles de la Rochefoucauld-Roye, comte de Blansac. Elle se conduisit très mal pendant son premier mariage, ruina ses enfants et accoucha la nuit même de son mariage avec Blansac qu'on avait rappelé en toute hâte de l'armée. Elle avait été renvoyée à Paris avec défense de paraître à la cour. Elle se retira à Saint-Maur dans une petite maison qu'elle emprunta au duc de Bourbon et y passa vingt ans. A la fin elle redevint riche par l'héritage de l'évêque de Metz.

[2] Geneviève Damont, mariée en 1655 à Nicolas de Fremont, marquis de Rozay, garde du trésor royal, mère de la duchesse de Lorges.

cident luy est arrivé plusieurs fois depuis cinq ans, mais il a esté si violent cette fois icy que cela estoit très dangereux. Voilà une mode que les boyaux prennent présentement de se déranger de leur place qui est très incommode. La femme du capitaine des charrois de Monsieur vient de mourir d'une des premières. Je reçois dans le moment vostre lettre. Je suis ravie de la conversation que vous avez eu avec Catollie. Nous en parlerons ensemble à vostre retour : revenez à Paris pour finir toutes vos affaires, vous y trouverez autant de misère qu'ailleurs, mais du moins vous aurez la consolation d'estre auprès de vos amis qui vous aiment et qui vous désirent plus que jamais. Adieu.

De Paris, ce 15 janvier 1702.

Si vous attendez la gelée pour revenir, je crains bien que nous ne nous voyons de dix ans, ma chère Berniolle. C'est une querelle d'Allemand que vous voulez faire à Paris que de ne vous pas mettre en chemin par le plus beau temps du monde pour la saison. Je m'en prends toujours à M. de Bernières ; il sait si bien vous faire partir quand il l'a résolu qu'il sauroit de mesme vous faire revenir s'il en avoit bien envie. C'est pourquoy vous pouvez luy dire qu'il est fort mal avec moy. Je ne sçay qui vous a mandé que je me portois si bien, car ma santé est toujours la mesme. Mon visage que vous verrez en arrivant vous assurera de cette vérité. J'apprends dans le moment que je vous escris que la pauvre duchesse de Sully la douairière vient de mourir aagée de cinquante-huit ans. Mon Dieu qu'il est ridicule de faire des projets pour ce monde [1]. Elle comptoit qu'après la mort de Mme de Verneuil elle jouiroit à son aise de son bien, de son château et de ses amis, et en un moment tout disparoit. Voilà, ma chère, de quoy faire de belles réflexions. Vous avez su comme M. de la Chétardie a laissé prendre la Mirandolle [2] : l'on m'a dit aujourd'hui qu'il estoit arrivé hier un courrier de M. le maréchal de Villeroy qui a appris la nouvelle que M. de Modène avoit livré une de ses places nommée Berselle à l'Empereur. Je croy que quelque mauvaise fée a souflé sur nous. Mme de la Roche-Guyon vous a mandé si exactement toutes les nouvelles que je ne vous en diray pas davantage. Coulange qui est icy présent dit qu'il vous a escrit le dernier et que n'ayant pas daigné lui faire response, vous avez fait caca dans sa malle.

J'oubliois de vous mander que Mme de Crevecœur a fait demander au roy la permission de loger au Val-de-Grâce dans l'appartement de Mme d'Espernon qui est enclavé dans celuy de la reyne mère, où elle prétend passer son année. Sa Majesté luy a accordé. M. de

---

[1] Marie-Antoinette Servien, fille du chancelier, mariée en 1658 à Max de Béthune, duc de Sully, veuve en 1694 : la mère du duc, fille du chancelier Séguier, ne mourut qu'en 1704 et s'était remariée avec Henry de Bourbon, duc de Verneuil, fils légitimé de Henri IV.

[2] Le chevalier de la Chétardie commandait dans la ville avec 200 hommes ; la vieille princesse de la Mirandole était restée au château ; elle l'invita à dîner, fit lever le pont-levis : des soldats impériaux, sous le déguisement de paysans, s'emparèrent facilement de la place, et l'on renvoya nos hommes « en triste équipage et sans armes, » dit Dangeau le 7 janvier 1702.

Villars arriva hier : il est allé aujourd'hui à Versailles : tout Paris dit que son mariage est fait avec Mlle de Varangeville [1] : ma mère ny moy n'en savons rien. Apparament nous n'en valons pas la peine. Adieu, je vous embrasse de tout mon cœur.

[1] Jeanne Rocques, fille de M. de Varangeville, ambassadeur à Venise, et de Anne Courtois, épousa le 30 janvier 1702 le duc de Villars.

CHAPITRE XIII.

Le maréchal d'Huxelles. — Sa naissance. — Il est destiné à l'Église. — La mort de son frère le fait rentrer dans le monde. — Nulle sympathie entre lui et sa mère. — Il fait constamment campagne. — Siège de Mayence. — Il est blessé. — Sa capitulation très honorable. — Commandant général en Alsace. — Maréchal de France. — Il se rapproche de sa mère et il revient à la cour. — Sa liaison avec Mlle de Chouin. — Il l'abandonne à la mort de Monseigneur. — Le roi le fait membre du conseil de régence. — Il y est maintenu. — Président des affaires étrangères. — Sa conduite dans l'affaire de la bulle. — Dubois veut le remplacer. — Sa résistance. — Sa disgrâce. — Il reste aux affaires. — Sa démission. — Sa mort. — Son caractère.

Le maréchal d'Huxelles a eu une vie longue et bien remplie, n'en déplaise à Saint-Simon qui le détestait et qui en parle constamment dans les termes les plus malveillants : homme de guerre distingué et ayant longuement payé de sa personne, diplomate habile et politique délié, il mérite d'attirer pendant quelques instants au moins l'attention. Notre travail d'ailleurs ne serait pas complet, si nous ne donnions une rapide étude de sa vie et de ses actes. Nous avons parlé de sa famille au sujet de son père : nous dirons donc seulement que Nicolas du Blé naquit à Châlon-sur-Saône, le 24 janvier 1652 : titré d'abord comte de Tenars, il fut destiné à l'état ecclésiastique, et pourvu de l'abbaye de Bussières, située près d'Autun. La mort de son frère aîné, tué dans l'expédition de Candie, l'empêcha de persévérer dans une carrière qui semblait d'ailleurs peu convenir à ses goûts.

Rentré dans le monde, le marquis d'Huxelles fut aussitôt nommé capitaine et gouverneur des ville et citadelle de Châlon (1669) sur les instances de sa mère, et lieutenant général en Bourgogne, charge qu'avaient possédée avant lui son frère, son père et son grand-père. En même temps il commença sa vie militaire, à laquelle il devait consacrer tant d'années, et sa brillante conduite au siège de Besançon lui valut le commandement du régiment Dauphin, que venait de laisser vacant la mort de son cousin Béringhem. M. d'Huxelles ne quitta plus l'armée. Nommé brigadier au mois de février 1677, il servit en cette qualité aux sièges de Valenciennes et de Cambray, commanda une division en Flandre pendant la campagne et le corps de troupes mis en quartiers d'hiver à Cassel. L'année suivante nous le montre aux sièges de Gand, d'Ypres, au combat de Saint-Denis près de Mons (14 avril). Nommé maréchal de camp en 1683, il fut envoyé au siège du Luxembourg au mois d'avril 1684.

Mais M. d'Huxelles n'était pas moins habile courtisan que vaillant soldat : après avoir fait ainsi ses preuves, il voulut commencer son établissement à la cour. Brouillé avec sa mère, dont le caractère entier et dominant ne pouvait s'accommoder avec le sien, il se jeta dans l'intimité des Béringhem, dont il connaissait l'influence auprès du roi : sa parenté avec eux rendait l'évolution facile et leur alliance avec Louvois ne pouvait qu'être très utile à M. d'Huxelles, que le vieux Béringhem traitait plus comme un fils que comme un neveu. Il eut la fortune de plaire à Louvois, dont la faveur était souveraine alors sur tout le militaire en France, et il sut se faire donner le commandement du camp établi près de Versailles au mois de mai 1685 pour l'exécution des grands travaux ordonnés par le roi : il passa ainsi l'hiver de 1686 avec vingt-quatre bataillons occupés à la construction de l'aqueduc et continua en 1687 et 1688 avec trente-six bataillons. Louvois ne s'était pas trompé sur l'importance du camp de Maintenon, « dont les inutiles travaux, dit Saint-Simon, ruinèrent l'infanterie et où il n'étoit pas permis de parler de malades, encore moins de morts; » mais son chef était en rapport constant et direct avec le roi. La récompense ne se fit pas attendre : à trente-cinq ans, M. d'Huxelles obtint le commandement de l'Alsace et, l'année suivante, il était compris dans la promotion des lieutenants généraux (septembre 1688). Le roi le désigna en même temps pour un emploi de son nouveau grade à l'armée du Rhin, commandée par le Dauphin, avec mission de diriger l'attaque projetée contre Spire. D'Huxelles eut encore la chance de débuter brillamment. Dans la nuit du 20 au 21 octobre, il enleva l'ouvrage à corne de Philipsbourg et y reçut une balle dans l'épaule. Le cordon des ordres pansa cette blessure, légère du reste, au mois de décembre : il passa l'hiver à Mayence avec le commandement des troupes laissées dans le Palatinat. Nous le revoyons guerroyant au printemps de 1688, enlevant trois cents hommes, à Huiot, près de Worms, au mois d'avril, puis s'enfermant dans Mayence que les Impériaux vinrent assiéger avec toutes leurs forces. Le marquis d'Huxelles avait 8 à 10,000 hommes et tout le monde comptait sur une défense énergique et heureuse. L'attente ne fut pas trompée : d'Huxelles se défendit vaillamment : Bussy-Rabutin dans ses lettres ne tarit pas dans l'expression de sa confiance sur le résultat. Dangeau enregistra soigneusement toutes les nouvelles qui arrivaient à la cour et les sorties heureuses que multipliait M. d'Huxelles. Aussi la surprise fut-elle douloureuse à Versailles quand on apprit que, le 8 septembre, la place avait capitulé. Le premier mot du roi fut, paraît-il, que le marquis devait être tué. On ne connut les détails que le 18, par l'arrivée du marquis de Barbezieux, qui fit connaître que la place pouvait encore tenir, que l'ennemi n'avait pas même encore enlevé les autres corps, mais que les poudres avaient absolument manqué ; les pertes indiquaient suffisamment l'énergie de la résistance : nous avions 7 à 800 morts et le double de blessés. Le 28, d'Huxelles arriva à Meudon chez Louvois, qui le conduisit le lendemain à Marly; le roi le reçut chez Mᵐᵉ de Maintenon, s'entretint longtemps avec lui et « parut satisfait, » écrit Dangeau.

Saint-Simon naturellement a exploité cet échec contre le marquis ; il le représente comme ayant obéi à un ordre secret de Louvois qui voulait absolument la continuation de la guerre « et l'embarquer pour longtemps. Aussi y avoit-il mis le marquis d'Huxelles, sa créature très confidente, qu'il sut bien tirer d'affaires auprès du roi. » Mᵐᵉ de Sévigné montre dans ses lettres une confiance égale à celle de Bussy à l'égard de l'issue probable du siège et de la déroute du duc de Lorraine. Quand elle apprit la nouvelle, elle constata que la fatalité voulut que l'homme envoyé par M. de Duras, pour annoncer son arrivée avec des troupes, entrât dans la place à l'heure même où la capitulation venait d'être signée. « On dit que M. d'Huxelles avoit l'estime des amis et des ennemis, » écrit-elle philosophiquement. Bussy est plus explicite. « Pour le marquis d'Huxelles, » mande-t-il, le 8 décembre 1689, à l'abbé de Thésut, « j'en juge par ce que je vois aujourd'hui, qui est qu'ayant tenu cinquante jours de tranchée ouverte contre une grande armée, l'avoit fort affaiblie par de fréquentes sorties[1] et par sa longue résistance, n'ayant plus de munitions de guerre que pour défendre son chemin couvert, et après être sorti à la tête de 6 à 7,000 hommes des meilleures troupes de France qu'il a conservées au roi, il n'étoit pas possible que Sa Majesté ne fût fort satisfaite de sa valeur et de sa conduite. » Mayence avait été, en effet, investie le 30 mai et la tranchée ouverte dès le 23 juin.

La chute de Mayence émut assez vivement l'opinion publique à cette époque, ce qui se traduisit par des chansons : il

---

[1] Le 22 juillet, il fit deux sorties ; trois, le 14 août, dans lesquelles il tua six cents hommes aux assiégeants ; trois encore de 3,000 hommes, les 16, 17 et 18 août, dans lesquelles il détruisit les batteries ennemies. Cette conduite n'indique pas la mollesse volontaire signalée par Saint-Simon.

y en eut contre M. d'Huxelles, mais les plus vives furent dirigées contre l'imprévoyance du gouvernement :

> Pour un ministre des plus grands
> La belle prévoyance !
> De laisser tant d'honnestes gens
> Sans poudre dans Mayence.
> Qu'est devenu votre bon sens?
> Cela se faisoit-il du temps
> De Jean-de-Vert?

On ne pouvait ignorer que la conduite de M. d'Huxelles avait été telle que le duc de Lorraine voulut la reconnaître en le laissant absolument libre de dresser les conditions de la capitulation.

Le roi rendit justice à M. d'Huxelles et lui témoigna une parfaite satisfaction : il le lui prouva peu après en le comprenant dans la promotion de chevaliers de l'ordre de Saint-Michel faite le 31 décembre suivant, et en le désignant, le 2 février 1690, pour commander à Luxembourg ; mais le marquis ne se rendit pas dans cette place, et alla dans le Palatinat avec ordre d'y faire subsister sa division, composée de cinq bataillons et de vingt-trois escadrons (12 mai). Depuis cette époque M. d'Huxelles résida à peu près constamment à Strasbourg, « roi plutôt que commandant en Alsace, » remarque aigrement Saint-Simon, qui reconnaît cependant qu'il « servit dans toutes les campagnes d'Allemagne comme lieutenant général, mais avec beaucoup d'égards et de distinction. » Il se fit remarquer à la bataille de Sousthofen (2 septembre 1692), où avec douze bataillons irlandais il décida de la journée. Au mois d'avril 1693, il s'empara du château de Hoherspaerg. Au mois de février 1694, M. d'Huxelles reçut la croix de Saint-Louis et fut nommé directeur général de l'infanterie en Allemagne lors de la création de ces charges, le 27 novembre 1695, tout en conservant son commandement d'Alsace, « qui lui valoit bien 2,000 livres par mois. » Le 9 juillet 1697, presque seul à Spire, il trompa le prince Louis de Bade qui allait forcer le passage du Rhin avec toutes ses troupes, en faisant défiler sur le pont de Philipsbourg « force tambours, clairons et trompettes. » Le prince, croyant avoir toute l'armée en face de lui, se maintint à trois lieues et donna au maréchal de Choiseul le temps d'arriver. Peu de jours après, il fut moins bien inspiré : le maréchal ayant passé le Rhin contrairement à l'avis de M. d'Huxelles, celui-ci, en apprenant que le prince de Bade allait le traverser à son tour sur le pont qu'il faisait construire à Guermersheim, se replia sur Spire et écrivit, suivant Saint-Simon, en tels termes à Versailles que Choiseul reçut l'ordre de revenir sur ses pas : le maréchal accusa hautement d'Huxelles d'avoir fait échouer la campagne, mais sa liaison avec Louvois le mit encore à l'abri de toute disgrâce. Au mois d'août 1699, il fut chargé avec 20 bataillons et 25 escadrons de forcer l'électeur palatin à payer les rentes fixées par le traité de Ryswick, mais les habitants se cotisèrent pour prévenir cette désastreuse invasion.

Pendant tout ce temps, M. d'Huxelles ne se montra presque point à la cour. Dangeau constate qu'il assista au conseil tenu chez Mme de Maintenon, le 16 décembre 1692, avec MM. de Lorges et de Chamlay ; qu'il passa l'hiver de 1694 à Paris et que le 21 février 1696 il vint à Marly, « où il n'avoit guère paru. » Louis XIV lui montrait une grande confiance et une extrême bienveillance : cette même année, il lui donna deux bailliages alsaciens qui rapportaient 5 à 6,000 livres. Ses visites devinrent dès lors plus fréquentes : nous le voyons en France pendant l'hiver de 1700, puis pendant celui de 1702, où il manqua le bâton par les intrigues du duc d'Harcourt qui fit ajourner la promotion. Il n'attendit pas cependant longtemps cette haute distinction : le 14 janvier 1703, on lui expédia un courrier à Strasbourg pour lui annoncer sa promotion. Nous avons vu la joie qu'en ressentit Mme d'Huxelles : elle parut depuis lors s'être rapprochée d'un fils qui apportait tant d'éclat sur son nom. Il demeura encore en Alsace, mais le désir de jouer un rôle politique et de grandir encore sa situation s'éveilla alors en lui. En 1706, il poursuivit l'ambassade de Rome et il l'aurait obtenue, s'il n'avait pas prétendu en même temps être créé duc et pair.

« C'étoit, dit Saint-Simon, un grand et assez gros homme, tout d'une venue, qui marchoit lentement et comme se traînant, un grand visage couperosé, mais assez agréable, quoique de physionomie refrognée par de gros sourcils, sous lesquels deux petits yeux vifs ne laissoient rien échapper : il ressembloit tout à fait à ces gros brutaux de marchands de bœufs. Paresseux, voluptueux à l'excès en toutes sortes de commodités, de chère exquise, grande, journalière, avec choix de compagnie, en débauches grecques dont il ne prenoit pas même la peine de se cacher [1], en accrochant de jeunes officiers qu'il adomestiquoit, outre de jeunes valets très bien faits, et cela sans voiles, à l'armée et à Strasbourg ; glorieux jusqu'avec ses généraux et ses camarades, en ce qu'il y avoit de plus distingué, pour qui, par un air de paresse, il ne se levoit pas de son siège, alloit peu chez son général et ne montoit presque jamais à cheval pendant les campagnes ; bas, souple, flatteur auprès des ministres et des gens dont il croyoit avoir à craindre ou à espérer ; dominant sur tout le reste sans nul ménagement, ce qui mêloit ses compagnies et les asseuloit assez souvent. Sa grosse tête sous une grosse perruque, un silence rarement interrompu, et toujours en peu de mots, quelques sourires à propos, un air d'autorité et de poids, qu'il tiroit plus de celui de son corps et de sa place que de lui-même, et cette lourde tête offusquée d'une perruque vaste lui donnèrent la réputation d'une bonne tête, qui toutefois étoit meilleure à peindre par le Rembrandt pour une tête forte qu'à consulter. Timide de cœur et d'esprit,

---

[1] L'avocat Barbier constate également les mœurs honteuses du maréchal et cite une anecdote très vive à ce sujet. Il ne se maria pas.

faux, corrompu dans le cœur comme dans les mœurs, jaloux, envieux, n'ayant que son but, sans contrainte des moyens pourvu qu'il pût se conserver un air de probité et de vertu feinte, mais qui laissoit voir le jour au travers et qui cédoit même au besoin véritable ; avec de l'esprit et quelque lecture, assez peu instruit et rien moins qu'homme de guerre, sinon quelquefois dans le discours ; en tout genre le père des difficultés, sans trouver jamais de solution à pas une, fin, délié, profondément caché, incapable d'amitié que relative à soi, ni de servir personne, toujours occupé de ruses et de cabales de courtisans avec la simplicité la plus composée que j'ai vûe de ma vie, un grand chapeau clabaud toujours sur les yeux, un habit gris dont il couloit la pièce à fond, sans jamais d'or que sur les boutons et boutonné tout du long, sans vestige de cordon bleu, et son Saint-Esprit bien caché sous sa perruque ; toujours des voies obliques et jamais rien de net et se conservant partout des portes de derrière ; esclave du public et n'approuvant aucun particulier. Il avoit su, nous l'avons vu, se créer de puissantes amitiés : d'abord Béringhem, premier écuyer du roi, et son cousin germain, qui le soignoit en vue de sa succession pour son fils qui en hérita en effet. M. de Béringhem épousa Mlle d'Aumont, devint neveu de Louvois et poussa près de lui M. d'Huxelles qui lui plut et qui l'avança tant qu'il put et le mit hors de pages avant sa mort. Par Béringhem encore il se concilia intimement Barbezieux et Pontchartrain : enfin il sut arriver par d'Harcourt à Mme de Caylus et par celle-ci jusqu'à Mme de Maintenon. Mais en même temps M. d'Huxelles songea au futur et dans ce but il sut s'établir dans la familiarité de Monseigneur par sa Maintenon à lui, qui était Mlle Chouin. »

Mlle Joly de Choin est une des figures les plus curieuses de la cour des dernières années de Louis XIV : elle avait su se créer une situation particulière, se faire considérer par tous, même par la duchesse de Bourgogne qui l'appelait sa tante et donner à son cercle intime, son *parvulo,* comme elle le nommait, une importance assez grande pour qu'on briguât l'honneur exceptionnel d'y être admis. Nous avons raconté ailleurs sa vie [1]. Béringhem et sa femme étaient du *parvulo* de Meudon et ils y introduisirent le maréchal d'Huxelles, qui se signala promptement au premier rang de ses plus humbles courtisans. Il la séduisit par ses chaleureuses démonstrations, jusqu'à envoyer tous les matins, sans jamais y manquer, des têtes de lapin à la chienne de la favorite du Dauphin. Grâce à ce manège, M. d'Huxelles entra dans la familiarité de ce prince, qui s'engoua de lui et ne cacha pas qu'il était l'homme auquel il destinait la plus importante place dans son gouvernement futur. Mlle de Choin s'attacha réellement au maréchal, qui passait chaque jour plusieurs heures auprès d'elle, partageant les illusions qu'il inspirait et croyant d'autant plus à sa valeur qu'elle voyait le Dauphin en faire publiquement le plus grand cas. On sait comment le Dauphin mourut rapidement. A peine eut-il expiré que le maréchal se hâta d'effacer ces compromettants souvenirs. La pauvre chienne fut oubliée : plus de têtes de lapin, plus une seule visite à sa maîtresse. Comme elle avait cru à la sincérité d'un attachement aussi démonstratif, Mlle de Choin ne supporta pas ce changement avec résignation : elle s'en plaignit et voulut qu'on le fît savoir au maréchal. « Je ne sais pas pourquoi elle est surprise, » répondit tranquillement celui-ci ; « je ne la connaissois presque point et je n'avois aucun ami auprès de Monseigneur. »

M. d'Huxelles eut cependant un moment de grand embarras : la mort du Dauphin, sur lequel il avait mis toutes ses espérances, lui créait une situation très fausse. Saint-Simon nous dit que « la tête pensa lui tourner de ne point voir le succès de tant de menées, » et que pendant plusieurs

---

[1] Voir notre étude sur Mlle de Choin dans le *Bulletin des Bibliophiles,* in-8°, Paris, Techener, 1872.

mois il resta enfermé chez lui, « dans une farouche et menaçante mélancolie, » ne voyant, et rarement encore, que Béringhem, toujours ardent à le soigner à cause de son futur héritage. M. d'Huxelles ne s'était pas borné, en effet, à dresser ses batteries auprès de la petite cour de Meudon. Il tenait chez lui table ouverte, où l'on était empressé de venir, parce qu'elle était excellente. Il sortait peu, pour se faire rechercher. Il s'était lié avec le président de Mesmes, avec d'Harcourt, qui se servait de lui « pour faire un épouvantail » aux ministres, au Voysin, dès qu'il fut en place. Tous ces échafaudages ne l'élevant pas où il aspirait, il perdit un moment courage et devint réellement malade sans que les médecins pussent rien faire pour le soulager. « Ses amis, quand ils virent que son état devenoit réellement inquiétant, se remuèrent vers les remèdes qu'il lui falloit, le pourlièrent à Marly et le soulagèrent, mais non encore entièrement. » M. d'Huxelles sortit cependant de sa torpeur pour se rapprocher du duc du Maine, pour lequel nous le verrons bientôt afficher un attachement que Saint-Simon traite de « prostitution. » Il connaissait les sentiments du roi pour ce prince et il espérait par là parvenir à quelque situation considérable. Les événements allaient achever l'œuvre souterraine si laborieusement conduite.

En 1710, la France était dans une situation cruelle : nous venions de perdre la bataille de Malplaquet, la plus meurtrière et la plus héroïquement soutenue. Le salut désormais dépendait de l'acceptation des conditions les plus dures. Louis XIV s'inclina dignement devant l'arrêt de la Providence et il n'hésita pas à s'adresser aux Hollandais. Le choix des plénipotentiaires n'était pas facile : la mission n'avait rien de tentant ; le roi choisit d'abord l'abbé de Polignac, diplomate vif, souple, éloquent, plein de dextérité et de ressources[1], rompu au métier, mais qui, brouillé alors avec

---

[1] *L'Europe et les Bourbons sous Louis XIV*, par M. Topin, Paris, Didier, 1868, p. 198 et suiv.

le duc de Bourgogne, craignait pour son avenir et accepta avec bonheur une occasion de se rendre utile. Il en fut de même pour le maréchal, que sa nomination guérit subitement. D'Harcourt, Voysin, Mme de Maintenon et le duc du Maine persuadèrent que nul ne saurait faire aussi bien que lui. M. d'Huxelles fit cependant le difficile ; il parla de son âge, de sa santé, de la douleur que lui causait l'obligation d'apposer son nom au bas d'un traité si dur pour son pays. Béringhem et Desmarets revinrent alors à la charge : la question fut agitée au conseil ; le roi déclara qu'il ne saurait admettre un refus et qu'il voulait qu'il le sût. Le chancelier s'acquitta immédiatement de la commission et le maréchal consentit enfin à accepter ce qu'au fond il désirait si ardemment (mars 1710). Les conférences devaient avoir lieu à Gertruydemberg ; mais il paraît que dès le début les Hollandais se plaignirent du choix de plénipotentiaires d'aussi haut rang, ce qui détermina le ministère à recommander à MM. de Polignac et d'Huxelles de ne montrer nulle part et de n'avoir ni sur leurs carosses ni sur leurs demeures les insignes de leurs dignités.

Les passeports arrivèrent au bout de quelques semaines et le maréchal assista au grand conseil tenu à Versailles le 27 avril, contrairement à l'assertion de Saint-Simon qui prétend qu'il n'aurait vu le roi avant son départ que pendant un demi-quart d'heure dans son cabinet. Les deux plénipotentiaires partirent dans les premiers jours de mai et arrivèrent peu après à Gertruydemberg. Nous n'avons pas à raconter ici ces douloureuses négociations. D'Huxelles et Polignac montrèrent une réelle habileté, de la fermeté, de la dignité, et surtout la plus louable patience en face de l'attitude vraiment outrecuidante de bourgeois affolés de leurs succès. Louis XIV, voulant à tout prix rendre la paix à la France, consentit aux plus dures conditions ; il offrit la cession de l'Alsace avec un subside d'un million par mois pour solder les troupes destinées à agir contre Philippe V en Espagne. Les Hollandais refusèrent, et, le 25 juillet, nos deux plénipotentiaires quittèrent Gertruydemberg en laissant entre les mains des grands pensionnaires une énergique protestation.

Les Hollandais eurent bientôt à se repentir : la révolution ministérielle accomplie en Angleterre et la mort du jeune empereur d'Allemagne amenèrent un revirement complet et subit de fortune auquel la France dut son salut. La conséquence immédiate de cet événement fut la réunion d'un congrès à Utrecht.

Le maréchal était revenu immédiatement avec ses collègues. Ils arrivèrent le 29 juillet à Paris et virent sur l'heure M. de Torcy. Le lendemain ils se rendirent à Marly, où le roi leur donna une longue audience ; il leur témoigna son entière satisfaction, et il le prouva puisqu'il les chargea en 1711 de diriger la négociation à Utrecht, en leur adjoignant Ménager, qui venait d'étudier à fond le conflit en Angleterre : c'était un homme d'un grand savoir, plein de sens et d'une rare modestie. Tous trois arrivèrent à leur destination le 19 janvier 1712, le maréchal ayant pour secrétaire l'abbé Dubois, et Polignac, le chevalier de la Faye. La situation de la France était bien meilleure alors, mais les difficultés ne furent pas moins grandes : les plénipotentiaires hollandais ne dissimulaient pas une haine véritable contre nous et ceux de l'Angleterre affectaient une extrême froideur. Les choses tournèrent cependant plus heureusement qu'on n'aurait pu l'espérer : la bataille de Denain vint à propos relever notre prestige militaire, et l'on obtint enfin ce traité qui mit fin à la guerre sans imposer de trop humiliantes conditions à Louis XIV. Le maréchal rentra aussitôt à Paris avec son collègue Ménager et vint saluer le roi à Marly, le 21 juin 1713, à l'issue du salut. Il ne fut cependant reçu en audience particulière que le 21 juillet. Ce retard avait été diversement interprété à la cour ; aussi Dangeau a-t-il soin d'enregistrer que M. d'Huxelles « en sortit avec l'air content. » Le 14 novembre, en effet, il reçut le gouvernement de l'Alsace avec celui de Brisach, qui valait environ 80,000 livres de rente ; au mois de décembre, le roi lui donna le logement à Versailles ; enfin il obtint, le 8 janvier suivant, le gouvernement de Strasbourg en échange de celui de Brisach. A cette époque, il avait su conquérir la bienveillance toute particulière du roi par son attitude envers les princes légitimés, ce qui est une des causes de la haine que lui portait Saint-Simon. Quand Louis XIV eut accordé une situation si anormale à ses bâtards, le marquis d'Huxelles afficha la plus bruyante satisfaction : il vint remercier le roi comme s'il se fût agi d'une grâce personnelle ; il offrit un splendide dîner aux princes et se mit sur le pied de recevoir des compliments : « Tout Paris est indigné de son infâme prostitution, » dit Saint-Simon, et ajoutant aussitôt : « Il pétilloit d'entrer au conseil et séchoit d'être duc. »

La mort du roi amena une nouvelle phase dans la vie du maréchal d'Huxelles en lui attribuant un rôle tout à fait politique. Le testament de Louis XIV l'appela à siéger dans le conseil de régence : on sait le sort des dernières volontés du tout-puissant monarque ; mais M. d'Huxelles n'en demeura pas moins, grâce à ses récentes missions diplomatiques, chef du conseil des affaires étrangères et, comme tel, appelé à siéger au nouveau conseil de régence tous les dimanches, jour consacré à l'expédition des affaires de son département : il avait avec lui l'abbé d'Estrées, Chiverny, Canillac et Pecquet, principal commis de Torcy. Il fut dès lors activement mêlé à toutes les questions qui se présentèrent, et notamment à celle qui eut à ce moment la plus grande importance, l'affaire de la Constitution. Nous n'avons pas à écrire ici l'histoire de cet épisode de nos troubles religieux à propos de la vie du maréchal : nos lecteurs sont, du reste, assez au courant, mais cette affaire eut pour conséquence de rapprocher notablement le maréchal du régent à cause des fréquents conseils qu'elle motiva. A tout instant Dangeau constate que le marquis d'Huxelles avait travaillé avec le duc d'Orléans : il était en rapport avec tout le clergé de France à ce sujet et eut les plus délicates difficultés avec le nonce. Il fut enfin l'un des cinq commissaires désignés pour étudier le refus fait par le pape d'accorder des bulles d'institution aux évêques nommés par le gouvernement français et aviser un moyen de passer outre : les autres étaient le maréchal de Villeroy, les ducs d'Antin et de Saint-Simon, — qui reconnaît que d'Huxelles se montra bien dans cette épineuse question, — et le marquis d'Antin. Mais, au moment où l'on parlait déjà d'une séparation de l'Église de France, arriva la bulle conforme aux désirs du régent (6 avril 1717). A ce moment le maréchal avait mis en avant un excessif dégoût des affaires politiques, et il avait fallu que, le 6 mars 1717, le régent allât chez lui et obtînt qu'il ne donnât pas sa démission : « On raisonna fort sur cette visite », remarque Dangeau. Le maréchal joua le même jeu quand il s'agit de choisir les commissaires pour l'affaire des ducs et des princes légitimés ; mais au fond il cherchait uniquement à se faire valoir : « Il vouloit toujours être de tout, dit Saint-Simon, et toujours montrer qu'il ne vouloit être de rien. » Il accepta, le 28 juin, après une résistance très vive en apparence.

M. d'Huxelles ressentait cependant de fréquents déboires, qui devaient l'inquiéter en lui prouvant qu'il avait des ennemis puissants, parmi lesquels Saint-Simon occupa certainement la première place. C'est ainsi que le marquis de Louville fut envoyé en mission secrète en Espagne sans son assentiment : il en conçut une profonde irritation, et, quand cet agent vint lui demander ses instructions, le maréchal le reçut « comme un chien au milieu d'un jeu de quilles, » en déclarant qu'il n'avait qu'à lui souhaiter un bon voyage, n'ayant rien à lui dire et ne pouvant lui parler de ce qu'il ne savait point. A la fin de 1717, il éprouva encore un grand froissement en voyant l'abbé Dubois correspondre directement avec le régent au sujet de sa mission en Angleterre, ce qui ne l'empêcha pas, le 28 mars suivant, d'être admis à assister à toutes les séances du conseil de régence. Aussi, quand Dubois revint triomphant de ses succès en apportant le traité de la triple alliance (juillet 1718), qui rappelait, en le garantissant, le traité d'Utrecht et en resserrant les liens d'alliance entre la France et l'Angleterre, le maréchal, furieux de l'ignorance dans laquelle on l'avait officiellement laissé, déclara qu'il perdrait la main plutôt que de signer cet instrument diplomatique[1]. Ce traité n'était pas sans danger pour la France, car il nous plaçait plus directement sous la dépendance de l'Angleterre et nous aliénait définitivement l'Espagne. Mais ce n'était pas là précisément ce qui arrêtait la main du maréchal. Il sentait que la conclusion de ce traité était la consécration de la fortune de son habile négociateur : c'était une lutte entre lui et Dubois. Or la partie n'était pas égale. A cette époque, M. d'Huxelles n'était plus que souffert par bienséance et par habitude, et l'abbé jouissait de toute la confiance du régent. Le maréchal crut le moment venu de jouer son va-tout : « Il alla, dit Saint-Simon, sur cette signature plus loin que son naturel, dans l'espérance qu'une lutte si publique, et qui mettoit de son côté toute la France sensée, » arrêterait l'abbé Dubois et surtout amènerait le régent, rebelle aux mesures décisives, à assumer une pareille responsabilité politique. Du coup il voyait sa fortune complètement rétablie, avec la gloire d'avoir empêché la conclusion d'un traité préjudiciable au pays, par sa fermeté et sans avoir même marchandé la perte de sa haute situation. L'affaire avait été tenue si secrète qu'aucun des membres du conseil de régence n'en avait connaissance, et l'on n'apprit son existence que par la nouvelle de la résistance du maréchal. Mais l'abbé Dubois fut le plus fort : le régent tint bon et, désespérant de vaincre à l'amiable, l'obstination de son chef de conseil des affaires étrangères, il lui dépêcha le marquis d'Autin avec ordre de demander au

---

[1] *La France sous Louis XV*, par A. Jobez, tome Ier, p. 540.

maréchal de signer sur l'heure, ou de quitter sa place. Nul mieux que d'Antin ne pouvait s'acquitter d'une pareille commission. « Le maréchal vouloit bien tout, hors la retraite et la disgrâce. Ce fer chaud l'étourdit au point, parce qu'il ne s'y étoit jamais attendu, qu'il ne songea point qu'en cédant après tout ce qu'il avoit dit en public, il se déshonoroit et par là même tomberoit dans le mépris du monde et du régent même, et deviendroit le jouet de Dubois. » Celui-ci ne s'y était pas trompé : il avait obtenu que Stanhope exigeât la signature du président du conseil des affaires étrangères et des membres du conseil de régence comme garantie contre l'état de troubles dans lequel la France semblait être. Au fond Dubois visait le maréchal, qu'il savait outré de cette grave négociation traitée à son insu, et il espérait dans un moment d'irritation le voir donner sa démission [1]. Mais M. d'Huxelles tenait trop à sa place : il n'osa prolonger sa résistance et promit à d'Antin tout ce qui lui était demandé. Il vint donc au conseil le 17 juillet, « plus mort que vif et la voix entrecoupée, il lut à l'instant le traité sans aucune préface, et après l'avoir lu, dit en un seul mot qu'il le croyoit utile et avantageux, et qu'il en étoit d'avis. » Les autres membres demeurèrent silencieux ; seul Saint-Simon parla contre le traité, en faisant remarquer qu'on ne pouvait délibérer utilement sur un sujet aussi grave sans avoir le loisir de l'étudier, mais en se rejetant sur le maréchal qui sans doute avait dû le peser mûrement et dont l'avis dès lors entraînait le sien. « D'Huxelles, qui rageoit de colère, de dépit et d'embarras, eut toujours les yeux baissés » et ne souffla mot. Il signa le lendemain.

Toute la cour comprit que la position du maréchal était perdue : seul il s'obstinait à ne pas se rendre à l'évidence et il crut rester aux affaires jusqu'au jour où, l'influence de Dubois devenant complètement prépondérante, il fit casser le

---

[1] *L'abbé Dubois,* par le comte de Seilhac, tome II, Paris, Amyot, 1862.

conseil des affaires étrangères avec tous les autres conseils, le 24 septembre, et fut nommé ministre de ce département.

Nous ne savons presque plus rien de la vie du maréchal à partir de cette époque. Il demeura cependant membre du conseil de régence, mais il ne paraît plus avoir pris part sérieusement aux affaires, car Dangeau ne le mentionne plus une seule fois, depuis la suppression des conseils, comme ayant assisté à celui de régence. Cependant quand Dubois, pour se préparer un précédent, y fit nommer le cardinal de Rohan, celui-ci prétendit naturellement, vu sa dignité, prendre place au-dessus des ducs et pairs. Le maréchal de Villars réunit aussitôt ses collègues et dressa avec eux une protestation : le régent n'ayant rien voulu écouter, les ducs se retirèrent et avec eux les maréchaux et même d'Aguesseau. Le chroniqueur Buvat nous apprend, à la date du 16 juin 1722, qu'à cette occasion les maréchaux de Villars et d'Huxelles, le duc de Grammont et le marquis de Canillac furent exilés, en même temps que d'Aguesseau, d'Antin, Nocé et quelques autres.

Cependant nous revoyons le maréchal assister au sacre et y porter la main de justice. Le 25 septembre 1726, il fut appelé pour siéger au conseil d'État et il reprit alors une part plus active aux affaires du gouvernement. Mais ce fut encore pour se heurter contre la conclusion du traité signé à Séville le 9 novembre 1729, par lequel le roi d'Espagne se détachait de l'Empereur et obtenait de la France et de l'Angleterre la garantie de la succession des duchés de Parme et de Toscane au profit de l'infant don Carlos. M. d'Huxelles blâma hautement cet engagement et il formula vivement son opinion. Le 2 janvier 1730, Mathieu Marais écrivait au président Bouhier : « La grande nouvelle est la retraite du maréchal d'Huxelles, qui a écrit au cardinal qu'à l'âge où il étoit parvenu, il avoit pensé qu'il falloit mettre un temps entre la vie et la mort, » et il ajoute que les motifs de ces sages réflexions étaient en réalité l'irritation que lui avait causée le dernier traité, et aussi un nouvel échec dans sa prétention d'être fait duc et pair. Le 10 juin, Marais écrit encore : « Sa retraite vient de ce qu'ayant dit quelque chose au dernier conseil contre le dernier traité, le roi le signa sans égard à ses remontrances. »

Le maréchal d'Huxelles ne se trompait d'ailleurs pas en pensant qu'il lui serait sage de penser à se préparer en vue de son passage dans l'autre vie. Il mourut le 10 avril suivant. Nous avons dit qu'il n'avait jamais songé à se marier et que son oncle, le marquis de Béringhem, l'avait toujours excessivement soigné en vue d'obtenir son riche héritage pour son fils : « Il se répand un bruit, » écrit Dangeau le 17 avril 1717, « que le maréchal d'Huxelles donne ses biens au chevalier de Béringhem, second fils de M. le Premier (écuyer), et qu'on l'appellera le marquis d'Huxelles : on augmente même le bruit jusqu'à dire qu'il le va marier. Mais on dit chez le maréchal d'Huxelles et chez M. le Premier qu'il n'y a pas un mot de tout cela. » Tout cela était vrai, au contraire. Aussitôt après la mort du maréchal, Henri-Camille de Béringhem prit le titre de marquis d'Huxelles et reçut du roi la lieutenance générale au gouvernement de Bourgogne avec le gouvernement des ville et château de Châlon-sur-Saône. Ce fut lui qui fit reconstruire magnifiquement le château d'Huxelles, situé au sommet d'une montagne qui domine les villages de Chapay et de Cormatin. Mais il ne se maria qu'en 1743, avec Angélique de Hautefort, veuve du marquis de Thémines, et il mourut sans postérité au mois de février 1770, ayant hérité de la charge de premier écuyer du roi [1].

Le maréchal d'Huxelles était en correspondance avec Mme de Sévigné, comme elle nous l'apprend dans une lettre

---

[1] Le maréchal avait formé une précieuse collection de portraits que le fermier général Lallemand de Bèze acheta à sa mort, et qui passa en 1755 à la Bibliothèque du roi.

du 27 septembre 1688. « Il m'a écrit une fort jolie lettre, ce pauvre marquis; — c'était après la capitulation de Mayence; — il appelle ma belle-fille sa cousine. » Nous savons aussi par Mathieu Marais qu'il inspira au moins la dissertation publiée au mois de juillet 1717, sous le nom de l'abbé Leroy, au sujet de l'appel de la constitution contre les quatre évêques qui l'avaient formulé.

APPENDICE.

APPENDICE.

Nous croyons devoir donner en appendice, comme spécimen, quelques extraits de la correspondance de Mme d'Huxelles avec le marquis de la Garde. Nous y ajoutons la lettre que M. Deloye, le savant conservateur de la bibliothèque d'Avignon, nous adressa dans le temps, contenant la description exacte de cette volumineuse correspondance.

On voit que Mme d'Huxelles avait à l'étranger de nombreux correspondants et qu'elle se contentait d'adresser à M. de la Garde les copies des lettres qu'elle recevait, en y joignant les nouvelles qu'elle recueillait elle-même à Paris.

I.

A Madrid, le 10 juin 1705.

Hier à midi je faisois partir un homme pour m'aller chercher des ouvriers à Pampelune en attendant ceux de France que je comptois de vous demander aujourd'hui, mais il se vient de découvrir la trahison universelle dont je vous donne avis depuis plus de quatre mois; on devoit cette nuit se défaire du roy et de tous les François. On vient d'arrêter M. de Léganes, grand maistre de l'artillerie, et tous ses domestiques que l'on croit tous complices; on compte qu'il y a bien d'autres grands meslés dans cette trahison; nous avons tous ce matin trouvé nos maisons françoises marquées à la craye blanche, par numéros; la maison de M. l'ambassadeur et celle de M. Orry a esté sous les armes toute la nuit; on a redoublé la garde du roy, et nous sommes tous dans une consternation si terrible que nous nous regardons tous, et pour nos deux roys, pour les deux couronnes, et pour vous, car franchement tout cecy est dans une très triste situation, mais c'est un grand coup de Dieu d'avoir découvert tout cecy, puisque la France va ouvrir les yeux, et connoistre la nécessité qu'il y a d'envoyer icy des troupes et au plutost; car comptés qu'il n'y a aucune sureté avec cette nation qui est terrible en tout. Il y a des gens de bonne foy et d'honnestes gens, mais en fort petit nombre, ainsy je ne sçaurois encore vous rien dire de positif cet ordinaire, car il nous faut du temps pour rasseoir les esprits.

A Metz, le 21 juin.

Le milord Marlboroug sera le 25 ou 26 sur la Meuse pour joindre M. d'Owerkerque; nostre armée n'a point decampé; demain le mareschal disne à ce camp chez M. le comte du Bourg; on attend là ce que deviendront les troupes qui sont à Treves au nombre de plus de 30,000 hommes. Le Marlboroug s'est depité heureusement, car il y auroit eu bien des manœuvres à faire très embarrassantes et très facheuses pour notre armée et pour le pays, mais un général qui ne veut et ne sçait que se battre n'est pas un grand général, dont bien nous prend.

A Paris, le 26 juin.

M. de la Chétardie est mort laissant sa femme grosse.

On dit que la flotte des ennemis a esté battue de vent contraire et rejettée à l'isle de With.

Pays neutre, le 18 juin 1705.

Marlboroug a decampé la nuit du 16 au 17 et a pris la route de Treves pour retourner à Consarbruck. M. le mareschal de Villars ne s'est pas mis en devoir d'attaquer son arrière-garde pour de bonnes raisons aparammant; on assure que le milord passe la Moselle à Quemaker, et qu'il va, les uns disent à Liège, contre M. le mareschal de Villeroy, les autres à Luxembourg, ce que je ne puis croire, cette place estant un morceau de trop dure digestion, car elle occuperoit les ennemis le reste de la campagne avec beaucoup d'incertitude du succez, et le fourrage est rare en ces cantons-là. Nous sçaurons dans deux jours le party qu'aura pris cette grande armée, mais nous voilà délivrés de ce pesant fardeau, Dieu veuille que nous ne les voyons jamais sy près de nous. Il leur est encore arrivé depuis huit jours plus de vingt mille hommes, j'ay peine à me persuader qu'ils abandonnent le poste de Treves et crains que le prince de Bade ne demeure sur la Moselle pour occuper M. le mareschal de Villars, et l'empescher de faire de gros détachements du costé des Pays-Bas; on dit que ce dernier marcha hier pour la passer aussy à Tionville.

A Paris, le 22 juin.

Monseigneur a encore eu un accez de fièvre sans suite; il a pris du quinquina et ce n'est rien, Dieu mercy.

On prétend qu'il s'est encore découvert à Madrid une conspiration autre que celle du royaume de Grenade pour massacrer le roy, la reine d'Espagne et tous les François le jour de la Fête-Dieu. Leurs Majestés Catholiques n'allèrent point à la procession, et l'on dit que cela se devoit faire par des houssards allemands, anglois et hollandois, qui venoient de Gibraltar comme déserteurs.

Il se dit que le duc de Marlboroug a escrit à M. le mareschal de Villars que s'il ne l'avoit point visité le 10 comme il lui avoit marqué, c'estoit parce que M. le prince Louis de Bade luy avoit manqué de parole, lequel n'alloit pas droit en besogne; on les dit fort mal ensemble et que le prince Louis de Bade va aux eaux.

Au camp d'Auby, ce 26 juin.

M. le mareschal de Villars a fait faire un grand fossé dans son camp depuis Hulluc jusqu'à Cambrin, ce qui le fortifie beaucoup. Les ennemis n'ont fait encore aucun mouvement; on croit qu'ils se jetteront du costé d'Aire et Saint-Omer, ce que nous ne sçaurions empescher; mais s'ils prènent ce party, ils ne pourront tirer de vivres que par leur flotte, ce qui ne seroit pas sans inconvénians.

A Paris, le 28 juin.

Il se dit que nous faisons marcher six mille hommes à Aires et que M. de la Freseliere pourra avoir ce commandement. M. Amelot a reçeu un contre-ordre pour demeurer à Madrid, jusqu'à l'arrivée de M. de Blecourt, qui y retourne envoyé comme il fit quand M. le mareschal d'Harcourt en revint.

Le bruit qui a couru que M. de Chamillart verroit le roy à Versailles se détruit; il a esté ce matin chez M. Desmarest, et est allé ce soir à l'Estang; on dit qu'il veut rendre des comptes de ces millions dont on pretend qu'il n'y a point d'employ.

A Paris, le 1ᵉʳ de juillet.

Les nouvelles du 28 de Flandres sont que les ennemis separez en deux corps, le milord Marlboroug estoit vers Saint-Venant, et le prince Eugène aux environs de Tournay qui se trouvoit quasy investy.

Nous avions laissé deux cents hommes dans l'abbaye de Saint-Amand avec un capitaine qui s'en est retiré par capitulation, estant revenu à Valencienne.

M. le mareschal de Villars a envoyé des augmentations de troupes et de munitions à Douay, Valencienne et Bouchain. Il n'a garde de se deposter, car son poste est admirable, et il paraît par le mouvement des ennemis qu'ils voudroient tascher de le faire sortir. M. le mareschal d'Harcourt a pensé estre submergé en Allemagne, et est revenu en deçà le Rhein, les eaux s'estant tellement enflées qu'il fallut decamper à 7 heures du soir. M. le comte d'Estaing avoit assiégé le chasteau de Venasque en Arragon, les ennemis de ce costé-là l'ont secouru, et un peu endommagé l'arrière-garde dans la retraite; on dit M. de Fomboisard blessé à la cuisse. Monseigneur le Duc part le 4 pour aller tenir les états de Bourgogne à Dijon.

On escrit que les ennemis en Flandres n'ont point voulu prendre ces deux cents hommes prisonniers de guerre à Saint-Amand, à cause qu'ils menagent encore leur pain plus que nous. Le prince d'Orange est demeuré dans ce poste qui incommodera Tournay, et il le fortifie.

Un officier anglois ayant esté surpris en levant le plan de nos retranchemens, et amené à M. le mareschal de Villars, ce mareschal lui dit : « Tenés, en voilà un plus correct, portés-le de ma part au prince Eugène, » et luy fit voir le chevalier de Saint-Georges.

On dit que M. le chevalier de Luxembourg a représenté au general qu'il falloit faire servir d'aides de camp tous ces jeunes colonels, et donner le commandement de leurs regiments, en cas d'action, aux lieutenans-colonels.

A Paris, le 26 juin 1709.

Il n'y avoit point de nouvelles hier à la cour de Flandres que celles du 22 et 23, chacun de son costé se disposant à ce qu'il a envie de faire soit pour l'attaque, soit pour la defense. Il se parle du siège d'Aire aussy dans le dessein des ennemis, et d'une inondation à Doüay dans le nostre, afin de le conserver. M. de Chamillart revint hier icy de Mont-l'Évesque, et on le dit allé ce matin voir le roy à Marly, et qu'il a esté mandé. Sa Majesté revient à Versailles samedy, Mme la duchesse de Bourgogne en chaise, que l'on croit grosse de deux mois.

M. le duc d'Albe fait de grandes instances pour obtenir du roy qu'il demeure en Espagne vingt bataillons françois, pour cette campagne seulement. Il n'y a eu ny oüy ny non. Sa Majesté Catholique a fait de grands changemens à sa cour, ayant éloigné le duc de Veragoüas d'auprès d'elle, et mis en sa place le duc de Medina Celi. Elle a encore fait deux secrétaires d'Estat, l'un pour la guerre, l'autre pour les finances.

Mme la duchesse de Bouillon est allée à Anet pour six semaines, faisant estat d'y demeurer seule, au cas que M. de Vendôme vienne à Meudon, où Monseigneur se doit rendre avec sa cour.

La blessure de M. le comte d'Albert s'estant rouverte aux eaux de Balaruc, la balle qui luy a causé tant d'incisions est sortie, ce qui le fait croire guery absolument.

On dit M. Bouchu à l'extrémité, s'il n'est mort; Mme sa fille l'est allé trouver à la Charité sur Loire, où il est tombé malade : on prétend que c'est pour s'estre mis entre les mains d'un homme qui luy a donné des remèdes, pretendant le guérir. M. le cardinal de Janson quitte l'hostel de Longueville, se voulant loger à meilleur marché à cause du mauvais temps, et qu'il n'est payé d'aucun de ses revenus.

M. de Torcy, pendant la négociation, avoit ménagé une permission à M. le mareschal de Tallart de revenir icy pour six mois, laquelle ne laisse pas d'avoir son effet, nonobstant la continuation de la guerre, milord Marlboroug l'ayant solicitée. Le comte de Tallart, sans estre eschangé, a esté renvoyé; M. son père est attendu incessemment.

A Paris, le 18 avril 1712.

Les plus mauvais simptomes que les médecins connoissent en la maladie de Madame qu'on peut nommer plutost defaillance de nature, sont un grand assoupissement qui va en augmentant, et la difficulté d'avaler causée par l'humeur de paralisie qui regne toujours sur la langue, ne pouvant plus passer que des choses liquides, mais en assez grande quantité pour estre sufisament nourie. La digestion se fait, et comme le ventre est paresseux on a recours à de petites médecines, pour aider à la nature à rendre ce qu'elle devroit faire naturellement; pour la parolle il n'en est quasy plus question, il semble même que depuys hier il y ait quelque chose d'extraordinaire à sa gorge que l'on ne peut encore connoître.

Les bruits continuent d'estre bons pour la paix.

C'est aujourd'huy la pompe funèbre à St-Denis, d'où M. le mareschal de Villars partira à ce qu'on prétend pour Flandre.

II.

Voici maintenant la lettre de M. Deloye :

Monsieur,

J'ai jugé inutile de faire de nouvelles démarches auprès de la personne qui a déposé au Musée-Calvet la correspondance manuscrite de la marquise d'Huxelles, dont vous demandiez l'envoi à Paris. Mais ce qui dépend de moi, ce que j'ai offert de faire pour M. Pamard, je suis bien aise de pouvoir le faire pour vous. Voici donc les renseignements que vous me demandez sur l'ouvrage en question :

Manuscrit in-4°, sur papier, composé de trois volumes, dont le premier a 880 pages, le deuxième 1028 et le troisième seulement 238. Reliure ancienne en parchemin.

Il n'y a aucun titre à la main à l'intérieur des volumes, mais on lit sur le dos les titres suivants, en lettres imprimées et dorées :

1er vol. LETTRES MSS. DE Mme LA MARQUISE D'UXELLES, 1704-1705.

2° vol. Même titre, 1709-1710.

3° vol. Même titre, 1711-1712.

Les années 1706, 1707 et 1708 manquent entièrement et devaient former un ou deux volumes, qui sont perdus. Le recueil, tel qu'il est à présent, se compose en tout de 2146 pages et comprend cinq années entières et près de quatre mois. Il commence au 2 janvier 1704 et se poursuit, sauf la lacune de trois ans que je viens de signaler, jusqu'au 29 avril 1712. Toutes les lettres sont originales et adressées à M. le marquis de la Garde, seigneur de la Garde-Adhémar.

L'adresse ordinaire est ainsi conçue : « Pierre Latte en Dauphiné, au maître de la poste, pour faire tenir à Monsieur le marquis de la Garde, à la Garde. »

Aucune lettre ne m'a paru autographe. Celles qui sont signées de la marquise d'Huxelles sont même extrêmement rares. Elles sont écrites de la main d'un secrétaire, et l'écriture en est généralement belle. Lorsque la marquise est trop malade pour dicter, le secrétaire se borne donner des nouvelles de sa santé et signe quelquefois, du nom de *Picquet*.

On ne rencontre le plus souvent dans cette correspondance aucune des formules de politesse usitées dans le style épistolaire. La plupart des lettres débutent brusquement, sans même être précédées de la simple qualification de *Monsieur*, et finissent de même.

Les dates de lieu sont très variées ; car la marquise ne cessait point d'écrire à son ami dans ses voyages comme dans ses séjours et à très courts intervalles.

Voilà pour la description du manuscrit.

Maintenant, puisque vous voulez mon avis sur la valeur intrinsèque du recueil, je vous dirai qu'elle est à peu près nulle sous le rapport littéraire. La marquise d'Huxelles n'est pas une femme de lettres, c'est une nouvelliste avant tout. Elle dicte sans prétention tout ce qu'elle sait, uniquement pour en instruire le marquis de la Garde, qu'elle a en très grande estime et amitié. Sa correspondance vaut comme gazette : on y trouve pêle-mêle les nouvelles de la cour, de la ville, de l'armée, de la diplomatie, etc., recueillies par une grande dame qui était en mesure d'être bien informée. Du reste, s'il y a beaucoup de faits, il y a peu de détails. En général les articles sont assez brefs. Cependant il est certain qu'on y trouverait souvent des renseignements exacts et utiles, qu'on chercherait vainement dans les gazettes ou les mémoires contemporains. En somme c'est un recueil qui mérite d'être consulté au point de vue de l'histoire et de la biographie.

La copie en serait longue et volumineuse. Je n'ai pas cherché à m'informer du prix qu'elle pourrait coûter, étant persuadé que le propriétaire n'autoriserait pas une transcription dont l'effet immédiat serait d'avilir un manuscrit qui n'est pas autographe. S'il s'agissait de quelques courts extraits, ce serait sans doute différent.

Veuillez agréer, Monsieur, l'hommage de ma considération très distinguée.

Le conservateur de la bibliothèque et du Musée-Calvet,

DELOYE.

III.

Nous croyons devoir reproduire ces deux pièces transcrites dans le fameux registre de Mme d'Huxelles, conservé actuellement à la bibliothèque de l'Arsenal (1).

VERS DE M. L'ABBÉ REGNIER.

Il ne me reste plus qu'une carrière,
Et pour la pouvoir bien finir,

(1) Manuscrits, B. L. n° 369.

Oubliant le passé que je laisse en arrière,
Je saisis le présent et laisse l'avenir.
    Exempt de crainte, exempt d'envie,
Je marche d'un pas ferme au-devant du trépas
Et je jouis en paix du déclin de ma vie,
Jusqu'à mettre à profit les maux que je n'ay pas.
    Je fais un doux et libre usage,
    Des plaisirs que m'offre mon âge,
Je n'ay point de regret à ceux qui sont passez.
Du bien, j'en aurois moins que j'en aurois assez,
A qui vit sans désirs en faut-il davantage ?
Je suis en mesme temps mon sujet et mon roy ;
    Je m'obéis, et me commande,
J'obtiens tousjours de moy ce que je me demande ;
Est-il rien sous le ciel de plus heureux que moy ?

STANCES SUR L'HOMME,

FAITES PAR MONSIEUR ROUSSEAU.

Que l'homme est bien durant sa vie
Un parfait miroir de douleurs !
Dès qu'il respire, il pleure, il crie,
Il semble prévoir ses malheurs.

Dans l'enfance toujours des pleurs,
Un pédant porteur de tristesse,
Des livres de toutes couleurs,
Des châtiments de toute espèce.

L'ardente et fougueuse jeunesse
Le met encore en pire estat.
Des créanciers, une maîtresse,
Le tiraillent comme un forçat.

Dans l'âge meur, autre combat,
L'ambition le sollicite ;
Richesses, honneurs, faux éclat,
Soins de famille, tout l'agite.

Vieux, on le méprise, on l'évite ;
Mauvaise humeur, infirmité,
Gravelle, toux, goutte, pituite,
Affligent sa caducité.

Pour comble de calamité,
Un directeur s'en rend le maître;
Il meurt enfin peu regretté,
C'estoit bien la peine de naître!

La cour maistrise ton encens,
Ton rival monte et tu descends,
Et dans le cabinet le favory te joue.
Que t'a servy de fleschir les genoux
Devant un dieu fragile et fait d'un peu de boue,
Qui souffre et qui vieillit pour mourir comme nous?

IV.

Voici en quels termes d'Hozier, dans son fameux et très mordant mémoire sur les origines des parlementaires, composé en 1706, s'exprime sur les commencements de la famille de Bailleul. Ce mémoire fut écrit pour répondre au pamphlet dirigé par les parlementaires contre les ducs et pairs.

Bailleul, pour persuader qu'il étoit homme de condition et d'une ancienne maison en Normandie, en prit les armes pleines, et fit faire une généalogie qui est imprimée dans Blanchard, qui présente ses ancêtres comme issus de cette race. Pierre, son bisaïeul, cependant, partit du lieu d'Angerville, en l'élection de Montivilliers, et fut anobli en 1502.

Cette note, trouvée tout récemment par nous, prouve, comme nous l'avons dit au commencement de ce livre, que si les prétentions nobiliaires de M. de Bailleul étaient exagérées, les malices de Tallemant étaient également outrées.

FIN.

TABLE.

	Pages.
AVANT-PROPOS.	III

CHAPITRE PREMIER.

La famille de Bailleul. — Sa généalogie. — Elle descend d'un rebouteur selon Tallemant. — Opinion du père Anselme. — La rue Bailleux. — Naissance de Marie de Bailleul. — Son premier mariage. — Mort de M. de Nangis. — Elle se remarie presque aussitôt. — M. d'Huxelles. — Sa famille. — Mme de Saint-Germain-Beaupré. — Le pays de Braquerie. — M. de Clérambault. — Le chevalier de Rivière. — Bussy amoureux de Mme d'Huxelles. — Fête qu'il donne. — Ses lettres. — Il avoue son échec. — Caractère de Mme d'Huxelles d'après le père Senault. — Mort de M. d'Huxelles. — Lettres de condoléance de la mère Marthe de Jésus. (1626-1658.)................................ 1

CHAPITRE II.

Mme d'Huxelles se console. — Ses rapports avec la maison de Condé. — Lettres du prince de Condé et du duc d'Enghien. — Mme de Longueville. — Le comte de Saint-Pol. — Le prince de Conti. — Mme d'Huxelles nouvelliste. — Le duc de la Rochefoucauld. — Son salon. — Ses lettres à la marquise. — Bartet. — Mme d'Huxelles accusée d'avoir fait une chanson contre la cour. — Gourville. — Lettres de Mademoiselle. — M. de Jussac. — Le maréchal d'Albret.. 19

CHAPITRE III.

Mort du fils aîné de Mme d'Huxelles. — Sa douleur. — Lettre du duc d'Enghien. — Mme d'Huxelles pense à entrer au couvent. — La mère

Thérèse de Jésus. — Ses lettres. — Mme d'Huxelles s'adresse à elle sans se faire connaître. — M. de Tréville. — Sa vie. — Sa conversion. — Son retour dans le monde. — Sa nouvelle conversion. — Il est l'oracle de la préciosité religieuse. — Ses lettres à Mme d'Huxelles.... 46

CHAPITRE IV.

Relations de Mme d'Huxelles avec le Carmel. — Continuation de ses aspirations religieuses. — Lettres de l'abbé de Rancé. — Elle agit pour pourvoir son second fils des charges de l'aîné. — Lettres de Louvois et de Turenne. — Mort du comte de Saint-Pol. — Réflexions de Mme de Sévigné. — Le marquis de la Garde. — Son mariage manqué. — Colère de Mme d'Huxelles. — Ses lettres-gazettes. — Elle tient un bureau de nouvelles. — Son ardeur pour être bien renseignée. — Jalousie de Mme de Sévigné. — Lettres à Mme de Bernières.......... 73

CHAPITRE V.

Activité épistolaire de Mme d'Huxelles. — M. du Housset. — Le président de Harlay. — Armand de Pomponne. — Le cardinal de Bouillon. — La mère Marguerite-Thérèse de Jésus. — L'évêque de Saint-Pons. — M. de Beringhem. — Mme de Maintenon. — La duchesse de Saint-Aignan. — Les cardinaux de Janson, de Coislin, d'Estrées. — Le duc d'Harcourt. — Le duc de Boufflers. — Le duc de Villeroy. — Elle meurt la plume à la main. — Sa fin. — Sa conversion durable.......... 108

CHAPITRE VI.

Mme de Bernières. — La famille Maignard de Bernières. — La famille Faulcon de Ris. — Lettre du duc de Saint-Simon. — Mme de Bernières élevée avec Mme de Louvois. — Sa correspondance avec Coulanges et Mme d'Huxelles. — La marquise de Rochefort. — La comtesse de Hamilton. — Situation de Mme de Bernières à Rouen. — Le château de Quevillon. — Mort de Mme de Bernières............... 136

CHAPITRE VII.

Mme de Sévigné et Mme d'Huxelles. — Ancienneté de leur liaison. — Leurs relations communes. — Soupers de Mme d'Huxelles. — La petite société. — Le chapitre des sages veuves. — Mmes de Lavardin, de Moucy, de Vins, du Plessis-Bellière. — M. de Rouville. — M. de Villars-Orondate. — Mlle de la Rochefoucauld. — Mme d'Huxelles liée avec le chevalier de Sévigné. — Correspondance entre Mmes de Grignan et d'Huxelles. — Mme de Sévigné fait ses visites avec Mme d'Huxelles, va aux sermons. — Refroidissement de leurs relations. — Jalousie de Mme de Sévigné causée par les gazettes de Mme d'Huxelles. — Elle ne la mentionne même plus dans ses lettres........................... 142

CHAPITRE VIII.

M. de Coulanges. — Sa vie. — Ses voyages. — Ses œuvres. — Mme de Coulanges. — Chansons inédites de Coulanges. — Lettres inédites à Mme d'Huxelles et à Mme de Bernières............................. 155

CHAPITRE IX.

Mme d'Huxelles et Fouquet. — Sa correspondance secrète. — Papiers de la cassette.. 251

CHAPITRE X.

Mme d'Huxelles et M. de Callières................................ 263

CHAPITRE XI.

Mme d'Huxelles et M. de Gaignères............................... 275

CHAPITRE XII.

La marquise de Louvois. — Sa jeunesse. — Son mariage. — Ses relations avec Mmes de Sévigné, de Bernières et d'Huxelles. — Avec Coulanges qui se nomme « son second mari ». — Château de Louvois. — Intérêt que prend le ministre à sa construction. — Mme de Louvois y vient. — Mort de Louvois. — Dignité de sa veuve. — Sa grande situation. — Tout le monde la respecte. — Sa vie en Bourgogne. — Elle échange Meudon avec le roi contre Choisy. — Coulanges ne la quitte pas. — Indulgence de Mme de Coulanges. — Sa mort. — Sa charité. — Lettres inédites de Mme de Bernières............................... 302

CHAPITRE XIII.

Pages.

Le maréchal d'Huxelles. — Sa naissance. — Il est destiné à l'Église. — La mort de son frère le fait rentrer dans le monde. — Nulle sympathie entre lui et sa mère. — Il fait constamment campagne. — Siège de Mayence. — Il est blessé. — Sa capitulation très honorable. — Commandant général en Alsace. — Maréchal de France. — Il se rapproche de sa mère et il revient à la cour. — Sa liaison avec Mlle de Chouin. — Il l'abandonne à la mort de Monseigneur. — Le roi le fait membre du conseil de régence. — Il y est maintenu. — Président des affaires étrangères. — Sa conduite dans l'affaire de la bulle. — Dubois veut le remplacer. — Sa résistance. — Sa disgrâce. — Il reste aux affaires. — Sa démission. — Sa mort. — Son caractère.................... 335

APPENDICE... 355

FIN DE LA TABLE.

www.ingramcontent.com/pod-product-compliance
Lightning Source LLC
Chambersburg PA
CBHW050531170426
43201CB00011B/1386